本书系江苏省基础教育前瞻性教学改革实验一类项目
"现代'小先生制'·课堂教学转型实践"研究成果

现代小先生制
培育爱学会教能评的小主人

尤吉 等著

苏州大学出版社
Soochow University Press

图书在版编目(CIP)数据

现代小先生制:培育爱学会教能评的小主人/尤吉等著. —苏州:苏州大学出版社,2021.3(2022.1重印)
ISBN 978-7-5672-1055-4

Ⅰ.①现… Ⅱ.①尤… Ⅲ.①中小学-教学研究 Ⅳ.①G632.0

中国版本图书馆 CIP 数据核字(2021)第 027146 号

书　　名:	现代小先生制:培育爱学会教能评的小主人
著　　者:	尤　吉　等
特约编辑:	吴伟昌
责任编辑:	史创新
出版发行:	苏州大学出版社(Soochow University Press)
社　　址:	苏州市十梓街1号　邮编:215006
印　　装:	广东虎彩云印刷有限公司
网　　址:	www.sudapress.com
邮　　箱:	sdcbs@suda.edu.cn
邮购热线:	0512-67480030
开　　本:	710 mm×1 000 mm　1/16　印张:19.5　字数:310千
版　　次:	2021年3月第1版
印　　次:	2022年1月第2次印刷
书　　号:	ISBN 978-7-5672-1055-4
定　　价:	52.00元

凡购本社图书发现印装错误,请与本社联系调换。
服务热线:0512-67481020

人人乐做小先生（代序）

彭 钢

"现代'小先生'制·课堂教学转型实践"是无锡市滨湖区育红小学承担的江苏教育厅省前瞻性教学改革项目，这本专著是这一项目成果完整而系统的总结。

无疑，小先生的实践古已有之，现代学校教育制度中依然普遍存在、广泛运用。关于小先生的论述也由来已久，正如育红小学较为充分的文献研究所表明的，有些论述如陶行知先生的表述已经十分完整和系统。因此，如何在继承的基础上有所突破和创新，如何更鲜明地体现项目名称中的"现代性"，并在现代性的引领下推进原创性的学校实践，应该是这一项目取得成果和成就的核心与关键。读完这30余万字的成果，深感育红小学在小先生制的"现代性"上体现了自觉而充分的追求，在原创性的实践上进行了丰富多彩的探索，因而是一个有质量、有深度、有品位的改革项目。

从"现代性"和"原创性"两个视角，我感受最深的是以下三个方面。

一、以促进儿童主动发展、健康成长为目的的现代小先生制

"促进每一个儿童发展和成长"是现代教育的根本目的，是现代学校教育的核心理念和追求。育红小学针对现实中小学教育普遍存在的问题，尤其是学生成长和发展中的突出问题，如学生学习被动，负担过重，兴趣弱化，自主性和探究精神丧失等，明确提出"让学生成为学习的主人，让学生成为生活的主人，让学生成为发展的主人"，以立德树人、核心素养和关键能力培育作为小先生制的核心追求，继承小先生制的已有研究成果和实践成果，并进行有目的、有设计、有组织的现代建构。

这种现代建构突出地表现在对小先生制的认识和理解上，明确提出了

面向全体学生的小先生制,响亮地提出了"人人来做小先生"的普遍性要求和操作规范,从而将小先生制作为每一个儿童成长和发展的基本方式。这样小先生制就从传统的仅属于某些优秀学生和某部分优秀学生的"专利",从辅助教学的狭隘功能中解脱出来,转变为面向全体学生的共性要求,成为每一个学生主动学习、积极探索、乐于分享的普遍学习方式和成长方式。

根据小学生的学习特点和学校的有效实践,面向每一个学生的小先生制定位于培育"爱学""会教""能评"三种关键素质和能力,简洁而明确,属于育红小学的校本认识和校本表达。"学习"是儿童成长和发展的主要方式,在小学阶段培养"爱学"的态度和品质不仅可以影响当下的学习,而且可以影响其终身发展;"会教"不是真的像教师那样"会教",而是促进学生学习的方式,尤其是促进学生学会主动学习、合作学习、分享学习的基本策略,是小先生制这种特定学习方式的必然要求;"能评"则是一种综合学习、深度学习的能力,是"爱学"和"会教"的扩展与深化。因而,将培育"爱学""会教""能评"的小主人写进专著的名称,作为现代小先生制的校本化的培养目标,有一定的学理依据和实践依据,体现了促进儿童主动发展和健康成长的鲜明特点,也成为现代小先生制的突出标记和学校符号。

二、以儿童学习为中心系统建构小先生制的学习方式

"以学定教"是现代教学论对"因材施教"的重大发展,"以学为中心"重构教学是课堂教学改革的普遍趋势之一。对育红小学而言,就是要将现代小先生制促进儿童成长的教育理念,转变为具体的、外显的、可操作化的课堂学习方式,系统建构能够体现小先生制特点的儿童学习方式,并有效地运用于课堂学习实践。这是本项目面临的最大挑战,因为对传统小先生制而言,不需要开发儿童学习方式,而对现代小先生制来说,却体现了最充分的现代性和原创性。

专著第二章"现代小先生的成长方式"系统而完整地介绍了四种学习方式。"成长方式"的概念显得稍大一些,但能够包容学习方式,对于学校教育而言,我们也可以在一定程度上认定"学习就是成长","成长"的本质就是"学习"。四种课堂学习方式分别如下:一是自主预约式,体现了儿

童学习的自信心和自主性,开发了三种学习样式——预约做自己的小先生,预约做同学的小先生,预约做促进教学相长的教师小先生;二是同伴互助式,体现了相互接纳、相互分享的学习理念,开发了三种学习样式——通过差异配对实现互补、通过适时调控实现交换、通过科学评价实现互促;三是轮流当值式,为每一个学生提供了当小先生的机会,开发了三种学习样式——示范轮值、解说轮值、互助轮值;四是现场生成式,即与自主预约相反,在教学和学习的现场临时生成小先生,每一个表现出色的学生都有可能在学习过程中成为小先生,开发了三种学习样式——问题解决过程中的生成、学习体验中的生成、主题归纳中的生成。概括起来说,小先生的学习方式是一种"主动建构""广泛参与""深度思考""乐于分享""迁移实践"的学习方式,是一种体现了儿童特点、儿童喜欢并能够做到的学习方式。专著的第二章用25个不同学科的案例,证实了学生能够在学习过程中充分运用这样的学习方式。

第四章"现代小先生制的课堂样态",从小先生"会教"的角度,以更为操作化的方式,明确提出了五种学习方式:经验型小先生举例子教与学、探究型小先生说思路教与学、思辨型小先生摆观点教与学、操作型小先生做演示教与学、互动型小先生作评议教与学,类型化特点很明确,且通俗易懂,师生易于掌握和操作。当然,说"课堂样态"不够准确,小先生的"教"正如作者自己所阐述的,就是一种学习,本质上是具有鲜明小先生特点的学习方式。这一章更紧密地结合课堂教学实际,开发了46个案例以证实可以在不同学科的不同教学过程和教学环节中充分而有效地运用这种学习方式。

三、以小先生制整体推进课堂教学的变革和重建

从项目名称来看,以现代小先生制促进课堂教学的转型,重点应放在课堂上。育红小学以最为坚决、最为彻底的态度和决心,将小先生制全面扩展和推进至儿童学习的全部领域,推进至小学全部学科的课堂教学,推进至教学过程的每一个环节:从课前、课中到课后。这样,育红小学就完全突破了传统小先生制主要运用于社会学习的领域和教学辅助的领域,课堂教学偶尔和零星运用的局限,小先生制就堂堂正正进入了师生的课堂教学生活和学习生活,进入了育红小学所有学科,进入了教师日常教学的每

一节课,从而影响着师生的日常学习行为,在相当程度上实现了他们所追求的重建"课堂公共生活"的本意。

为了保证小先生制能够真正进入课堂并发挥作用,育红小学从课堂教学的三个主要方面推进转型和重建:一是从课堂教学结构入手,建立了"应需分组""质疑驱动""互动分享""评价反馈"的纵向结构,试图以"大结构"的简单方式去匹配现代小先生制的学习方式,而不将课堂结构划分得过细过繁,以束缚师生的手脚。二是从教学组织形式入手,开发了课前预热式、课中嵌入式、课堂覆盖式、课后主题式等教学组织形式,既使小先生制能够有效落实进课堂、覆盖教学全过程,又保证了一定的灵活性和方便性,使教学过程具有一定的弹性和张力,可以与有效实现教学目标、完成教学任务的其他方式混合运用。实际上他们也正是这样做的。需要强调指出的是,现代教学论所提倡的儿童自主学习、合作学习、探究学习、深度学习、体验学习等,在小先生制的推进和实施中,被有效兼容和融会贯通,而不是互相矛盾和相互冲突,这也从另一个角度表明了小先生制所具有的包容性和丰富的"现代性"。三是从教学样态入手,根据五种小先生制特有的学习方式建构教学样态,使"经验型小先生举例子教与学""探究型小先生说思路教与学""思辨型小先生摆观点教与学""操作型小先生做演示教与学""互动型小先生作评议教与学"全面落实进日常和现实的课堂教学中,同时由于学科不同、情境不同、师生不同等,可以创造出更为丰富、更为多样的教学样态。这三章的论述,引用和分析了82个教学和活动案例,充分表明了育红小学的项目是在全体教师共同努力下"做出来"的,而不仅仅是说出来和写出来的。

为了支持和保障课堂教学的变革和转型,育红小学建立了学校层面的现代小先生的培育机制:一是形成了现代小先生的活动机制,从活动的征集、活动的预约、活动中的共学研讨到活动的展示,形成了一个完整的学校层面的活动系统;二是建立了现代小先生的管理机制,包括宣言、上岗、争章(成长章评比和兑换)三大环节所构成的驱动和激励机制;三是完善了现代小先生的申报制度、公约制度、分组制度、导育制度、评价制度等。这是一种什么样的制度?他们自己说得好:是保证课堂教学以学生为中心,在自主学习的基础上,充分发挥学生的个体特长,通过"互为小先生"的多主体互动合作,促进学生深度学习、全面发展、共同进步的教学制度。

这是一种什么样的机制？他们自己说得好：学校管理层面不断为小先生成长提供制度保障，让学生自觉成长并能保持旺盛的行动力，形成良性循环的激励机制。这是一种什么样的评价机制？他们说得很明确：规范教师的课堂教学行为，通过"现代小先生制课堂教学自查自评表"和"现代小先生制课堂教学评价表"来评价教师的课堂教学行为，来促进教师反思和调整教学行为，形成"以教促学，以评促教"的学习新样态。这一部分虽不是项目的重点，但对引领实践、推进实践、支持实践却非常重要，因为它有效保障了现代小先生制在课堂教学中的全面实施和落实。

在本专著的第一章，有现代小先生制实施前后学生发展和成长的数据比较，虽然比较简单，但很能说明问题：项目实施两年后有近80%的学生有了小先生的角色体验，93.2%的学生有与同学互动合作的形式，97.5%的学生愿意在课堂上提出自己的观点、展示自己的思路，94.4%的学生在学习遇到困难时，愿意先独立思考，再向老师和小先生求助。可以说，小先生制的课堂教学有效促进了学生的自主成长和合作效能，有效提高了学生"爱学、会教、能评"的素养和能力。

育红小学的"小先生公约"要求学生"人人来做小先生，人人会做小先生，人人乐做小先生"。按照我的理解，儿童"乐做小先生"是这个公约的最高境界，体现了儿童愿意学习、喜欢学习和热爱学习的情趣和品位，是回到了学习的本来意义和真实价值，因而以此作为本序的标题。

（彭钢，国家督学，江苏省教育学会副会长，江苏省教育科学研究院研究员）

CONTENTS 目录

- 绪言 / 1
- 第一章 我们心中的现代小先生 / 16
  - 第一节 国际小先生制的理论探索 / 17
  - 第二节 国内小先生制的实践追求 / 21
  - 第三节 现代小先生的内涵价值 / 26
  - 第四节 现代小先生的时代特征 / 29
- 第二章 现代小先生的成长方式 / 34
  - 第一节 自主预约式 / 34
  - 第二节 同伴互助式 / 45
  - 第三节 轮流当值式 / 54
  - 第四节 现场生成式 / 64
- 第三章 现代小先生制的课堂结构 / 77
  - 第一节 应需分组 / 77
  - 第二节 质疑驱动 / 81
  - 第三节 互动分享 / 84
  - 第四节 评价反馈 / 98

- 第四章　现代小先生制的课堂样态 / 107
  - 第一节　经验型小先生举例子教与学 / 110
  - 第二节　探究型小先生说思路教与学 / 122
  - 第三节　思辨型小先生摆观点教与学 / 131
  - 第四节　操作型小先生做演示教与学 / 144
  - 第五节　互动型小先生作评议教与学 / 158

- 第五章　现代小先生制的组织形式 / 190
  - 第一节　课前预热式 / 191
  - 第二节　课中嵌入式 / 197
  - 第三节　课堂覆盖式 / 208
  - 第四节　课后主题式 / 224

- 第六章　现代小先生的培育机制 / 238
  - 第一节　现代小先生的活动机制 / 239
  - 第二节　现代小先生的管理机制 / 253
  - 第三节　现代小先生的规章制度 / 260

- 附录 / 272

- 参考文献 / 294

- 后记 / 299

绪 言

随着经济社会的不断发展,新课程改革的不断深入,新时代对义务教育的发展提出了更高的要求。新时代赋予教育人的新使命是:全面落实立德树人的根本任务,着力在坚定理想信念、厚植爱国主义情怀、加强品德修养、增长知识见识、培养奋斗精神、增强综合素质上下功夫。坚持德育为先,教育、引导学生爱党、爱国、爱人民、爱社会主义;坚持全面发展,为学生终身发展奠基;坚持面向全体,教好每一名学生;坚持知行合一,让学生成为生活和学习的主人。

新的时代,新的使命。如何坚持立德树人?如何发展素质教育?如何培养德智体美劳全面发展的社会主义建设者和接班人?怎样培育担当民族复兴大任的时代新人?这些问题促使我们去追求教学的价值和意义,去探寻育人的理念和举措,去反思当下学校教学存在的问题和不足。

我们育红人一直在思考,一直在探索,一直在实践:让学生成为学习的主人,让学生成为生活的主人,让学生成为发展的主人。几年来,我们研究现代小先生制,在培育爱学、会教、能评的小主人的理念、方式、课堂、组织、机制等方面开展了一系列的整体改革实践活动。

一、"现代小先生制"项目研究的背景缘起

无锡市育红小学选择"现代'小先生制'·课堂学习实践新样态"作为先行先试的前瞻性改革项目,不仅具有良好的历史基础,更是基于对现实问题的思考,也是对新课程改革持续推进的思考。

1. 基于历史基础的传承

育红小学是一所有百余年历史的老校,由清末民国无锡河塔口西乡社

会贤达蒋仲怀、蒋可赞、蒋哲卿、荣宗敬、荣德生、陆培之、丁福麟等人士创办的多所小学先后演变聚并而成。民国时期，著名教育家陶行知先生曾多次莅临育红小学前身之一的开原乡立第一小学进行专业指导，并写下《无锡小学之新生命》一文。此文振奋了师生们的精神，并在近百年来一直鼓舞着育红人且思且行。从20世纪20年代至今，育红小学始终秉承"培养会运用身心去创造并适应新社会的新民"之办学宗旨，充分关注儿童的教育主体地位，提倡学生身心的全面发展、创新精神之发扬。在育红小学，小先生制学习思想已经逐渐融入学校的办学理念与办学文化，成为学校办学特色发展和文化传承的需要。

进入20世纪，育红小学依托学校课堂教学公共生活研究基础，深度探索课堂学习过程中的小先生制。学校的江苏省教育科学规划"十一五"课题成果《基于学生经验的课堂教学研究》积极探究了课堂教学中彰显学生主体地位、重视学生经验的重要性；江苏省教育科学规划"十二五"课题"学校公共生活中学生自治与互助的实践研究"荣获无锡市精品课题，被全国教育科学"十二五"教育部规划课题"校本科研引领和促进基础教育质量提升的研究"总课题组正式批准为立项课题并顺利结题，被纳入教育部中国教师发展基金会重点资助项目管理序列，研究成果《走向共享的学校文化》正式出版。课堂学习是学校公共生活的重要组成部分，而学生是课堂学习的真正主体。深入研究课堂学习过程中的小先生制，促进课堂教学的有效性，体现了学校对教育教学本质——学习问题的积极思考，是对以学生为核心的课堂学习新样态的深度探索。

2. 基于现实问题的思考

学生的学习问题是教育教学最本质的问题，课堂是学生学习、生活的最主要空间。但现实中却存在着"只见教师不见学生"，忽视学生主体地位，扼杀学生创新精神的现象，课堂学习亟待转型、变革。我们从学习形式、学习内容、学习方式三个方面，反思、梳理了传统课堂学习中存在的一些主要问题。

（1）学习形式：只见"群体"不见"个体"

新课程改革的核心理念是"以生为本"，让学生成为学习的主人。而在传统的课堂学习生活中，教师最喜闻乐见的是异口同声的回答、千篇一律的标准答案。这就导致课堂的学习形式变成了从教师到整个学生集体的单项传输过程，缺乏学生个体间的质疑、创新、交流、成长。

（2）学习内容：只见"符号"不见"真实"

当前课堂学习过程中，由教材、课本、练习题中的字符、单词、数字等组成的"符号"学习世界依然是学生学习的主要内容。大量的符号学习难免呆板无趣、机械教条，学生缺失了主体间的真诚交流、耐心倾听、坦诚合作、无私分享。在这样的符号世界里，"学习"与"生活"分离，符号的"高墙"把学生挡在了真实生活的外面。

（3）学习方式：只见"接受"不见"对话"

传统的课堂学习是一种"记忆型学习文化"。在这种文化中，教师的作用是向学生传递信息，学生的作用是接受、存储信息，并且按照这些信息行动；教师的"教"替代了学生的"学"。新一轮课程改革倡导的"对话文化"，以及因此而形成的活动性的、合作性的学习方式尚难实现。

3. 基于"新课改"的推进

21世纪以来，面对新技术革命的挑战以及日新月异的知识经济社会的发展，在教育理念、教学方式及评价方式等都随之革新的同时，新一轮的教育教学变革也正在如火如荼地进行着。

（1）明确中国学生发展核心素养

2014年，为贯彻落实党的十八大精神，教育部颁布了《关于全面深化课程改革，落实立德树人根本任务的意见》，提出要建立全科育人、全程育人、全员育人的全方位、立体化的育人体系；启动研究制订中国学生发展核心素养体系。2016年9月，教育部颁布了《中国学生发展核心素养》。在这个文件中，核心素养被分成了三个方面，分别是文化基础、自主发展和社会参与。总的来看，"核心素养"事实上就是对"培养什么样的人"这一问题的回答，这个问题也是教育的最根本问题，因而发展学生的核心素养也将成为我国接下来基础教育改革的灵魂。

（2）深入推进教育教学改革

2019年7月，《中共中央、国务院关于深化教育教学改革，全面提高义务教育质量的意见》指出："围绕凝聚人心、完善人格、开发人力、培育人才、造福人民的工作目标，发展素质教育，培养德智体美劳全面发展的社会主义建设者和接班人。""坚持全面发展，为学生终身发展奠基。""坚持知行合一，让学生成为生活和学习的主人。"

在完成义务教育课程标准修订的基础上，启动普通高中课程方案和课程标准修订工作，深化基础教育课程改革，这意味着我国正式进入"指向核心素养的教育时代"。指向核心素养的课程发展势必成为未来一段时期内我国基础教育领域的重大课题。

"核心素养"指引了课堂转型的方向。"核心素养"的确定是学校教育从"知识传递"转向"知识建构"的信号，标志着我国学校的课程发展进入了新的阶段。课堂转型有三个基本特征，即从被动学习转为能动学习、从个体学习转为协同学习、从表层学习转为深度学习。

"育人价值"体现了课堂转型的意义。基于课堂转型的特征，新课堂教学范式不再是单向的知识传递，而是由"教"转向"学"，学生成为学习的主体，通过构筑"有效学习环境"，并积极"同他者分享"，彼此之间取长补短，实现全班成员一同进步。"核心素养"不是直接由教师教出来的，而是在问题情境中借助问题解决的实践培育起来的，儿童真正的学习一定是不断地与新世界、新的他者、新的自我的相遇与对话。因此，教育工作者一定要深刻意识到，学校教育不能简单归结为知识的堆叠和机械的技能训练，而首先应该是学生必备品格和关键能力的培养。

"核心素养—课程标准（学科素养与跨学科素养）—单元设计—课时计划"是学校课程与教学实施环环相扣的四个链环，它要求教师以中国学生发展的核心素养为教育目标，以基于核心素养的课程标准为教学依据，以大概念学习为主的单元设计和课时计划为学习路径，帮助学生领悟学习的丰富意义。

二、"现代小先生制"项目研究的基本进程

经过一年多的理论探索与实践，2017年6月，育红小学"现代'小先生制'·课堂教学转型实践"作为江苏省基础教育前瞻性教学改革一类重点实验项目正式立项。2018年8月，在省专家的指导下，项目名称微调为更加聚焦课堂教育教学本质问题的"现代'小先生制'·课堂学习实践新样态"。学校高度重视江苏省基础教育前瞻性教学项目的实施，从理论与实践两方面扎实推动项目研究工作。

1. 理论研究与推广

育红小学是一所四校区共建的集团化学校。在项目研究过程中，学校

以项目负责人和项目核心组成员为组织者，带领全体教师深入学习项目精神。此外，学校还组织全校近二十位具有研究生学历和教科研特长的教师成立"思辨先行"教科研小组，重点参与项目研究与实践，并多次邀请省教科院专家莅临学校指导项目，不断修改、完善项目理论，为项目的进一步实施与创新打下了良好基础。

学校还以校区为单位，以校区集中讲座、新闻宣传、编纂下发项目学习资料——学校内刊《化新集萃》等为主要方式，向全体教师推广、传递项目核心内涵、实践方法、重要意义，在全体教师的心中撒下了"现代'小先生制'·课堂学习实践新样态"的种子。

2. 实践探索与交流

在深入的理论研究基础上，学校扎实开展项目推进工作。

2017年10月12日下午，学校的省前瞻性项目"现代'小先生制'·课堂教学转型实践"第一次研讨推进会在育红小学龙山校区会议室召开。会议中，项目组成员学习项目的实施精神，确定了在全校范围内深入实践"人人可做小先生"的核心思想，并探讨了项目实施进度计划和具体实施方案。

此后的两年中，学校通过专家指导、案例分析、教师论坛、示范课交流与评课等方式，先后进行了二十余次扎实有效的项目推进会。通过一次次深入实践与思考，及时完善项目方案、明确项目实施步骤，不断在实践中创新项目实施方法。其中，项目组在省教科院专家指导下精心编制了聚焦课堂学习状况的科学调查问卷，并将前后两次问卷分析报告作为项目效能比较分析的重要依据；编写了"现代小先生制课堂教学观察量表"，密切关注项目课堂学习实践的一次次变革；在各校区、各学科、各学段均开设现代小先生制实验班，在实践中梳理了几十篇具有代表性的现代小先生制课堂实录与案例分析类文章，并在全校"超享系统"中公布，为项目理念真实落地做出了典型示范。

三、"现代小先生制"项目研究的推进感悟

1. 现代小先生制研究势在必行

江苏省前瞻性教学改革实验项目立项之初，为保证现代小先生制的课堂学习新样态扎实落地，取得具有实践参考价值的丰硕成果，学校创设了

"现代小先生制实验班",精心选择了14名勤奋务实、有创新精神的教师作为实验班教师,开展现代小先生制项目实验。实验班的范围覆盖了全校9个学科、高中低3个学段、38个班级。学校希望通过一次次分校区、全校开展的实验班示范课展示、听课评课交流、经典案例分析、专家指导,真实有效地促进现代小先生制理念的不断修正与更新,促进其在全校推广与实施。

在实验班成立之初(2018年年初)和实验班成立近两年(2019年11月)时,项目组编写了旨在了解现代小先生制实施情况的问卷,分别进行了两次问卷调查,通过科学的数据统计、比较、分析了实验班全面推行现代小先生制之后,课堂学习实践样态发生的新变化和出现的新问题。具体数据分析如下:

(1)项目实施初期的课堂样态(2018年3月5日第一次问卷调查)

项目组随机抽取三至六年级的实验班学生,共发放问卷460份,回收有效问卷444份,有效率为97%。问卷聚焦学生参与课堂学习的情态与组织方式,对现代小先生制初步开展后的情况进行了调查与分析。表1、表2、表3是有代表性意义的几张表格。

表1 学生课堂合作意愿

	人数/人	百分比/%
不愿意	9	2.0
不太愿意	16	3.6
比较愿意	79	17.8
十分愿意	340	76.6

表2 课堂主要合作方式

	人数/人	百分比/%
没有合作,都是老师讲	23	5.2
老师讲为主	201	45.3
一半同学间合作,一半老师讲	196	44.1
同学间合作为主	24	5.4

表3 学生上课听讲质疑和提问情况

	人数/人	百分比/%
没质疑，也没疑问	46	10.4
想问却不知道问什么	20	4.5
有疑问但不敢提问	111	25.0
有疑问，很喜欢提问	267	60.1

从数据中可以看出，学生参与课堂合作的意愿很高，但45.3%的学生表示，课堂上还是以教师讲为主，仅有5.4%的学生表示课堂以学生合作交流为主；近40%的学生不敢提问或质疑；经常有机会做小先生的学生仅有18.7%，这些学生大多是成绩优异或能说会道的同学，而43.7%的同学偶尔才有机会去做小先生，很少有机会或从来没有机会的占比为23.2%。结合课堂实践观察，在实际的课堂学习中仍然存在着学生不会合作互动学习，教师在合作互动学习中没有充分发挥指导者、服务者作用的情况。怎样让越来越多的学生能够在课堂中成为会教、爱学、能评的小先生呢？育红人思考着，并不断修正、实践着。

（2）项目实施两年的课堂样态（2019年11月19日第二次问卷调查）

实验班开展近两年后，学校厘清了现代小先生制的学习方法体系、成长方式、组织形式，明确了不同类型小先生开展课堂学习时发挥的不同作用，教师在课堂中的引导作用也明显提高。具体见表4、表5、表6、表7。

表4 学生课堂合作意愿

	人数/人	百分比/%
不愿意	3	1.9
不太愿意	4	2.5
比较愿意	12	7.4
十分愿意	143	88.3

表5 课堂主要合作方式

	人数/人	百分比/%
没有合作，都是老师讲	1	0.6
老师讲为主	10	6.2
一半同学间合作，一半老师讲	129	79.6
同学间合作为主	22	13.6

表6　课堂交流中提出自己观点的意愿

	人数/人	百分比/%
不愿意	1	0.6
不太愿意	3	1.9
比较愿意	20	12.3
十分愿意	138	85.2

表7　学生平时学习中遇到困难的做法

	人数/人	百分比/%
回家问家长	4	2.5
想求助却不敢求助	0	0
不思考，直接向老师和小先生求助	5	3.1
先独立思考，再向老师和小先生求助	153	94.4

从数据中可以看出，近两年来，学生在课堂上做小先生的比例显著提高，近80%的学生都有了小先生的角色体验；93.2%的学生表示课堂上有同学间互动合作学习的形式，其中，13.6%的学生表示合作学习已经成为课堂的主流学习方式；97.5%的学生愿意在课堂上提出自己的观点，展示自己的思路；94.4%的学生在学习遇到困难时，愿意先独立思考，再向老师和小先生求助。同学间互助合作、自主探究、分享观点等学习方式深植于学生心中。

2. 项目经验带动区域教育发展

育红小学进行项目实践后，不仅建构了新的学习样态，还将教育改革经验惠及更多兄弟实验学校，带动了区域教育发展。

（1）现代小先生制催生"卓越教育联盟"

2018年4月，育红小学成为无锡市滨湖区"卓越教育联盟"第一批首席学校，成立两年来，借助区名师工作室、希望之星班、三校联谊、双城会等多渠道教研平台，为胡埭中心小学等区内其他学校送去先进的教育理念与教育方法、教育资源。两年来，学校多次与其他"卓越教育联盟"学校进行名师"手拉手"工作室共建、学校"面对面"共同商教研、区内外"肩并肩"共享好资源等活动，通过"朝阳杯"课堂教学大赛、市科研共同体育红现场活动、六年级英语备课协作组活动等的开展，将现代小先生制的课堂学习实践新样态、新理念传递到整个滨湖区。例如，在与胡埭中心小学、东埠实验小学、峰影小学的联合课堂教研活动中,学校将现代小先生制课堂学习实践新样态的研究新成果在课堂上展示出来,引发区域教育同行的讨论与思考。

(2) 现代小先生制支援偏远、欠发达地区

为偏远、欠发达地区支教、送教、做讲座是育红小学多年来的优良传统。前瞻性项目立项以来的两年中,学校共派出特级教师、市级骨干教师11人,先后到苏北、浙南、青海、新疆等地进行支教、送教、做讲座等活动,现代小先生制的项目实践成果随之传播,以学生为中心的多主体互助教学模式在全国各地开花。

(3) 现代小先生制建成"名师同步课堂"

"名师同步课堂"采用以育红小学语数英三位骨干教师为主,辅助教师和协同发展教师为辅的形式,通过直播课堂、全国在线收看的方式,实现多区域覆盖、多目标达成、多策略跟进的全新网络直播教学新模式,更广泛地实现了优质教学资源共享。其中,育红小学的全国模范教师袁莉娅、江苏省特级教师李美华、滨湖区名师杨文君作为省前瞻性项目的核心组成员,率先在直播课中开展了现代小先生制课堂学习实践新样态。

(4) 现代小先生制出席全国教育博览会

2018年11月12日至15日,育红小学科研团队携省前瞻性教学改革实验项目"现代'小先生制'·课堂学习实践新样态"受邀出席第四届中国教育创新成果公益博览会,向来自全国的教育专家、教育同行们展示了项目研究的成果,同时广泛吸纳借鉴国内外教育创新成果和先进理念,为本项目深入研究、实践操作、成果提炼提供了更多的优化思路。

3. 项目初步取得理论成果

项目立项两年以来,学校通过自上而下地引导,不断带领全体教师进行前瞻性项目相关的理论学习、课堂实践,取得了较为丰硕的阶段性成果。教师撰写的项目论文有数十篇发表在省级以上学术期刊上,有六十余篇在省市级论文评比中获奖(表8)。以下是部分论文成果的概述:

(1) 现代小先生制重构了课堂公共生活

现代小先生制撬动着课堂公共生活的重构:以现代小先生制"倒逼"教师全面解放学生学习能力,构建"充分赋权"的课堂公共生活;"倒逼"教师深度思考学生学习起点,构建"丰富情景"的课堂公共生活;"倒逼"

教师主动还原学生学习过程，构建"深度参与"的课堂公共生活。

（2）现代小先生制形成了课堂实施策略

现代小先生制的项目实践催发了教师们的教学机智，形成了现代小先生制课堂教学实践中的实施策略：唤醒学习的主体意识；构筑民主的师生关系；营造自治的课堂氛围；催化开放的学习形式。

（3）现代小先生制建构了课堂学习新样态

项目组在实践研究中不仅厘清了现代小先生制的理论建构，还在深入实践中总结出现代小先生的能力特质、成长方式，归纳出现代小先生制的组织形式与培养机制等，使现代小先生制成为一种操作性强、便于推广的课堂学习新样态。

表8 "现代'小先生制'·课堂学习实践新样态"项目相关论文发表、获奖情况

姓名	科目	论文题目	级别	发表/获奖	年份	刊物名称/颁奖单位
张天舒	语文	"互变互动"，实践语文学习共同体的核心理念	省级	发表	2017	《时代教育》
张天舒	语文	学习共同体：语文教学纵深发展的方向	省级	发表	2018	《小学教学研究》
李燕 王一娴	数学	"现代小先生制"：撬动课堂公共生活的重构	省级	发表	2018	《小学教学研究》
曹亮	体育	实施现代"小先生制"发展学生体育核心素养	省级	发表	2018	《拳击与格斗》
沈君	数学	现代"小先生制"下的课堂教学新样态——以《长方体和正方体总复习》一课为例	省级	发表	2018	《小学教学设计》
苏晓萍	美术	现代美术课堂实施"小先生制"的策略	省级	发表	2019	《辽宁教育》
徐敏燕	语文	谈班级管理中的"小先生制"	省级	发表	2019	《课程教育研究》
秦敏	体育	现代小先生制体育课堂：人人皆为小先生	省级	发表	2019	《教育观察》
蔡文君	语文	以学定教，提高小学生主动习得英语的能力	省级	发表	2018	《小学教学研究》
周晓霞	语文	让规则和孩子一起"长"起来	省级	发表	2018	《当代教育家》
王怡	语文	笑着拥抱"倔强的野草"	省级	发表	2019	《班主任》

续表

姓名	科目	论文题目	级别	发表/获奖	年份	刊物名称/颁奖单位
尤 吉 张天舒	语文	现代"小先生制"的课堂学习新样态	省级	发表	2020	《基础教育研究》
杭丽丽	语文	我们的"动物园"班级公约	省级	发表	2020	《语文课内外》
钮玉如	英语	基于人本主义学习理论的小学英语"智慧课堂"实践探索	省级	发表	2020	《中学生学习报》
赵 岷	数学	互帮互助"小先生"——小先生制在小学数学教学中的实践探索	省级	发表	2020	《新课程》
袁莉娅	英语	建构小学英语课堂协同学习的实践样态	国家级	发表	2020	《教学与管理》
袁莉娅	英语	英语学习中"小先生制"的生成与流变	省级	发表	2020	《基础教育研究》
张 莹	英语	浅谈小学英语课堂教学中以学生为主体的教学方式探索	省级	发表	2020	《校园英语》
张晓晴	英语	小先生制在小学英语课堂教学评价中的作用	国家级	发表	2020	《华夏教师》
王龙龙	数学	现代小先生制数学课堂：教、学、评的小先生	省级	发表	2020	《数学学习与研究》
张晨珺	语文	"小先生制"——提升小学语文作文教学的有效性	省级	发表	2020	《散文百家（新语文活页）》
袁莉娅	英语	英语学习中"小先生制"的生成流变研究	省级	一等奖	2018	江苏省教海探航征文竞赛组委会
浦艳琳	语文	践行"小先生制"，构建生本课堂	省级	三等奖	2018	江苏省陶行知研究会
陈依方	体育	"小先生制"在小学体育课堂中的实践策略	省级	三等奖	2018	江苏省陶行知研究会
苏晓萍	美术	现代语境下的"小先生制"在美术课堂中的施行与思考	省级	一等奖	2019	江苏省陶行知研究会第十一届行知杯
冯 晓	语文	小先生，大作为——浅谈小学语文课堂教学中"小先生制"的运用	省级	三等奖	2019	江苏省陶行知研究会第十一届行知杯

续表

姓名	科目	论文题目	级别	发表/获奖	年份	刊物名称/颁奖单位
顾 芳	体育	培养现代"小先生"抗挫力 提升学生体育核心素养	省级	三等奖	2019	江苏省陶行知研究会第十一届行知杯
顾 芳	体育	"小先生制"在体育教学中的实践与研究	市级	一等奖	2018	无锡市教育学会
华 敏	美术	小先生,大能量——探索美术课堂中的"小先生制"	市级	二等奖	2018	无锡市教育学会
薛莉莉	英语	现代"小先生制"在小学中年级英语课堂中的应用	市级	二等奖	2018	无锡市教育学会
陈依方	体育	谈"小先生制"在小学体育课堂中的应用	市级	二等奖	2018	江苏省陶行知研究会
顾 芳	体育	体育课堂新样态——现代"小先生"角色的培养与实施	市级	二等奖	2018	无锡市教育科学研究院、无锡市教育科学规划领导小组办公室
华 敏	美术	在小先生制课堂里抽枝展叶	市级	二等奖	2018	无锡市陶行知研究会
王昕未	语文	从台下到台上,变知识为能力	市级	二等奖	2018	无锡市陶行知研究会
王可欣	语文	"说、仿、教、用",变生为师——让"现代小先生制"扎根语文课堂	市级	三等奖	2018	无锡市教育学会
周 顺	英语	现代"小先生制"课堂学习实践新样态	市级	三等奖	2018	无锡市教育学会
卞可可	数学	浅论"小先生制"在小学数学教学中的实践应用	市级	三等奖	2018	无锡市教育学会
王昕未	语文	现代"小先生制"在低年级识字教学中的应用	市级	三等奖	2018	无锡市教育学会
陈 楠	英语	小先生:小制作,大智慧	市级	三等奖	2018	无锡市陶行知研究会
潘 丹	语文	小先生德育微型课,自然生成的德育课程	市级	三等奖	2018	无锡市陶行知研究会
王龙龙	数学	现代"小先生制"在数学课堂中的实践研究	市级	三等奖	2018	无锡市陶行知研究会
周丽娜	语文	"我"还是"我们"?	市级	三等奖	2018	无锡市陶行知研究会

续表

姓名	科目	论文题目	级别	发表/获奖	年份	刊物名称/颁奖单位
沈 洁	美术	"改画"小先生策略探究	市级	三等奖	2018	无锡市陶行知研究会
周 顺	英语	现代"小先生制"彰显课堂新智慧	市级	三等奖	2018	无锡市陶行知研究会
卞可可	数学	小先生,大课堂——浅论"小先生制"在数学教学中的实践应用研究	市级	三等奖	2018	无锡市陶行知研究会
冯 晓	语文	现代"小先生制"在语文课堂教学中的运用	区级	二等奖	2019	滨湖区教研中心
顾 芳	体育	核心素养下体育教学中现代"小先生"抗挫力的培养策略	区级	一等奖	2019	滨湖区教研中心
顾 芳	体育	现代"小先生"在体育教学中抗挫力培养的有效策略	市级	一等奖	2019	无锡市教育学会
秦 敏	体育	"现代小先生制"在学校体育公共活动中的实践与探索	市级	二等奖	2019	无锡市教育学会
徐敏燕	语文	谈班级管理中的"小先生制"	市级	二等奖	2019	无锡市教育学会
沈 灵	美术	现代"小先生制",构建富有生命力的美术课堂	市级	二等奖	2019	无锡市教育学会
秦滢艳	语文	浅谈"小先生制"在小学语文教学中的实践与反思	市级	二等奖	2019	无锡市陶行知研究会
荣敏良	科学	浅谈"小先生制"对科学课的改变	市级	二等奖	2019	无锡市陶行知研究会
卞茁嘉	语文	巧用小先生制,引领经典阅读	市级	三等奖	2019	无锡市陶行知研究会
季 珠	语文	小先生制引领下的语文要素的确定和落实	市级	三等奖	2019	无锡市陶行知研究会
梁倩文	语文	浅析小先生制在小学阶段中的新样态	市级	三等奖	2019	无锡市陶行知研究会
王龙龙	数学	现代小先生制:课堂学习样态的几点思考	市级	三等奖	2019	无锡市陶行知研究会

续表

姓名	科目	论文题目	级别	发表/获奖	年份	刊物名称/颁奖单位
顾　芳	体育	核心素养下体育教学中现代"小先生"抗挫力的培养策略	市级	三等奖	2019	无锡市教育科学研究院、无锡市教育科学规划领导小组办公室
裴艳华	数学	基于现代"小先生"培育的教师功能探究	市级	一等奖	2020	无锡市教育学会
陈依方	体育	现代"小先生制"：小学体育课堂的新解码	市级	一等奖	2020	无锡市教育学会
张天舒	语文	以学习者为中心的语文教学：角色建构与操作路径	市级	一等奖	2020	无锡市教育学会
赵　岷	数学	小先生制在小学数学教学中的实践探索	市级	三等奖	2020	无锡市教育学会
陈筱华	英语	现代"小先生制"在小学英语教学中的运用初探	市级	三等奖	2020	无锡市教育学会
赵　岷	数学	如何在数学教学中培养学生的合作学习习惯	市级	三等奖	2020	无锡市教育学会
张静娴	语文	"小先生制"在低年级班级管理中的具体实施	省级	三等奖	2020	江苏省陶行知研究会
赵　岷	数学	互教互学"小先生"——小先生制在小学数学教学中的实践探索	省级	三等奖	2020	江苏省陶行知研究会
秦　敏	体育	翻转课堂：让体育课堂最大化实现精讲多练	省级	三等奖	2020	江苏省陶行知研究会
陈依方	体育	新时代"小先生制"：体育课堂最美的成长姿态	省级	三等奖	2020	江苏省陶行知研究会
梁倩文	语文	浅析陶行知先生"小先生制"在小学教育中的新样态	省级	三等奖	2020	江苏省陶行知研究会
季　珠	语文	"小先生制"浸润语文课堂	省级	三等奖	2020	江苏省陶行知研究会
钱　俊	数学	以行知理念创新小学数学计算教学	省级	三等奖	2020	江苏省陶行知研究会

经过两年的不断探索与修正，"现代'小先生制'·课堂学习实践新样态"的理论与实践研究均取得了一定的阶段性成果，但育红人并不满足于此，我们将会继续贯彻项目精神，力争把"教师人人懂小先生制"的状态，

转变为"学生人人是小先生"的课堂学习"常态"。

四、"现代小先生制"项目研究的整体框架

什么是现代小先生制？什么样的人才能称为现代小先生？现代小先生有怎样的人格特质？现代小先生是如何培养的？育红人进行深入的理性思考，结合丰富的实践探索，在本书中给出了初步回答。

本书共分六章，第一章梳理了国内外关于小先生及小先生制的理论与实践探索脉络，阐述了以往的小先生及小先生制对当前教学的影响、发展趋势及存在的问题，阐发了现代小先生制的内涵价值与前瞻性思考，明确了"育红人心目中的'现代小先生'"角色定位，提炼了现代小先生的人格特质与现代小先生制的学习特点。

第二章主要阐述了小先生们在学会"主动探索、与他人分享、帮助他人学习"过程中形成的几种成长方式："自主预约式""同伴互助式""轮流当值式""现场生成式"。

第三章阐述了现代小先生制课堂教学结构，明确了基于课程标准、以学习为中心的现代小先生制的课堂学习指向，构建了应需分组—质疑驱动—互动分享—评价反馈的课堂结构。

第四章主要阐述了现代小先生制的课堂学习样态，论述课堂学习中小先生是怎样"以教促学，以评促学"的，并借助翔实的案例展示课堂中小先生的学习样态。

第五章主要阐明了现代小先生制的组织形式，论述教师如何设计促进小先生学习的组织方式，教师如何设计和指导小先生的"学""评""教"。

第六章主要从现代小先生的活动机制、管理机制、规章制度几方面论述了现代小先生的培育机制，使小先生制操之有度，行之有法。

第一章 我们心中的现代小先生

何为教育?汉语中的"教育"一词来源于孟子的"得天下英才而教育之"。拉丁语 educare,是西方"教育"一词的来源,意思是"引出"。简而言之,古今中外,人们都认为教育的目的是培养社会有用之才。

何为教育之道?人才如何培养?

在我国古代,教育的功能一直被解读为传道、授业、解惑。20 世纪 70 年代以前,世界各国也一直把教育的功能定位于传授知识和技能,开发智力和开启智慧,既为经济、社会发展服务,也为人类自身个性发展服务。教育一直以长者言传身教、幼者学习模仿,老师讲、学生听,以教师教育教学为主、学生被动接受学习为辅的方式存在着。当人类进入 20 世纪 70 年代以来,情况发生了变化。70 年代初,联合国教科文组织撰写出版的《学会生存——教育世界的今天和明天》,以及 1996 年 12 月国际 21 世纪教育委员会撰写出版的 *Learning：The Treasure Within*(中文版翻译为《教育——财富蕴藏其中》)一书,都一以贯之地提出了教育的"四大支柱",其中学会生存是关键,学会认知、学会做事、学会与他人一起生活是学会生存的前提。教育的目的就是要通过这四种基本的学习让受教育者学会自我教育、自我完善,最终能够适应未来和适应变化。而本书所探讨与研究的,就是如何在新时代教育教学改革背景下,着眼于未来,着眼于人的完善,在学校教育中以现代小先生制的学习样态更好地促进教育目的的实现。

第一节 国际小先生制的理论探索

小先生制自主、自助、合作、对话的课堂教学理念由来已久,从国外几位知名教育学家的理论研究中亦能找到相通之处。

一、杜威的实用主义教育思想

杜威就教育本质提出了"教育即生活"和"学校即社会"两大基本观点。杜威认为,教育就是儿童生活的过程,而不是将来生活的预备,最好的教育就是"从生活中学习、从经验中学习",教育就是要给儿童提供保证生长或充分生活的条件。

尽管杜威并不是"儿童中心"思想的首创者,但是他赞同"儿童中心"思想。杜威认为,学校生活应该以儿童为中心,使得一切主要是为儿童的而不是为教师的。因为以儿童为中心是与儿童的本能和需要协调一致的,所以,在学校生活中,儿童不仅是起点,是中心,而且是目的。

在强调"儿童中心"思想的同时,杜威并不同意教师采取"放手"的办法。他认为,教师如果采取对儿童予以放任的态度,实际上就是放弃他们的指导责任。

杜威还极力倡导"做中学"。他将教学过程分为五个阶段:从情境中发现疑难;从疑难中提出问题;作出解决问题的各种假设;推断哪一种假设能解决问题;经过检验来修正假设,获得结论。即困难—问题—假设—验证—结论,被称作五步教学法。

由于教育过程是儿童与教师共同参与的过程,是他们双方合作的过程,因此,在教育过程中,儿童与教师之间的接触越亲密,越能使儿童更多地受到教师的指导。杜威说:"教师作为集体的成员,具有更成熟的、更丰富的经验以及更清楚地看到在任何所提示的设计中继续发展的种种可能,不仅是有权而且有责任提出活动的方针。"① 在他看来,教师不仅应该给儿童提供生长的适当机会和条件,而且应该观察儿童的生长并给以真正的引导。

---

① 赵祥麟,王承绪. 杜威教育论著选 [M]. 上海:华东师范大学出版社,1981:262.

基于对受教育者本身的重视，杜威反对传统的灌输式教育方法，他认为灌输式教育方法不是真正的教育，因为"教育即生长"："生长的第一条件，是未长成的状态……'未'字，却有一个积极的意思，并不是仅仅虚无或缺乏的意思。"① 他肯定这种未长成的状态是充满能动性和潜能的，不是一味灌输就能使之充分发展的。

对杜威来说，创造充分的条件让学习者去"经验"是教育的关键，"所谓经验，本来是一件'主动而又被动的'（active-passive）事情，本来不是'认识的'（cognitive）事情"②，杜威把经验当作主体和对象、有机体和环境之间的相互作用。他主张以这种进步的（progressive）教育方法使学习者从活动中学习，经验本身就是指学习主体与被认识的客体互动的过程。但他又说："经验的价值怎样，全视我们能否知觉经验所引出的关系，或前因后果的关联。"③ 并不是每一种经验都是有教育价值的，对经验过程逐渐形成的主体的诠释是关键所在。正因如此，杜威亦指出培养出学习者的自习能力是教育的功用，他说："有教育功用的经验的别一方面，即是能增加指挥后来经验的能力。"④ 他把这种自习能力的培养称为"改造"，所以他说"教育即改造"。

二、佐藤学的学习共同体

佐藤学认为协同学习下的小组学习方法，首先是模仿他人的思考。其次是将其他人的思考作为一个"脚手架"，来达到更高的程度。协同学习有三个要素，一个是符合学科本质的学习，二是构建相互倾听关系，三是设立挑战性课题，展开高层次的思考与探究。

佐藤学认为中国小组学习最大的问题就是大家在"互相说"，而不是"互相学"。学习是对未知世界的探索，而"互相说"往往表现为小组成员对其已知事实的阐述。仔细观察"互相说"的小组，你会发现，每位成员讲完自己的意见就没有进一步的思考，没有高质量的学习了。

"互相教"的关系是单方的权力关系，与此相比，"互相学"的关系是

---

① 杜威. 民本主义与教育［M］. 邹恩润，译. 北京：东方出版社，2013：45.
② 杜威. 民本主义与教育［M］. 邹恩润，译. 北京：东方出版社，2013：154.
③ 杜威. 民本主义与教育［M］. 邹恩润，译. 北京：东方出版社，2013：154.
④ 杜威. 民本主义与教育［M］. 邹恩润，译. 北京：东方出版社，2013：85.

互相关爱的关系,是每一名学生都作为主人公与他人合作学习、共同提高的学习关系。"互相教"的关系由独白构成,"互相学"的关系是建立在对话的基础上的,这种对话式的交流以倾听为基础。因此,不建议教师说"会的同学教一下不会的同学",应该说"不会的同学问一问其他同学"。学生的那句"这是为什么呢?"是学习活动的出发点。

对教师来说,每一个学生的想法和头脑中的表象都相互碰撞、呼应起来的"交响乐"本身,乃是教学的最大妙趣之所在。通过"交响乐团"式的教学,学生之间富有内涵的相互学习是否能够开展起来,与教师是否能够尊重每个学生微妙的个性差异,是否能够洞察学生之间相互学习的可能性是分不开的。

三、18世纪末的导生制

导生制又叫贝尔-兰卡斯特制,也称相互教学制度,是由教师选择一些年龄较大、成绩优秀的学生充任"导生",作为教师的助手,让他们先接受教学内容,再由他们转教其他学生的一种教学模式。导生不但负责教学,而且还负责检查和考试,是教师真正的助手。其中,年龄较大、成绩优秀是成为导生的条件;作为教师的助手,转教其他学生教学内容是导生的职责。导生制曾在英国和美国流行过数十年,为英、美两国普及初等教育做出过重大贡献。

导生制倡导教学环节的"导生先行",将导生融入课堂教学之中。在实行导生制的学校里,教室有时就是礼堂或大厅。教室里安放着一排排长课桌,每排十余个学生,其中一人为导生。上课时教师先将当天的教学内容以讲授的方式教给导生,其他学生先自习或者复习前一节课的内容。当导生学完当天的知识时,便把自己所负责的学生领回,站成一圈或一排,将刚学的内容教给他们。①

导生制的教学目标是德才兼顾,既满足工人阶级子女的基本知识技能的需求,又培养儿童良好的道德。为此,不同的导生制学校设计了价值取向各异的激励措施,促进导生的"榜样引领",从而营造同伴协作的氛围。导生制学校管理"层级分明"。传统的导生制学校里,导生最初只承担着教

---

① 康晓燕. 18世纪英国导生制研究[D]. 福建师范大学,2012:28.

学重任,但由于学校师资力量薄弱,随后导生也肩负着管理责任。导生参与到日常事务的管理过程中,形成导生各司其职、分工合作的场景。在英国导生制的实施过程中,多数普通学校仅让导生参与普通学生智育评价的过程,而具有教会背景的学校则开始让导生融入普通学生德育评价的过程。①

导生制这种教育形式能够解决教师数量不足、资金匮乏问题,能增加教育数量,但是教学内容过于简单,教学方法过于机械。导生在教授内容时往往只是照搬教师讲授的内容和方法,充当着"传话筒"的身份。②

四、20世纪末的同伴互助学习

在理论原理方面,托平和尔利于1998年出版的《同伴互助学习》一书,专门论述了"同伴学习"的基本原理和意义,包括其教育心理学基础、优点和局限性,以及设计和实施的基本原则。

在操作与运用方面,鲍德等人在2001年《高等教育中的同伴学习》一书中明确指出,使用"同伴学习"与"同伴评估"的基本考虑,"是因为这样的学习策略具有实用价值,并且特别适用于高等院校中人数较多的课程和教学"。③ 这一活动主要是基于"通过教来学习"这样的理念而开发的。

美国学者埃德加·戴尔1946年提出了"学习金字塔"(Cone of Learning)的理论(图1-1),发现"教授给他人"是学习效率最高的学习方式。而小先生制正是让学生能在教授他人的过程中不断成长。

---

① 邓霜娇. 英国普通教育导生制述评[J]. 上海教育科研,2019(9).
② 康晓燕. 18世纪英国导生制研究[D]. 福建师范大学,2012:28-31.
③ 转引自王红艳,姜雪梅,吴彬. "同伴学习"与"同伴评估"在高校英语教学中的作用[J]. 煤炭高等教育,2010(2).

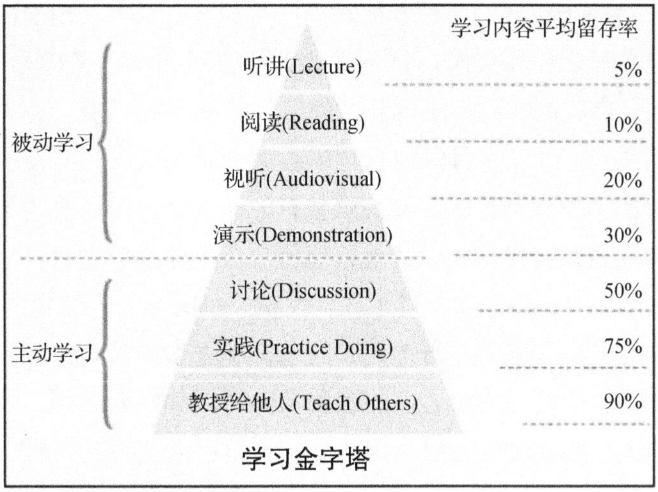

	学习内容平均留存率
听讲(Lecture)	5%
阅读(Reading)	10%
视听(Audiovisual)	20%
演示(Demonstration)	30%
讨论(Discussion)	50%
实践(Practice Doing)	75%
教授给他人(Teach Others)	90%

其中，听讲、阅读、视听、演示属于被动学习；讨论、实践、教授给他人属于主动学习。

学习金字塔

图 1-1 "学习金字塔"模型

第二节 国内小先生制的实践追求

国内小先生制的相关理论研究颇多，尤以陶行知先生的小先生制理论流传最广、影响最深。小先生制是著名教育家陶行知先生在普及教育实践过程中依据"即知即传人"的原则，采取"小孩教小孩""小孩教大人"的方法，倡导并推广实施的一种教学制度和儿童学习制度。

一、"即知即传"——陶行知小先生制的理念由来

小先生制在教学中的运用在我国并非自陶行知先生始，这一教学方法可以追溯到汉代。在汉代，求学人的增多使得私学兴盛，在教师资源匮乏的环境下，教学中出现了"高业弟子次第相传授"的教学方式，即"至一师能教千人，必由高足弟子传授"。汉代大儒董仲舒、马融等人均采用过这种方式教学。在元代，理学家许衡也采用过这种授业形式。在中国古代，高足弟子授业是一种普遍现象。只是之前的"高足弟子授业"并没有形成教育教学的体系和理论。小先生制正式作为一种教育教学理论的提出始于20世纪30年代初，最早见于陶行知有关教育教学的相关论述。陶行知先生对我国传统教育教学思想进行概括与归纳，取其精华，并结合我国教育的实际情况，提出了小先生制的教育模式。

20世纪二三十年代的中国农村由于受传统观念影响，现成的知识被视为人们的私有财产、传家宝，是不外传的，普通的知识又被当作商品卖，有钱、有权、有脸面的人才能得到。为了打破知识的私有，让人人能得到知识阳光的普照，改变乡村学校教育中教师奇缺的状况，陶行知采用"即知即传人"的小先生制，来普及大众教育。他认为，得到真理的人便负有传授真理的义务，我传你，你传他，他传他。小先生的力量非常之大，这是因为，在空间上，小先生无处不在，家中、田间地头、牛棚中、茶馆中、庙宇中等都可见小先生的身影；在时间上，小先生的时间好像是橡皮筋做的，可以伸缩，他可以利用人们的各种零碎时间和闲暇时间，及时把学得的知识教给人。在小先生手里，知识变成空气，人人得到呼吸；知识变成甘霖，处处得其润泽；知识变成太阳，照着广大的群众向前行进。另外，"即知即传"的方法，还是指导小先生教人去教人，前进的大众和前进的小孩都同样可以做起先生来，大家是学生、是同学，又都是不收费的先生。小先生成为一个开放的群体，一人教二人，二人又教四人，这样以几何倍数增长，如滚雪球一般越来越大，在数量上显出了优势。"即知即传"的小先生制改变了传统的教学法，主张"会的教人，不会的跟人学"。我们跟农民学种田，农民跟我们学科学，这是相师相学。我们还可以让大徒弟去教小徒弟，各行各业的人都有资格做先生。做先生有成就感，也能增强学习的乐趣。知识的私有被粉碎了，"知识为公"成了所有先生们共同的信条。知识就像"春风风人，夏雨雨人"一样，人人都有展示的机会，从而得到教育普及，百姓读书明理，安居乐业。

二、"联合自动"——陶行知小先生制的现实意义

一个好的先生不是教书，也不是教学生，而是教学生学习解决问题的方法，让其获得自我教育的终身发展的能力。这就是我们常说的"授之以鱼，不如授之以渔"。我们现今提倡的自主教育，也就是要考虑学生怎样学，指导他们学会学习，使他们在观察、探索、思考之余，有敢于创新的"自动"精神。把学生看成学习的主人，始终以教育对象为主体，这种教育方法坚持学生自主、自立、自动、自助、自己管理自己、自己教育自己和以学生为主体的精神，这种方法的极致便是小先生制。学生当小先生，除了在学习上为课堂教学起到"拾遗补缺"作用外，班级的凝聚力也增强了，

班主任的很多工作都可由小先生去做。学生的能力提高了,他们提前适应社会需要,这个意义是不可低估的。正如陶行知所说:"小先生的办法,对于小先生也有两种益处:(一)以所学转教他人,自己便容易于记忆;(二)自幼即教人,为服务社会的实际工作。"① 因为要教人,就不得不自己先把所教的知识弄明白,并且在教人的过程中加深了对知识的理解,激发了自主学习的动机,提高了学习的兴趣,培养了自主学习的能力及管理和自我管理的能力,倡导了"即知即传""有教有学"的互助合作精神,实现了师生平等的教学格局。在教学过程中重视学生作为个体的主体性,注重培养学生的创新能力,培养学生成为能运用"活知识"、有"生活力"和"创造力"的人,是现代教育的最终目标。这就要求教师在教学中要有意识地培养学生的这种能力,把学生作为学习的主体,而不能一味地灌输书本知识,教师要俯下身来肯做学生,注重教师与学生、学生与学生、学生与小组的互动及角色的互换;在教学过程中,通过开放式的问题,设置情境活动,要求学生通过多种渠道收集信息,进行多种形式的交流互动。在教学中有组织地开展小先生活动,把命名小先生作为对学生的一种鼓励性评价,凡对某一知识接受得快或作业做得又好又快的学生,就命名为小先生,去辅导别的同学;凡对某一知识理解透彻或有独到见解的学生,就上讲台当众讲述,不足的地方老师给予指导,从而提高学生自动自得的能力。学生通过小组间的活动,有学有教,做到会的教人,不会的跟人学,互相帮助,共同提高,这又充分调动了学生学习的积极性、主动性。小先生在当今教学中是富有生命力的新团体,有利于改进乡村的教育组织,同时小先生制也是一种最经济的乡村教育机制,利用小先生来普及乡村教育,对社会教育产生了良好的影响,也创造了一些宝贵的经验。

陶行知先生倡导小先生制,是基于20世纪二三十年代中国普及大众教育、推广平民教育、实施民主教育、改革乡村教育的时代大背景,这一教育教学方法在促进中国教育民主化进程的过程中,发挥了巨大的作用,产生了深远的影响,极具创新价值与实践意义。

三、国内其他与小先生制相关的理论与研究

随着教育教学的发展以及理论研究的深入,小先生制愈来愈受到学界

---

① 陶行知.陶行知全集(第11卷)[M].成都:四川教育出版社,2005:468.

的关注，其相关研究精彩纷呈，其论述也日益深入，较具代表性的主要有以下几种：

潘一尘在其著作《小先生制》里对小先生和与之相关的概念进行了名词解释，论证了小先生制的历史和当时的价值，提出了做小先生，不做"守知奴"，并结合当时的社会实际讲述了小先生制的具体实施方法等。

此外，王见评著有《介绍小先生制》，新教育学会编有《教育普及与小先生制》。

陈经山认为，实行小先生制，学生能拥有主动掌握学习的机会和足够的展示空间，能唤醒心中学习的潜能，为枯燥的学习营造了竞赛式的学习氛围。

陈家胜认为，小先生制教学模式对各层次学生的学习都有帮助，不仅学优生可以主动探索，得到启发，加深对问题的理解，学困生也可得到来自身边的帮助，克服了其由于对教师的恐惧产生的厌烦学习的心理困难。

马仕锦认为，小先生制让学生当小先生，直接参与学习的全过程，学生拥有自主学习的能动性和多样化的学习需求，因而成为真正的学习主体和课堂的主人。

刘盼盼、韩庆奎、张雨强和苗深花等认为，小先生制教学模式可以很好地培养学生学习的自主性，促进学生学会学习和合作学习，有利于提高学生的综合素质。

值得关注的是，毛泽东同志也曾做过与小先生制有异曲同工之妙的论述：他在《一九四六年解放区工作的方针》一文中指出，"练兵方法，应开展官教兵、兵教官、兵教兵的群众练兵运动"。这精彩的论述，深刻地阐述了教育者与被教育者、被教育者与被教育者之间的密切关系。运用到现代小先生制教学中，我们所理解的"兵教兵"就是在老师的指导下，学生之间互相帮助、互相学习的一种有效的合作学习方式。

四、以往的小先生制研究对现代教育的意义与存在问题

1. 以往的小先生制对当下教育的意义

陶行知小先生制教育思想，对今天的教育具有不可小觑的现实意义。

（1）教育应体现"以生为本"

在陶先生眼里，小孩既可做学生，也可做"即知即传的小先生"，既是

学习的主人，也是教育的主人，这与当前"以生为本"的教育思想不谋而合。

当前推行小先生制，让学生成为小先生，学生便可成为课堂的主人和学习的主人。学生在教师的引导下，自主选择学习内容，自觉投入学习活动，并在相互学习中学生形成"即知即传"的"知识为公"和"团队合作"思想。因而，小先生制丰富了当代教育新课程改革的思想内涵。

（2）教育应体现"师生平等"

陶行知认为，小先生的承担者应当是能者为师，而不只是优等生为师，师与生的关系是互为的、交叉的、平等的。这与我国现阶段倡导的"面向全体学生，促进个人发展"是一致的。尤其是在当今信息多元化的学习环境下，这与强调团队协作方式是一致的，生生之间、师生之间是平等的，是可以相互学习的。

（3）教育应关注"合作学习"

在陶行知生活的时代，小先生的活动方式是"以集体生活之不断的自新创造的过程来教育儿童"，使儿童"团结起来做即知即传的小先生"[1]。

让"即知即传"的过程成为学生自主历练的学习过程，无疑也丰富了当代新课程改革的学习方式，改变了当代课堂学习样态。当代小先生制的研究更趋向研究如何让学生之间互为小先生，生生之间如何形成一种"交互主体"的关系，这在学习方法上更易于突出学生的主体地位，有利于充分发挥学生的自主学习能力。

（4）教育应关注培养学生的终身学习能力

陶行知说："教育不能创造什么，但它能启发解放儿童创造力以从事于创造之工作。"[2] 他倡导的小先生制正印证了这句话，这些小先生成为普及教育运动中的主力，他们会在不会的时候自己先学，学了再教别人，在这一过程中他们获得了终身学习的能力。

当代新课程改革也要求教师注重培养学生终身学习的能力，让学生当小先生，直接参与学习的全过程，使学生拥有自主学习的能动性和多样化的学习需求，成为真正的学习主体和课堂的主人。

---

[1] 陶行知. 陶行知全集（第4卷）[M]. 成都：四川教育出版社，2005：384.
[2] 陶行知. 陶行知谈教育[M]. 沈阳：辽宁人民出版社，2015：157.

2. 以往研究存在的问题

在我国，采用小先生制教学已经非常普遍，研究的论文非常多，涉及的阶段从小学到大学，涉及的科目包括数学、历史、语文、英语等各个学科。近年来，小先生制在实践中的应用也越来越普遍。但目前阶段对于小先生制课堂学习的研究存在三个方面的不足。在教学目的方面，目前的小先生制以提高课堂学习效率为主，并不是以"人人都是小先生"为目的来培养学生终身发展的能力；在教学对象方面，部分学习基础好、学习能力强的学生更适合目前的小先生制，没有让"人人"都有机会成为小先生，成为自我教育的主体；在教学方式方面，小先生制中的小先生或充当教师的角色，或充当教师的助手，课堂教学方式更多的还是以"我讲你听"为主，并未在互教互学、互评互议的对话互动中培养小先生、成就小先生。

第三节　现代小先生的内涵价值

一、现代小先生制的前瞻思考

我们通过深入学习、坚守、继承陶行知的伟大教育思想，提炼出小先生制教育思想的核心理念，并在当代教育背景下加以发展。与陶行知先生的小先生制相比，现代小先生制有以下几点创新的前瞻思考。

目标定位。现代小先生制的目标定位从陶行知先生的通过教育普及文化转向通过教育促进受教育者的全面发展，进一步突出了教育在个体发展中的功能。

教育对象。现代小先生制的教育对象从陶行知先生的面向社会大众转向课堂生活中的学习主体，进一步突出了学校教育在个体发展中的功能。

学习方式。从单一的"小先生教学生"转向"人人都是小先生"的多主体互动合作，促进了学生之间的互教互学、互学互评，实现了课堂组织方式、学生学习方式的创新，进一步突出了学习方式在个体发展中的教育功能。

简而言之，现代小先生制充分体现了时代要求和新课改理念，尊重了儿童自身发展的无限可能性，是一种以学习为中心，通过不同类型小先生间的"互教互学、互评互议",让学习主动、深度、互动、全面发生的课堂学习新样态。

二、现代小先生的角色定位

我们心中的现代小先生,是课堂上"会教、爱学、能评"的学习小主人;我们倡导的现代小先生制,是一种"以教促学,以评促学"的学习新样态。

具体来说,是指利用学生的"教"促进学生的"学",用学生的"评价"促进学生的"学"。此处的学生,既是小先生,也是学习者。我们认为,会教的小先生一定会学,教的过程也是进一步内化与深化学习的过程,教与学是一体两面的。同时,作为"被教"的学习者,被赋予"评论"的权利,可以通过评价甚至质疑的方式,阐述自己对刚刚所学内容的理解,表达自己的赞同、不解或反对。在对他人之"教"的修正与完善中,学习者自然而然地产生了自己新的学习图式,最终完成对新知识的同化或顺应,成为新的小先生。因此,从这个层面来说,评与教也是一体两面的。

因此,我们认为,在生生互教互学、互评互议的循环往复过程中,每一位学生都可以成为小先生,每一位学生同时又是参与评议的学习者,可以对小先生的观点进行转述、追问、补充、纠正。通过广泛参与、主动建构、迁移实践,现代小先生制课堂完成了深度学习,学生共同提升,全面发展。

三、现代小先生制的学习特点

1. 差异性

现代小先生制是注重利用学习者之间的认知差异和资源差异而进行的一种学习方式。多元智能理论的提出者加德纳认为:人的智力是多元的,人除了语言、数理逻辑智力外,还有视觉空间关系智力、音乐节奏智力、人际交往智力、身体运动智力、自我反省智力、自然观察智力和存在智力。每个学生都在不同程度上拥有上述九种基本智力,智力之间的不同组合表现出个体间的智力差异。各种智力只有领域不同,没有优劣之分、轻重之别,也没有好坏之差。① 因此,每个学生都有发展的潜力,只是表现的领域不同而已,这些潜能只有在适当的情况下才能充分地被挖掘出来,所以每个具有不同的智力优势和学习类型及方法的学生在某种特定的情况下都能担当、胜任小先生这一角色,这就需要教育者不仅要以促进学生发展为终极关怀,从不同的视角与层面去看待每一位学生,而且要促进其优势智能领域的优秀品质向其他领域拓展。

2. 交互性

现代小先生制是基于倾听、重在对话的学习方式。"交互"是小先生学习的必要条件,人人都要分享,那么人人就都能成为小先生。

在课堂教学中,交互性常被称为"对话"。其源头是苏格拉底的产婆术,发展至今是杜威提出的通过人与环境交互作用的经验的学习,以及维果茨基通过语言的沟通和"最近发展区"理论的学习。"对话"学习的传统注重人与世界、与他人、与自己的对话和沟通。"学生参与"所强调的学习观正是学习者通过学习与客观世界、他人及自我的对话和沟通,最终促成自我的形成和发展,通过学习来认识自己和完善自己,这是学习的最终目的与意义所在。在现代小先生制课堂教学中,小先生和学习者之间可以自由地表达、交流、展开对话,他们共享彼此对问题的见解及看法,在沟通与对话中建构个人的知识和意义。

3. 转化性

传统的"接受学习"源于主客二分的认识论传统,将学习者视为独立于客观世界之外的存在,学习就是去发现具有客观性和确定性的知识,学习者与世界、学习者与知识的关系是一种彼此独立的实体关系。

而事实上,学生是知识的建构主体,学生不是外在于知识的表征者、反映者,学生在知识面前具有主动性,知识的学习是学生带着自己的求知兴趣、个人能力、批判思维和创造性思维积极参与、主动探究的过程,是学生亲身经验、亲自探究的个人求知行为,而不是传道、授业、解惑的被动静听式的接受学习。学生与知识的关系是一种自为的、可为的建构关系,知识之于学生,应该是助其成长,培养学生具有有教养的心灵的外在手段,知识的学习应该是敞亮学生自身存在的意义,关照学生个体精神的自由成

---

① 霍力岩. 多元智力理论及其对我们的启示 [J]. 教育研究, 2000 (9).

长，而不是成为让学生裹足不前、压榨学生时间和精力的工具。

我们提倡的现代小先生制学习，强调学习者与世界是一种共在的关系性存在，是学生在主动参与学习中与周围世界、与知识、与自我的相互作用。也就是说，现代小先生制是通过学习者个体向其他学习伙伴分享学习经验时产生自我反思，进而促进自己深度思考与内化的一种学习方式。学习的本质是经验在深度或广度上持续变化，即个体在原有经验的基础上通过自主建构或社会建构形成新经验的过程。学习是与生俱来的，人天生都是爱学习且会学习的。儿童作为学习主体，完全可以自主发生学习。就学校教育而言，学习就是学生经验的变化。而现代小先生的课堂教学，就是促发学生通过自主学习与分享、合作的方式，将客观的知识与理性认识，转化为自己学习经验的积累与获得。

第四节　现代小先生的时代特征

一、现代小先生的人格特质

为了更好地定义、明确现代小先生的内涵，我们确定了现代小先生的几项人格特质。

1. 主动尝试

现代小先生制的课堂学习提倡用主动思考、主动分享代替学生的被动性接受，让学生主动参与课堂学习。因此，现代小先生在学习的过程中会探求自己感兴趣的相关知识，并且找到精神上的快乐，对学习过程中以及学习探索中遇到的困难，可以做到积极克服。在整个学习过程中，现代小先生不仅积极主动地掌握和学习专业知识，还不断提升自身知识建构、批判思维、迁移应用等能力，并且时常主动对自己的学习情况进行反思，发现自身学习方面存在的问题，积极主动地寻求解决的方法。

之所以提出现代小先生"主动尝试"这一人格特质，有以下两点原因：一是在传统的课堂中，学生的发言机会是比较少的。课堂教学改革给了学生更多的发言机会，但绝大多数情况下课堂发言仍然是少数优等生的"特权"。一个人不论将来从事什么行业，能清楚地表达自己的观点，不怯场、声音洪亮、口齿清晰都是必需的。要想学生有良好的表达能力，平时就必须给予他们适当的训练，而现代小先生制的课堂教学恰好为学生提供了这样一种自我表达的机会，变"要我说"为"我要说"，并在不断的自我表达中帮助学生树立起自信心。二是现代社会需要的不是只会机械完成任务的人才，而是需要拥有思考能力、探索能力、纠错能力和创新能力的综合型人才。而在传统的课堂教学中，学生自主学习的机会相对比较匮乏，对老师的依赖性往往比较强。现代小先生制的课堂教学巧妙地将学生之间的差异作为一种宝贵的资源，鼓励同学们在独立思考后，通过相互讨论与交流来进一步完善或修正自己的想法，可以在潜移默化中锻炼学生的思维能力、自学能力以及自我纠偏能力。

2. 深入思考

深入思考是指现代小先生在主动尝试、积极学习的基础上，批判地学习新知识，将学习到的新知识与自我认知结构产生意义建构，能够在新的情境中进行知识迁移和运用以解决问题，并且时常对自己的学习做出总结和反思的一种人格特质。

我们之所以强调在现代小先生制课堂教学中，小先生们要有深入思考的特质，是基于以下几个方面的原因。

（1）从学习过程来说，学习过程常常表现出两种情况：一种表现出深度加工过程，学生学习的意图在于理解学习材料的内容以及作者旨在传达的思想；另一种则是浅层加工过程，学生将关注点放在"认识"材料上，学习观是复制性的，学习方法是死记硬背式的。而现代小先生在课堂教学中的学习，是指向理解学习内容而非机械记忆的。

（2）从学习结果来说，经过深入思考地学习，学习者会加强对核心课程知识的深度理解以及在真实的问题和情境中应用这种理解的能力。此处的能力有三种：一是认知能力，即深度理解内容知识、批判性思维与复杂的问题解决能力；二是人际能力，即协作与交流能力；三是内省能力，即学会学习以及学习信念。也就是说，我们期待的现代小先生制课堂学习，不只是让学生"学会知识"，更重要的是要培养学生在实际生活中理解和运用知识的能力。

（3）从学习发生来说，基于理解的深度学习、意义学习需要一定的促发条件。现代小先生制的课堂教学离不开教师的精心组织引导，即小先生不能脱离"大先生"单独存在。此外，至少还依赖以下条件：第一，学生思考和操作的学习对象，必须是经过教师精心设计、具有教学意图的结构化教学材料；第二，教学过程必须有预先设计的方案，要在有限的时空下，有计划、有序地实现丰富而复杂的教学目的。因此，现代小先生制课堂学习是在教师引领下，学生围绕具有挑战性的学习主题，全身心积极参与、体验成功、获得发展的有意义的学习过程。

3. 乐于分享

在当今这样一个信息全球化的社会，我们需要的是善于与他人分享和合作的人。现代小先生制的课堂教学开展，使学习的过程不再是一个人的单打独斗，而转变成了学习者之间的共同探索、交流与合作。在观点交流与智慧碰撞的过程中，学生可以逐渐掌握一些人际交往的技巧，同时学会接纳、尊重与自己不同的观点和想法并发现和弥补自己的不足，在互帮互助中体会分享与合作的乐趣，并实现自我的成长。通过分享，引发对话，引发思考，引发反思，人人都成为"善思考、能接纳、乐分享"的自我和他人学习的促进者。

二、现代小先生的角色构建

现代小先生制以学生为中心，引导学生主动参与课堂学习，根据"以教促学，以评促学"过程中知识获得的几种重要方式，对小先生进行角色分类，小先生角色定位准确且丰富。

1. 经验型小先生：举举例子

学习者的社会文化特征也是影响学习过程的重要因素，学生的已有经验对学习效果起着举足轻重的作用，它将直接影响教师学习活动设计和实施的效果。在现代小先生制的课堂学习活动中，经验型小先生运用先前知识经验和已有及形成中的观点，帮助课堂中的学习者顺利实现新旧知识的迁移，形成新的知识结构，达到共同学习、提升的学习利益最大化。

如在学习部编本语文六年级习作《丰富多彩的活动》时，老师就可以请经验型小先生谈谈自己经历过的丰富有趣的活动，引发其他学生对自己已有活动体验的回顾，引发全体学习者对这一话题展开讨论，引导学生形成对活动的直观想象，顺利完成新知识（丰富多彩的活动）与旧知识（"我"曾经的经历）之间的迁移，便于每一个学生从已有经验中提取跟课堂内容相关的部分，更好地参与下一步的课堂学习。

2. 探究型小先生：说说思路

以学习者为中心的课堂对话强调学习者主动参与学习活动与意义建构，期待知识建构过程由学习者完成和主导。探究型小先生在课堂中发挥着主动参与、尝试主导知识建构过程的作用。在现代小先生制课堂学习的过程中，每一位学生都是一个积极的探究者，尝试着自己去思考，参与知识获得的过程，由学生提出和定义问题、明晰问题、探索问题或者完成任务、产生新知识、确认知识，甚至形成产品（如研究报告、设计方案、问题解决方案、书面创作、演出等）。

如在完成一篇完整的习作之前，语文老师会让大家讲讲自己的写作思路，写一份写作提纲。先完成提纲或在习作方面有特长的同学此时就可以作为探究型小先生，向大家展示自己的习作提纲，并为大家讲讲自己的具体思路。思维可视的讲解过程，能引发课堂中其他学习者的思考，此时老师可以组织、引导学生自主或以小组为单位进行积极评价、自由讨论，使思维更开阔、深入。

3. 思辨型小先生：摆摆观点

在传统课堂教学中，教师往往乐于采用直接给学生呈现"正确的"观点与方法的教学模式，弱化、忽视了学生在课堂对话中独立思考、呈现多样化观点的重要性。在现代小先生制课堂学习中，遇到形成观点、总结方法的学习环节，教师不会直接教授，而是重视学生自动自发学习的内在愿望，由思辨型小先生经过独立思考后发表独特见解。这些见解经由讨论、分析等多主体互助合作学习过程，形成最终的学习成果，使思维得到延展。

如在《将相和》一文的课堂学习中，老师不急于给廉颇这一人物特征"下定义"，而是邀请善于动脑思考的思辨型小先生们积极说出自己的观点。而小先生与小先生之间、小先生与"学生"之间观点的差异性，往往会引发更多评价与观点的产生。同学们不仅能了解到廉颇的"知错就改"，也能认识到他的"勇猛善战""粗暴鲁莽""深明大义"，对人物形象的理解更加立体、全面。

4. 操作型小先生：做做演示

所有知识学习的最终目的都是让学习者灵活掌握知识，并能运用到实践中。而动手操作、演示，则是最贴近实践的学习体验，是以学生为主体的主动活动，是学习活动深入开展的核心特征。学生要成为学习的主体而不是被动的知识接收器，就得有"活动"的机会，有"亲身经历"知识的发现、形成、发展过程的机会。操作型小先生拥有良好的动手能力，能通过实际操作和动手演示为同学展示和示范学习内容，再现知识要点。

如在低年级识字课上，可以让操作型小先生走到讲台上，拿起粉笔，一边动手写字，一边讲解写字的要点。小先生的展示是对所学生字写法的理解再现，而观摩小先生演示的学生则作为评价者和学习者参与了这次体验。

5. 互动型小先生：作作评议

现代小先生制的课堂是师生、生生交流、对话的时空。互动型小先生是课堂学习的评议者，积极主动地评议学习过程，能独立、主动地评议他人的观点，能合理流畅地质疑、分析、补充。互动型小先生可以通过转述、追问、补充、纠正等方式评议教与学，在互教互学、互评互议的过程中实现深度学习、共同提升。

如课堂学习中，学生可以通过转述他人话语展开对话分享、分析推理、质疑批判、探究创新、评价反馈，针对学习中的理解粗浅、矛盾、偏差之处展开追问，对学习中感到意外、抽象的内容进行追问，对评议的标准、学习的内容进行补充，或者借助直接纠错、隐性诱导、提优等方式进行评与学。

第二章 现代小先生的成长方式

成长，一般指人的身体和心理向成熟发展的经历。现代小先生的成长，是指当代新时期教育背景下，课堂教学中的真正主体——学生，从"只会自己学习""只会被动学"逐渐学会"主动探索、与他人分享、与他人一同学"的变化过程。而这一变化过程的产生，我们通过长期实践探索，主要运用了"自主预约式""同伴互助式""轮流当值式""现场生成式"几种成长方式。

第一节 自主预约式

任何事物的发展都不是一蹴而就的，现代小先生的成长也是一个渐进的过程。现代小先生除了能做到陶行知先生所说的"即知即传"外，更应该做到主动建构学习，主动把握学习的机会，从而唤醒自己的学习潜能。因此，在现代小先生制课堂学习新样态的实践学习中，我们采取了自主预约式来推动现代小先生的成长。

一、小先生自主预约的形式

1. 预约做好自己的小先生，实现自我批判与反思

每个孩子都是天生的学习者，现代小先生制不是从陶行知先生那里照搬来的，我们赋予了它新的生命，那就是学生在学习中广泛的参与、深度的思考、乐意的分享。

儿童一般先习得知识技能，然后将其运用于问题的解决，我们称为内化。要将内化的知识外化,就需要儿童通过参与和表达,将内化与外化交互,这样学生既获得了知识,又进行了知识的分享。在成为他人或集体的小先生之前,学生首先要能成为自己的小先生。学生在自我学习的过程中也会经历一次次的否定、怀疑、批判。批判过程是一种主动学习的过程,使学习对象意义呈现的过程,同时也是一种使学生价值立场形成和认识框架重塑的过程。[1] 只有通过对自我的反思、思维的激烈碰撞,这些认知的冲突才能形成越来越清晰的观点,也只有对自我认同,才能有底气与他人进行对话。

自我批判,自我反思,重塑认知,是自主学习的一种方式。《基础教育课程改革纲要》也多处涉及了自主学习的问题,倡导学生自主参与、乐于探究、善于反思。在语文教学中培养良好的自学习惯,也纳入了每节课的教学目标中。

以语文教学中的学生作文为例。传统的课堂,教师一般会对作文题目进行集中审题,并与学生一同学习优秀的范文,帮助学生列出文章的大纲,最后学生完成作文,教师批改。类似这种固化的作文教学模式,很大程度上限制了学生思维的广度和学生的想象。有人说,好文章是改出来的。在现代小先生制课堂新样态中,我们鼓励教师预先给出作文题目,并给予学生充分的思考时间,由学生自己做自己的小先生,自己罗列出对文章题目的理解、需要用到的表达方式、如何遣词造句等。在文章完成初稿后,不急于交给老师批改,而是自己进行反思和消化,对文章进行反复的修改。修改的过程更多的是自我反思、自我批判、自我对话,从而获得新的知识和思想的过程。当文章最后与大家分享的时候,我们相信每一篇都将是一个鲜活的生命,每一篇文章的背后都有一个独一无二的故事,这样写出来的文章才不会人云亦云、千篇一律。

因此,预约做好自己的小先生,是自己与自己对话的过程,是自己主动建构新知识的过程。学生经历了对自己原有思想、观点进一步的思考、追问、总结,也就是去跟另一个"我"进行对话,在与自我的对话中厘清思路,消除困惑,发展自我,真正实现了深度学习。

2. 预约做好大家的小先生,实现课堂交流与对话

从一人到多人合作的小先生的培养过程,必然会催生真正能走向课堂

---

[1] 石中英. 教育哲学 [M]. 北京:北京师范大学出版社,2007:90-94.

现代小先生制：培育爱学会教能评的小主人

的现代小先生。闻道有先后，术业有专攻。从学生中挖掘资源，学生一旦被激发了兴趣，给予了自由，潜力和创造力就会一股脑儿涌现出来，争做课堂的小先生。要一位小先生教学整首古诗，对于刚升入三年级的孩子来讲，确实有些难度，于是教师便按照古诗学习的四个步骤，分别预约了几位小先生，给他们充分的时间进行备课，帮助并引导他们把几个环节串联在一起。虽然课本选用的古诗难度不大，学生初读便能理解大意，但对诗中的意境及一些关键词的正确理解还是有难度的。如《池上》中的"偷"字，学生如果不能正确理解，将会影响对诗歌主旨的把握。以下是这节课的教学实录，让我们来看看这些预约小先生是如何引导同学们在课堂上进行对话的。

【教学案例1】

《池上》教学节录

（苏教版小学语文三年级上册）

（屏幕出示《池上》诗的前两句：小娃撑小艇，偷采白莲回。）

生1：这两句诗里有个字给我印象特别深刻。

生2：是不是"偷"这个字？

师：有同学和他一样吗？

（大部分学生举手）

师：看来大家都有同感，这个字很关键，我想请课前预约的小先生来分享一下，"偷"这个字是什么意思呢？

小先生1：同学们，我课前查阅了新华字典，字典中"偷"的意思是……（出示：① 窃取，趁人不知时拿人东西；② 行动瞒着人），结合小诗，我选择义项②，因为这个小娃他不是真的去偷东西，而是偷偷地去采莲蓬，可能不想让大人知道。

师：其他同学是怎么理解的呢？

小先生2：同学们，我的理解也是义项②。我猜可能平时妈妈不允许他去划船，更不允许他去采莲蓬，觉得那样比较危险，所以他只能偷偷地去。

师：刚才两位小先生说的都很好。是呀，你小时候一定也像诗中的小娃一样，瞒着父母做过很多有意思的事情，你能来说说吗？

小先生3：我瞒着妈妈偷偷涂过她的口红。

小先生4：我趁我妈妈不在家偷偷看电视。

小先生5：我在乡下奶奶家时，偷偷去小河里抓蝌蚪。

（小先生们的分享引起了班里孩子的共鸣，教室里笑声一片。）

师：看来大家都有和小娃同样的经历啊，所以"偷"这个字特别能体现出小娃的天真调皮，谁能读好这两句诗呢？

小先生们在课堂开展了精彩的对话和交流，在你一言我一语的回答中结合生活实际很好地理解了"偷"字的含义，也通过这个字感受到了诗中描绘的天真调皮的小娃形象。

"诗中有画，画中有诗"是苏轼对王维诗与画的评价，它代表着诗与画互相融合的完美境界。而《池上》这首小诗就用浅显的诗句描绘了一幅幅优美生动的画面，就好比一组镜头，摄下一个小孩儿偷采白莲的情景。再来分享第二个教学片段，看看我们的小先生是如何引导同学们发挥想象的。

（屏幕出示一组荷塘美景的画面）

师：小娃是在哪里撑小艇呢？

生：是在荷塘里。

师：那谁能结合图片说说你看到了怎样的荷塘。

小先生1：我看到了荷叶田田的荷塘。

小先生2：我看到了荷塘里开着一朵朵白莲花，美丽极了，还有一些小莲蓬从荷叶之间冒出来。

小先生3：我仿佛看到了小娃穿梭在荷塘里采莲蓬呢！

师：是呀，虽然只有十个字，我们却能看到一幅幅美丽的画面。下面我们请课前预约的故事大王把这美丽的画幅变成一个动听的故事和大家分享，吟诵小能手用以前学过的吟诵的方式来唱唱诗歌。大家掌声欢迎。

（两位课前提前预约的小先生大大方方地走上讲台和大家进行了分享。）

（由无锡市育红小学杭丽丽老师提供）

有景有色，有行动描写，有心理刻画，细致逼真，富有情趣，赏出诗歌的意境比理解诗歌的意思要难得多，然而，预约的小先生却能很好地站在儿童的视角，通过想象、故事、吟诵等多种方式引导同学们在情境的再造中觅得诗趣，体会诗歌意境。这样的设计使他们不仅掌握了知识，培养了想象能力和创新思维，也让他们在自主选择、主动参与、多元展示中体验到成功的乐趣。现代小先生制在课堂的实施，比老师直接灌输显得更有意义，学生学到的知识也更牢固。

现代小先生从对自己的反思再认识到学生间资源的交互、课堂平等的对话、新思想新认知的输出，从而获得对知识的深度认识。现代小先生制关注的不是仅仅停留在知识的了解和记忆层面的简单记忆与复制，而是知识深层意义的获得。

3. 预约做好教师的小先生，促进师生间的教学相长

韩愈《师说》有言："是故弟子不必不如师，师不必贤于弟子，闻道有先后，术业有专攻，如是而已。"因此，学生不仅可以做同学的小先生，同样可以预约做教师的小先生。在这种民主的课堂环境中，学生自主探究，与教师平等对话、合作、沟通，以此来动态地推进课堂进程。语文课上，我们鼓励小先生对文本的自由解读，因为小先生独特的人生经历可以让老师听到不一样的见解，也可以从中寻觅到不一样的鉴赏角度，挖掘文本无穷无尽的内涵；数学课上，小先生对同一个题目的不同解法，让老师们耳目一新，瞬间拓宽思维的广度；科学课上，小先生丰富的课外知识，娴熟的动作，甚至是一个奇思妙想，解决了困惑老师已久的实验操作问题……课堂不再是预设，因为有了小先生的参与，课堂时时发生着变化，教师根据"学情"的变化及时组织弹性、灵活、创新的课堂对话，使课堂产生质变和飞跃。所以，接受小先生的预约，尊重小先生的发言权和参与权，是教学相长不可缺少的环节。

无论是预约成为何种形式的小先生，充分的教学准备是学生进行有效备课、进行自我深度学习的前提。成为小先生的个体首先要激活自己原有的认知，厘清新知识和旧知识之间的联系，逐步加深对新旧知识结构的认识。通过课堂的讨论或讲解，小先生带领同学在原有的认知结构基础上实现新知识的内化和深化，达到掌握和理解知识的目的。

二、小先生自主预约的条件

人人都能成为小先生是现代小先生制课堂实现转型的价值意义所在。现代小先生制的学习提倡学生主动学、互动学和全面学，自主预约学习的内容也涵盖方方面面：既可以是对已有知识的不同理解，也可以是对现有

知识的延展性思考；既可以是对教学内容的补充性学习，也可以是对新内容的拓展性学习；既可以是对某一观点的主动建构，也可以是对某一想法的迁移实践。想成为一名出色的小先生应该具备什么样的能力呢？通过实践证明，有自学能力的人、有特殊才能的人、有质疑精神的人更能够做好一名优秀的现代小先生。

1. 加强自学能力，提高预约的质量

想给别人一杯水，为师者必须得有一桶水。想成为一名知识渊博的小先生，自己必须具备一定的知识储备，想拥有强大的知识储备，小先生必须要有提前学、主动学、持续学的能力。因此，在现代小先生的培养过程中，我们注重不断挖掘小先生的自学能力，鼓励他们主动探索。只有当自己具备了扎实的知识，才能很好地把知识传递给他人。

【教学案例2】

生字教学

（部编本小学语文一年级下册）

对一年级学生，是不需要提预习要求的。即使有少数学生自发地预习，也是"标一标小节序号，圈一圈生字新词，读通读顺课文"。他们看似在课本上圈点勾画，做了不少标注，实则并没有真正用心去识字和读书。自从实施了现代小先生制后，情况发生了微妙的变化：很多学生开始悄悄地查阅相关工具书，了解将要学习的生字的部首、结构、笔顺等。不仅自己先学，这些孩子还会约上自己的合作小组进行共同学习。随着合作时间的推移，我们发现每个小组还能进行合理的分工，大家在预习过程中会由小组长收集好无法解决的问题，到课堂上寻求其他小先生的帮助。

为了成为一个称职的、名副其实的小先生，大家都暗暗有了充分的课前预习，再参照识字"八问"，做小先生就是张飞吃豆芽——小菜一碟了。小先生们在讲台上一丝不苟地逐步带领全班同学学习生字，神情一本正经，腔调严肃认真，举手投足间很有"先生"范儿。其他学生很配合，个个腰杆挺直，双目圆睁，盯着小先生：有的希望小先生多多喊自己回答问题，好晒晒自己的识字妙招；有的则暗暗监督小先生有没有哪个问题问错，自己好逮着机会纠正一下；还有的则是静静地倾听课堂上的对话，默默地思考着；更多的则是想自己如何才能赢得下一个上去做小先生的机会。

（由无锡市育红小学卞茁嘉老师提供）

实施预约小先生制一段时间以后，老师欣喜地发现：班上那些从不主动举手的学生，在同伴的鼓励下也高高举起了小手；几个扭怩、爱脸红的孩子，经过几次上台历练后，也变得落落大方起来。原本"一言堂"的课堂慢慢充满了活力，有人敢发表不同见解了，有人敢质疑同学的答案了，还有人愿意分享自己的经验了。这样的课堂就像一潭活水，孩子们就像一条条小鱼，自由自在地在水中游荡，真正实现了主动学。

2. 增强合作能力，提高预约的实效

合作能力是一个人最终走向社会，生存和参与生活的重要素质。因此，我们在培养现代小先生的过程中，不仅关注小先生个体的发展，也同步培养他们的合作能力。在合作学习中，学生之间实现互动学，学生不再是知识的被动接受者，而是新知识、新思想的构建者和创造者，是与他人合作交流的贡献者和分享者。合作学习是同学之间互帮互学，彼此交流知识的过程，也是互爱互助，相互沟通感情的过程。它为每位学生参与学习提供良好的教学氛围，为发展学生的合作品质、提高学生的综合素质以及终身学习的能力打下坚实的基础。

【教学案例3】

英语教学中的合作表演

（译林版小学英语三、四年级）

译林版小学英语教材中，每单元都设置了有趣的故事和卡通人物，目的是让学生产生兴趣，从而积极地去表达和运用，提高语用能力。但是课堂只有四十分钟，要让每个孩子都参与到表演中来是不可能的，而且表演还需要有一定的准备时间，这样学生能在课堂展示的机会就更少了。为了让全班孩子都有机会参与表演，英语老师们尝试通过自主预约式合作表演的方式来开展教学，这样既能节省课堂时间，又能让孩子们有充分的时间准备，把最完美的表演展现在课堂上。为了调动学生的参与积极性，老师让学生根据故事角色自由组合成小组，合作表演课文或卡通中的故事，并拟出表演评价表，以便让学生知道如何将表演组织得更好、更完美。评价表如下：

Fun with acting	Stars
1. 完整表演课文或卡通故事。	★
2. 表演时语音语调优美，能加上适当的肢体语言或表情。	★★
3. 能在原来故事的基础上续编或创编，符合情境，肢体语言丰富，并配有合适的道具。	★★★

每组代表须提前跟英语老师预约表演内容及时间，每节英语课可以预约三组学生进行表演，表演后先要由其他组学生进行评价，再加上表演学生自评以及老师的评价综合打分，每单元进行累计加星，到学期末评出"表演之星"，每组可用最终得分兑换奖品或其他奖励。三、四年级的孩子表演欲最强，因此我们先在这两个年级进行实践。半个学期下来，老师们反映学生表演的积极性明显提高了。正是有了预约合作表演的方式，有些在课堂上没能及时学扎实的孩子课后就会找时间好好准备，把自己最完美的表现呈现在大家面前；除此之外，预约模式还可以让学生自主挑战角色，这就适合了不同层次孩子的能力要求，模仿能力强的孩子可以挑战台词比较多的角色，而能力弱些的孩子可以先尝试台词少的角色，慢慢寻找感觉，循序渐进；而且这种小组间的合作表演不仅能培养学生主动参与的意识，更能激发学生的创造潜能，有利于培养学生思维的发散性和创造性。学生在观看表演的同时也在取长补短，在欣赏别人的同时也会努力让自己变得更优秀。

（由无锡市育红小学陈筱华老师提供）

我们知道，任何一门学科仅有课堂上的学习交流是远远不够的，学生的学习是可以无限制地扩展和延伸的。这种自主预约式的合作表演模式让学生有了更多的学习主动权，学习气氛更显轻松、活泼，大家团结互助，有利于师生间的有效沟通，有利于学生间的彼此了解，有利于学生相互帮助、相互支持、相互鼓励，从而促成他们亲密融洽的人际关系的建立，进而培养他们的合作能力和团队精神。

3. 突出智能优势，拓宽预约的广度

20世纪80年代哈佛大学认知心理学家加德纳所提出的多元智能理论认为，我们每个人都不同程度地拥有相对独立的八种智能，即语言智能、逻辑-数理智能、空间智能、运动智能、音乐智能、人际交往智能、内省智能、

自然观察智能,而且每种智能有其独特的认知发展过程和符号系统。① 古希腊一位学者说:头脑不是一个需要被填满的容器,而是一个需要被点燃的火把。教师的责任是点燃学生的火把而不是浇灭学生思维的火花。因此,学生在预约成为何种类型的小先生的过程中,教师应充分尊重学生的选择,让他们发挥自己最突出的智能优势,选择做不同类型的小先生。

有的学生语言表达能力特别出众,在经过头脑风暴的合作学习中,他们很擅长整理大家的思路并进行语言组织和表达,这样的孩子通常会预约讲课小先生。来看看下面的数学课上一位逻辑清晰、口头表达能力强的学生是如何在教师教过的"四舍调商"基础上试教"五入调商"的。快下课了,数学老师总结了教学内容,并且引导学生回忆教学步骤:"今天老师教了'四舍调商',如果让你来教'五入调商',你觉得怎么教比较好呢?下节课我要把上课的接力棒交给我们的小先生,请同学利用课后时间通过小组合作学习的方式进行深入学习,并推荐1—2位同学担任下节课的小先生。"课后,各个小组紧锣密鼓地备课,晚上大家利用QQ集体商讨讲解思路,分工制作PPT,最终走上课堂的是两位声音响亮、逻辑清晰、口头表达能力强的学生。我们一起来看看他们是如何完成这堂课的。

【教学案例4】

《除数是两位数的除法》教学节录

(苏教版小学数学四年级上册)

(老师提前出示84÷23、96÷38,两位学生上黑板演示,其余学生在自备本上竖式计算。)

小先生A:谁能说说第一小题的笔算过程?

生:把23看作20来试商,84除以20商4,4乘23等于92不够减,所以要调商。

小先生A:为什么初商偏大需要调商?

生:因为把23看作20来试商,把除数看小了,所以商偏大。

小先生A:第二小题把除数看作几十试商的?用的什么方法?

---

① 霍华德·加德纳. 多元智能[M]. 2版. 沈致隆,译. 北京:新华出版社,2004:16.

小先生A：第一小题用四舍法试商，初商偏大需要调商；第二小题用五入法试商，试出的商正好合适。那么五入法试商是不是也会出现需要调商的情况呢？如果出现这样的情况，初商怎样调整呢？这就是我们今天要学习的"五入调商"。

（呈现例题）

小先生B：怎样解决这个问题？（根据学生回答板书：252÷36）请大家先想一想把除数看作多少试商，再试着算一算。如果遇到问题，同桌可以交流一下怎样解决。

…………

小先生B：你是怎么试商的？遇到了什么问题？

学生：把36看作40来试商，算下来发现余数和除数相等。

小先生B：这样的情况说明初商偏小，余下的数还能继续再平分。为什么初商偏小？我们该怎么来解决这个问题呢？

学生：……（思考）

小先生B：我们用五入法把36看作40来试商，由于把除数看大了，出现了初商偏小的情况，这时余数和除数相等，还可以继续平分，这就需要把初商调大1。

（由无锡市育红小学卞可可老师提供）

缜密的逻辑，流利的表达，两位小先生加起来短短十几分钟的新课，让人耳目一新。小先生教态自然，语言亲和干练，同学们听得异常认真。把讲台让给学生，让学生当小先生，不仅在形式上给学生以新奇之感，而且把过去教师一人的讲台变成了众多学生施展才华的舞台，大大调动了学生学习的积极性、主动性。

好的课堂提问是课堂对话的前提，有了值得讨论的问题，才有孩子们的应答，在你问我答之间，思维活动开始了，探究与创造开始了。

美术新课程设置了"欣赏·评述"这一环节。美术课堂上的赏评内容有教材里名家大师的作品，也有同龄学生的习作；有自然之美的图片，也有设计元素的范例；有教师执笔挥毫的现场示范，也有学生创意体验的课堂作业。在进行这些作品的分析、欣赏、评鉴时，以往的主讲者常常是教师，学生只能做一个聆听者。而真正充满活力的课堂，应该是教学相长型的。教师鼓励学生人人都来做一做"导评小先生"，赋予每个学生言语权，构筑民主生态型的美术课堂。

【教学案例5】

《对比的艺术》教学节录
（苏少版美术四年级下册）

在这一课的探究赏析环节，老师首先启发学生："毕加索、米罗等西方画家在他们的作品中运用了很多对比的元素，那么，中国画家又是如何让对比走进水墨艺术之中的呢？"老师出示两幅图片，引导学生用"发现的眼睛"来寻找对比元素，感悟中国画的艺术魅力。学生们点评《天山积雪》（图1）："远山和天空一片灰蒙蒙，与红衣人物产生了鲜明的色彩对比。"老师出示《水墨小品》（图2）："这幅画仅寥寥数笔，大家能发现有怎样的对比呢？"继续鼓励、引导学生，让更多的学生成为点评小先生："细长的柳条与敦厚的耕牛，是线条和块面的对比"，"柳条浓墨、耕牛淡墨，有墨色的对比"，"中锋画柳条、侧锋画牛儿，是用笔方法的对比"。此时，老师又进一步引导："整个画面的布局如何？"小先生们争相点评："左边留白，右边有柳条和牛儿，画面有疏密的对比。""这样构图想表现什么呢？""大面积的留白给人遐想的空间，可能是一片白茫茫的水塘，或是一片草地。"这时老师再引导："有哪位小先生能发现，画家运用这些对比，想表现出怎样的画面意境呢？"学生深入评点："鲜与灰、大与小、远与近等对比，表现出天地苍茫、历经坎坷的意境。"

图1　　　　图2

（由无锡市育红小学苏晓萍老师提供）

在民主的课堂、和谐的氛围中，学生们你讲一点我凑一句，将作品分析得头头是道。实践中发现，鼓励学生参与导评小先生赏析作品时，教师需要放慢课堂节奏，给予学生思考、表述、补充、讨论的时间。在作业展示评价环节，更应该让导评小先生成为主角，开展自评、互评、分组评、组团评等，多元的评价形式让学生逐渐培养了"我的课堂我做主"这一积极主动的学习习惯。

自主预约式的课前前置性学习，小组成员内部之间，小组成员与其他同学之间都需要对话，这个过程其实是对原有知识的再巩固，对未知领域的再探索，对一知半解内容的再梳理，所有的学生在这样的课堂样态中都可以实现深度学习和全面学习。

第二节 同伴互助式

英国托平教授和美国尔利博士在1998年出版的《同伴互助学习》一书中提出，所谓同伴互助学习，是指通过地位平等或匹配的伙伴（即同伴）积极主动的帮助和支援来获得知识和技能的学习活动。美国的道格拉斯弗彻斯和里恩弗彻斯教授于20世纪80年代初开始进行同伴互助学习策略（Peer-assisted Learning Strategies）的研究与开发，其主要指向是将学生以配对的形式组织起来开展学习活动，有具体的操作程序，它特别强调在班级范围内开展一对一的学习活动以照顾多样化的学习需求。认知心理学的研究成果显示，教他人和向他人解释材料的过程都是最好的用来促进认知精制的方式。[1] 同伴互助式小先生进行教学活动主要是基于"通过教来学习"这样的理念而开发的，这里的小先生要做的更多的应该是相互接纳和共同分享。

一、小先生同伴互助的策略

1. 合理搭配，进行同伴互补式互助

开展小先生同伴互助式学习首先要将全班学生进行科学合理的配对，同伴的配对是开展小先生同伴互助学习的前提。在配对中，教师除了要考虑学生的学习成绩、能力水平外，还应充分考虑学生的兴趣爱好、性格特点、家庭背景等非智力因素，将这些因素进行综合评定后，将全班学生进

---

[1] 左璜，黄甫全. 国外同伴互助学习的研究进展与前瞻[J]. 外国教育研究，2010（4）.

行异质配对。教师仔细研究学生之间的差异性，让学生之间的差异性形成很好的教育资源，在充分尊重学生、遵循自愿的原则上，力求同伴之间形成互补。

能力差异配对是小先生互助学习中最常用的一种方式，没有真正的"差生"，也没有绝对的"优生"，因为每个学生都有自己的闪光点，进行差异配对，是为了让有能力的学生给学力稍弱的学生提供帮助，以共同达到教学目标。

【教学案例6】

《排球：垫球》教学心得
(苏教版小学体育五年级上册)

排球自垫球教学中，老师组织学生自主练习，技能掌握快的学优生很快能连续垫球，熟练后就觉得枯燥。开展同伴互助小先生的学习，让学优生和"学困生"形成"一对一"私教式学练，学力弱的学生可以得到小先生细心的指导和帮助，很快就掌握了技能。小先生在同伴互助的过程中得到了老师和同伴的认可与肯定，消除了内心的害羞和顾虑，大胆交流自己的学习方法，两者得到了同步的提高。

除了差异配对外，优中择优的配对方式也可以有效帮助小先生和学友的共同提高。当一部分学力弱的学生在小先生的帮助下基本掌握动作后，他们会产生懈怠感，小先生也很容易产生枯燥感。此时，老师将两组师友即四人重新组合，通过1分钟垫球比多的游戏重新选拔其中一人为小先生，其余三人则成为学生。老师重新设定了练习标准，能够连续2次完成自垫球30次以上即为满师，看哪位小先生可以最先让另外三位"学生"顺利出师。

(由无锡市育红小学掌庆为老师提供)

上述案例中的差异配对和优中择优的配对方式，能不断维持学生练习中的积极性和学练氛围，教师在这个过程中演好"伯乐"的角色，逐步挖掘学生的优点，大胆交出课堂，施以引导，促进学生技能、体能、品德的全面发展。

2. 适时调控，进行同伴交换式互助

固定不变的同伴关系会引起"合作疲劳"，失去乐趣和新鲜感，因此，教师在实施同伴互助式小先生的过程中要动态灵活地把握配对方式，根据教学内容和个体的特点来转换角色，使每个学生都能充分发挥自己的优势来担任小先生的角色，从而发挥互助的最佳效果。

【教学案例7】

《机器人伙伴》教学心得
（苏教版小学美术二年级上册）

美术课中，我们通常采用的授课方式为四人一组的小组合作方式，一般情况下老师会选择组织能力强、课堂纪律好的学生作为小组长。小涵是一名比较特殊的学生，自控能力差，上课时经常有违纪现象，因此小涵在小组中始终处于比较被动的地位。细心的美术老师经过观察，发现了小涵的绘画天赋，他的画特别有创意，风格也相对大胆。但是，活泼好动的他常常影响周边的学生听课。为此，美术老师进行了小组内角色的调整，让小涵担任小组内的小先生，发挥他的绘画才能，为他构建一个展示能力的平台。在《机器人伙伴》《动物朋友》等绘画课上，小涵作品中生动的造型和灵动的线条常常博得同学们的一致赞赏。设计课上，小涵那天马行空的构想也常常给其他孩子很多创意的灵感与启发。小涵所带的小组在他的帮助和影响下，整体的绘画水平得到了很大的提升，大家的思维更活跃，色彩运用更大胆。而小涵本身由于学习的主体意识被唤醒，学习的动力与潜力便如有源之水滚滚而来，像雨后春笋节节拔高，上课捣乱的现象基本不复再见，为此他也得到了组内其他同伴的认可和信任。

（由无锡市育红小学顾思瑶老师提供）

同样的道理，我们发现每个孩子都是独一无二的，教师要能充分挖掘他们的内在潜力，让他们有机会在不同的认知领域发挥自己的特长，这样不仅学生自己的特长得到了展示，增加了自信，也能给同伴提供学习上的帮助，使其能够达到最近发展区的认知上限。因此，同伴互助小先生的角色应该进行适时交换。

3. 科学评价，进行同伴促进式互助

目标机构理论认为：一个团体在达到目标的过程中，由于对个体达到目的的奖励方式不同，导致个体之间的相互作用方式也不同。多伊奇将这些方式分为三种：相互对抗方式、相互独立方式、相互促进方式。① 这些不同的作用方式会对学生的心理和行为产生不同的影响。

当评价方式变个人为配对同伴时，同伴之间就形成"利益"共同体，同伴配对小组的荣誉就是个人的荣誉，也就是通常所说的一荣俱荣，一损俱损。这样，小先生和学友之间的关系就是外在互教、内心认同、互相欣赏，共同享有归属感、安全感和成功感，小先生对自己的学友指导得更尽责、更细心，两个人的成绩也会进步得更快。

【教学案例8】

《广播操考核》教学心得
（苏教版小学体育一年级上册）

广播操是一年级学期结束的考核内容之一，为了更好地激发孩子们练习的兴趣，秦老师从改变评价标准、评价方式、评价主体入手，大大激发了学生的积极性和竞争合作意识。首先，考核形式从以个人为考核对象，转向以4—5人为单位的学习共同体为考核对象，考核对象的改变使学生不仅在学习过程中，在考核中也要发挥团结合作的精神。学生在平时的学习和课后的练习中，学得好的学生就会主动去关心、帮助学力弱的孩子，以达到在考核中共同提高的目的。学习能力弱的孩子可以借助团队实力取得较高分数，从侧面缩小了同学之间的个体差异。其次，考核形式发生了改变，打破以往一组一组轮流考核的形式，更多采用小组比赛的形式，每个学习共同体都可以向别的共同体发出挑战，通过层层比赛，评选出"最佳学习共同体"。最后，从改变师生角色入手，改变了由教师任评委，学生被考核的局面，全班同学既是被考核的主体，又是考核他人的小评委。考核结果的呈现不再是分数，更多地以"最优小先生""最佳姿态奖""最有力度奖""最佳进步奖"这种具有激励性的称号来替代。

（由无锡市育红小学秦敏老师提供）

教学的方法很多，既要让学生学得有趣，又要让学生学得扎实。上述案例中同伴互助学习中评价方式的改变提高了广播操教学的效率，达到了

---

① 车丽华. 初中数学教学中小组合作学习存在的问题和解决对策 [D]. 辽宁师范大学，2011：37.

强身健体的目的，还发展了学生的人际交往能力，帮助他们养成锻炼的习惯，形成终身体育的意识，从而提高学生的体育核心素养。

二、小先生同伴互助的作用

1. 有利于不同层次学生能力的提高

首先，在同伴互助式小先生的成长过程中，受益最大的是学困生。在前期的调查问卷中我们发现，学生在学习中遇到困难，很多时候并不会主动去求助老师，自从有了同伴互助式小先生，由于同龄人之间没有距离感，他们遇到困难就更愿意先去找自己的同伴小先生求助。这样他们的难题就会在第一时间得到解决，知识在当天就会获得内化。

小C是一名三年级的男生，由于家庭原因（父母离异），他长期跟随爷爷奶奶生活，爷爷奶奶年纪已经很大，没有能力在学习上给他提供帮助，因此，小C的学习成绩一直处在班级下游。老师面对的学生众多，没有办法每时每刻给他提供帮助。有了同伴互助小先生后，小C的成绩发生了翻天覆地的变化。这得从他的同伴互助小先生小M说起。小M是班长，不仅学习成绩好，为人也热心，她自告奋勇地同小C成了师友同伴。小M不仅以自己的热情感染了小C，而且经常在生活上和学习上帮助小C，小C慢慢找到了学习的信心，找到了属于自己的自信。四年级时，小C不仅学习成绩有了很大的进步，人也变得自信开朗了很多。

其次，在同伴互助式小先生的成长过程中，学优生也进步了。靳玉乐在《合作学习》一书中提及，认知精制理论认为精制的最有效方式之一，即是向他人解释材料。在表达与倾听的过程中，不仅有利于被指导者，更有利于指导者。[①] 长期以来，关于同伴互教活动的研究发现，在学业成绩方面，教者与被教者均能从中受益。德国学者伦克尔的研究表明，辅导同伴的学生为了扮演教师角色，向辅导对象讲解，并且回答对方提出的问题，不得不对所教内容作深度理解，从而提高自身的学习能力和学业成绩。但是，辅导者受益更深刻的在于他们在帮助和指导别人过程中更加自觉地体察和监控自身的认知过程。

---

① 靳玉乐. 合作学习［M］. 成都：四川教育出版社，2005：79.

【教学案例9】

《乘法的分配律和结合律》教学节录

(苏教版小学数学四年级下册)

顾老师：36×99+36 用简便方法怎么做？

王同学：36×(99+1) =3600。

顾老师：那为什么要这样做呢？能不能告诉我，1是从哪里来的？

张同学：经过林同学的指导，我明白了 36=36×1，36×99+36=36×99+36×1=36×(99+1)。

顾老师：那么 36×99 是不是也可以简便计算？

张同学：可以，36×99=36×(100-1)。林同学讲的我都懂，但是我独立做题时还有点分不清。

林同学：在教张同学的过程中，我琢磨出乘法分配律不仅可以正用，也可以逆用，除了基本情况外还可以有很多变式。我从乘法意义入手，比如 36×99+36 是 99 个 36 加上 1 个 36，36×99 只有 99 个 36，比 100 个 36 少了 1 个 36，想一想这个算式的意义就更能明白乘法分配率算式了。我再来教张同学的时候还能这么教。

张同学：经过刚才林同学的讲解，我现在清晰了很多。

(由无锡市育红小学顾黎敏老师提供)

上述案例中，林同学是小先生，张同学为学友，林同学与张同学这种同伴互助学习其实就是"教中学"（learning by teaching）的典型案例，小先生通过辅导同伴进一步澄清自己对知识的理解，将知识内化，以自己所理解的方式教给别人。在这样的过程中，发现自己思考问题的方法、解决问题的方式，使学习者本人有机会观察到自身内隐的学习过程，从而使元认知得到发展。

自从实验班开展同伴互助式小先生的研究以来，我们发现小先生并没有因为帮助他人而影响了自己的学习成绩，相反，我们发现这些孩子无论是学习成绩还是在各种活动中都比原先有了更出色的表现。班队活动课、集体晨会、小先生大讲堂等活动中，这些孩子更是跃跃欲试，担任小先生过程中积累的良好表达能力让他们在活动中大放光彩。

2. 有利于学生人际关系的改善

斯莱文说:"在有关合作学习与组间关系的实验室研究中,最早且最有力的发现就是:参与合作的人们学会了互爱。参与合作学习的结果是学生们通常表现出对同学更多的喜爱。"[1] 同伴互助式小先生的推行为学生之间开展同伴互助学习创造了条件,也为建立良好的人际关系提供了桥梁。

【教学案例10】

《简单电路的连接》教学心得
(苏教版小学五年级上册)

小L是班级里一名成绩优秀、长相漂亮的女孩,小H是班里从外地转学过来的一名男孩,平时比较调皮,个人卫生习惯也比较差。在一次同伴互助小先生的活动中,他俩被分配到了一组。刚开始,小L不怎么爱搭理小H,小H也不愿意主动请教小L,两人的师友关系并不融洽。在一次科学课上,科学老师要求同伴合作完成一组电路设备的组装。平时不爱动手的小L犯了难,几次尝试小灯泡都没有亮,小H就主动帮助小L将接错的电线重新接,重置了开关。在小H的帮助下,小L的灯泡亮了,顺利完成了实验任务。从此,小L对小H刮目相看。随着两人接触的增多,小L发现小H其实脑子很聪明,给他讲题一点也不费劲,慢慢地两个人成了好朋友,经常在一起探究学习,交流兴趣爱好。在期末考试中,小L依然名列前茅,小H在她的帮助下,成绩也得到了很大的提升。

(由无锡市育红小学何姗老师提供)

上述案例中,我们清楚地看到,拥有良好的人际关系才能使同伴间的互助产生有效性。只有当互助双方建立起良好的人际关系时,他们才有彼此交流的意愿,才有请求帮助或提供帮助的可能。在这一基础之上,互助小组才能真正体现出其存在的意义,否则就只是一个空有名头的存在而已。

3. 有利于增强学生的责任感

其一,小先生对自身的学习责任意识的增强。俗话说:要给别人一杯水,教师先要有一桶水。作为小先生,自己必须具备一定的知识储备才能

---

[1] R. E. 斯莱文. 合作学习的研究:国际展望 [J]. 王坦,译. 山东教育科研,1994 (1).

帮助求助者，只有当自己学会了扎实的知识，才能很好地把知识传递给他人。因此，开展同伴互助式小先生学习活动促使小先生自己必须努力学习，对自己的学习过程进行持续的监控。

【教学案例11】

"Goldilocks and three bears" 教学节录

(译林版小学英语五年级上册)

陈同学：为什么 There is an apple and two peaches on the table. 要用 is 而不是 are？

小先生蔡同学：你能不能先告诉我，你为什么觉得是 are？

林同学：因为是复数啊！老师说过只有单数才能用 is！

小先生蔡同学：这题不是这样想的。你忘记了老师说过 There 后面要看离它近的那个！

林同学：哦，对！我怎么忘记这个了。

小先生蔡同学：我每次看到是 there 开头的时候，就会认真看一下，有时候把复数放前面，有时候把复数放后面，要仔细看清楚才不会错。

林同学：嗯。那如果这题是 two peaches 在前面，我们就要用 are 对不对？

小先生蔡同学：对了。

从上述教学案例中我们发现，这里的小先生逐渐理解了帮助他人的意义，即小先生不是只简单地给出答案，而且需要学会分享学习的过程和方法。这种互助学习的背后是小先生的自我责任意识的增强，为了给学友更多的帮助，小先生会去整理老师上课的内容，课后查找相关的延伸知识，并会从对方思考问题的方式中寻找对方的错误，这些行为都是小先生责任感的体现。

其二，小先生帮助他人获得进步的责任意识。选择理论认为，青少年学生有四种需要值得认真关注，这就是归属（友谊）、影响别人的力量（自尊）、自由和娱乐。选择理论是一种需要满足理论，学校则是满足学生需要的场所。只有创造条件满足学生对归属和自尊的需要，他们才会感到学习是有意义的，才会愿意学习，才有可能取得学业成功。

【教学案例12】

《跳短绳》教学节录

（苏教版小学体育一年级上册）

9月份刚开学的一年级体育课，体育老师经过排查，发现全班60%的学生还不会跳绳，而10月份就将迎来国家体质健康测试，跳绳是必考项目。由于体育课课时少，老师执教班级多，逐一对学生指导效果很差，于是，体育老师就将全班同学进行同伴互助配对，会跳绳的学生担任小先生，不会跳绳的学生任学友，学生自愿组合，同伴互助，而教师则负责重点指导个别特别困难的学生。小W是班上所谓的"学困生"，小组长小P自告奋勇，承担了帮助他的责任。于是，除了体育课，大课间活动、课间休息、体锻课上他们两人总是形影不离，一条绳子成了他们友谊的纽带。除了在学校外，小P每天还会利用学校的"晓黑板"打卡平台督促小W进行练习，并不时给他鼓励和帮助。没过几天，小W在小P的帮助下顺利学会了跳绳，原本胆小内向的小W也像换了一个人，在家拉着爸爸妈妈一起跳，在校拉着小伙伴一起跳，还邀请体育老师跟他一起比赛。经过自己的不懈努力，在10月份的国家体质健康测试中，小W获得了满分。

（由无锡市育红小学黄芸老师提供）

每个人都有影响他人的欲望，在同伴互助学习中，同学们体会到了帮助他人的乐趣。作为小先生，最大的幸福莫过于自己所教的学生获得成功。上述案例中，小P同学虽然年纪小，却有很强的责任心。为了帮助小W同学顺利通过考试，他不惜牺牲自己下课玩耍的时间，尽心尽责地督促和帮助小W，不仅给予小W学习方法上的指导，还不时给他鼓励。在这个过程中，他付出了很多，也品尝到了"赠人玫瑰手留余香"的甜蜜感。

夸美纽斯指出，教导别人就是在教导自己，"教"的本身对于所教学科可以产生更深刻的理解。[①] 现代小先生制课堂就是利用学生的"教"促进学生的"学"，通过实践证明，同伴互助式小先生的开展是一种行之有效的教学策略，学生在同伴互助、自主学习、教学相长的过程中优化了同伴关系，

---

① 夸美纽斯. 大教学论［M］. 傅任敢，译. 北京：北京教育科学出版社，1990：132.

提升了互助实效。

第三节 轮流当值式

现代小先生制确立"人人都是小先生"的核心思想,构建多主体互助合作的学习样态。如果说自主预约式小先生是各方面能力比较强的孩子独当一面,那么轮流当值式小先生则是通过轮值的方式让每一位学生都有当小先生的机会。教师可以在课堂教学中依据学生不同的知识水平、能力水平和品质特征,鼓励学生参与到不同形式、不同内容的小先生尝试中来。教师要通过对学生细致入微的观察,充分挖掘小先生的潜质,特别是对于一些胆子小、能力弱的学生,更要给予机会,鼓励他们参与,从简单的内容起步,锻炼他们的胆量和能力,他们通过担任轮流当值课堂、轮流当值评价等小先生,获得成就感,从而形成积极的情感体验,激发学习内动力。

一、轮流当值课堂的方式

儿童具有学会学习、帮助别人学习的潜能与可能性。课堂是教学主阵地,是学生开展学习生活的最主要空间,在这个空间里,学生不应被动地接受知识,而要通过积极探索、主动分享、学会合作来参与学习的全过程,从而拥有自主学习的能动性和多样化的学习需求,成为真正的学习主体和课堂的主人。

现代小先生制在此基础上做了课堂学习新样态的实践,即"以教促学,以评促学"。"以教促学"是指在现代小先生制课堂学习中,利用学生的"教"促进学生的"学"。当小先生能够通过"教"的行为把学会的知识传递给其他学习者时,这种亲身体验、自主讲授的过程,使小先生充分运用了自己的全部感官,更进一步地深入实践了学习成果,使学习效果大幅度提升。这种轮流当值小先生的课堂形式给予学生更多的时间与机会参与到"真正的学习"中来。

轮流当值课堂有哪些不同的形式呢?考虑到孩子的接受能力水平、知识深度以及孩子的心理年龄特征,我们将轮流当值课堂的形式也分为三个层次。

1. 示范式轮值

无论什么学科,课堂教学一般都有较固定的流程,如复习、导入、新授、巩固、小结等,老师在正常进行课堂教学的同时,留出几分钟的时间让学生参与教的过程,这一过程同时也是进一步内化与深化学习的过程。为了使能力弱一点的孩子也敢于尝试,老师给出固定的框架或模式,让孩子自己加入合适的内容进行完善,参与示范式轮值小先生的体验。比如语文课上的领读小先生、数学课上的口算小先生、英语课上的值日小先生、体育课上的口令小先生等。

【教学案例13】

《前滚翻》教学节录
(苏教版小学体育二年级上册)

(老师在课上尝试采用轮值带跑小先生和轮值领操小先生的形式组织课堂上的准备教学活动,以激发学生参与运动的积极性和主动性。)

师:我们的带队慢跑小先生今天轮到李明同学,请你来带队慢跑。

生:同学们,我是今天的轮值带跑小先生,请同学们根据我的口令做好准备。跑步——走……(口令:121,1122334,两臂摆起来,眼睛看前方,队伍要整齐……)

师:小先生组织得非常好,口令清楚,跑速均匀,鼓掌。接下来,我们继续邀请今天的轮值领操小先生冯林。

生:同学们,我是今天的轮值领操小先生,请同学们跟我一起做操,做操时要动作有力、到位。第一节,头部运动,12345678,22345678……

师:同学们,你们觉得今天冯林领操领得如何?

生1:口令很有节奏感。

生2:示范很到位。

生3:口令的声音还可以再响亮一点。

师:同学们评论得很到位,期待下一次冯林当小先生有更大的进步。掌声响起来。

(由无锡市育红小学秦敏老师提供)

慢跑和做操是体育课上的常规准备活动,对孩子的能力要求不是很高,避免了孩子因惧怕自己无法胜任而产生抵触情绪。另外，教师还通过表情及语言鼓励和激励孩子们，让他们放下思想包袱，敢于突破和挑战自己，任务结束后还会对小先生的表现进行积极性评价。在做小先生的过程中，教师发现原本跑步和做操不认真的孩子做了小先生之后动作更到位了，跑步时也不讲话了，并且更遵守纪律了。孩子们通过当小先生体验到了合作、沟通、理解的重要性。

【教学案例14】

《鱼的纹样》教学心得
（苏少版美术四年级上册）

美术是一门十分凸显技巧的学科。课堂上，老师经常会通过直观的示范来展示教学的重难点，利用实物或者视频演示进行绘画及手工的步骤示范，揭示美术小技巧，以此来达成教学目标，完成教学任务。这样的示范过程，学生往往比较被动，有一些自控力较差的学生甚至会处于游离状态，缺乏学习的主体意识。如何让学生成为真正的学习主体？老师尝试在美术技巧示范环节邀请学生和老师合作示范，做"示范小先生"。例如《鱼的纹样》一课中，老师先画出一个造型夸张而变形的鱼儿外形，然后鼓励学生争做"示范小先生"：用学过的点、线、面知识，给鱼儿穿上别致的衣裳。鼓励的言语和互动的学习形式融合成积极的学习氛围，大多数学生都愿意来一试身手，参与课堂示范活动。同龄小伙伴的课堂示范，更容易激起其他学生的审美共鸣，消融畏难情绪。多次的教学实践表明，"示范小先生"提高了学生的学习参与度。

（由无锡市育红小学苏晓萍老师提供）

2. 解说式轮值

陶行知先生说过："小孩子最好的先生，不是我，也不是你，是小孩子队伍里最进步的小孩子！"[①] 这可能是由于学生之间年龄相仿，思维方式和心理活动也有相似之处，所以当学生在学习上遇到问题或困难时，同学帮忙解决的方式可能和老师大有不同，甚至效果要比老师教更好。在课堂教

---

① 方明. 陶行知教育名篇 [M]. 北京：教育科学出版社，2013：164.

学中，教师充分运用这一点，让学生用儿童化的语言对要学习的知识进行解释说明，进行解说式轮值小先生的尝试。解说式轮值小先生对孩子的能力有一定的要求。首先，孩子要对解说的内容进行查阅，并在理解的基础上向同伴进行讲解，解说思路要清晰，口语表达能力要强，因此具有一定的挑战性。许多老师都进行了一定教学内容的尝试，比如中年级语文的识字教学、高年级语文的古诗文赏析、高年级数学的例题分析、高年级英语的绘本阅读等。小学阶段有必背的古诗文，而每节语文课的教学内容又是容量满满，怎样合理地将古诗文阅读穿插在语文课堂教学中？下面我们来看看高年级的古诗文学习是如何在老师的指导下让学生自主进行解读的。

【教学案例15】

《李广射虎》教学节录
（校本教材《小古文一百课》下册）

开学第一周，老师就会让每个孩子认领自己喜欢的一首古诗，进行解读，并带领大家朗读、背诵。这些古诗有的已经在低中年级学过，对于学过的古诗，解读小先生就用提问的方式来检查一下大家是否记得这首诗的意思。比如考一考这首诗的作者是谁，这首诗描写的是怎样的一个场景，带点字的含义是什么，等等。还可用比赛、背诵等竞争及鼓励机制来激发学生学习的积极性。如果是新的古诗，解说小先生会通过查找资料、请教小伙伴或老师等方式来做好准备。每周有四位轮值小先生进行每天一首古诗的解说，周五是对前四天背诵的四首古诗的总结、复习，由本周的四位解说小先生共同主持，采取的形式丰富多样，旨在让学生对古诗有更深刻的印象。其他学生也会对一周的古诗解说小先生进行点评，最后语文老师会做一个总结性评价，让小先生知道哪里是做得好的，哪里是需要改进的，争取在以后的学习中取得更大进步。

到了六年级，开展的就是小古文的解读活动。语文课的前三分钟是轮值小先生的解说古诗文时间。开学伊始，老师就告知孩子们本学期要诵读的小古文，孩子们会商量并认领自己想带同学们读的古诗文。在一周时间里，孩子们会通过查找资料、请教老师、制作小课件等方式来做准备。每周由一位轮值小先生解说一篇小古文。

今天轮到小先生吴可月来为大家解读小古文。上课铃声刚响起,她已经落落大方地站在讲台前,打开课件:"今天我要带领大家认识西汉名将——李广,请大家跟我读题目'李广射虎'。"我们来看看小先生是如何解说小古文的:

周一带领学生读准字音,读通句子。

周二通过自己制作的PPT解释古文中的关键字词,二读古文。

周三理解全文意思,三读古文。

周四、周五在理解的基础上读熟、背诵古文。

如有需要,孩子们可以就小古文内容对小先生进行提问,语文老师也可以在一旁进行知识点的补充和更深层次的讲解。轮值小先生最喜欢周五,这时候同学们都已经能熟练背诵,小先生通过小组竞赛、男女生对抗赛、古文擂台赛等各种形式激励学生。这时的教室,不仅是学习的场所,更是孩子们展示的舞台。

(由无锡市育红小学吴志燕老师提供)

语文老师充分利用轮值小先生制,不仅将古诗文背诵的要求落到实处,还通过解说小先生的形式,关注对孩子思维的启发、能力的锻炼以及学习兴趣的激发,将语文学科素养贯穿语文学习的始终。

3. 互动式轮值

知识的学习是学生带着自己的求知兴趣、个人能力、批判思维和创造性思维积极参与、主动探究的过程,是学生亲身经验、亲自探究的个人求知行为,而不是传道、授业、解惑的被动静听式的接受学习。维果茨基提出的跨能力脚手架互动理论,强调同伴之间的互补性和同伴教师支架式作用的发挥,在他看来,同伴之间要有知识或能力的差别,这样同伴之间的互动才能促进学生认知的发展。"跨能力"就是要求同伴小组中的成员在经验和学习能力方面存在差异,这样能起到互补的作用[①]。在平常的课堂教学中,我们也经常会开展师生之间的互动式交流,那么互动式轮值是如何开展的呢?这种轮值方式对小先生提出了更高的要求,在这个环节中,既有设问又有答疑,还要对所学知识掌握牢固,做到心中有数。由于互动式轮值小先生要求较高,所以我们尝试用小组合作的形式开展,而小组中成员

---

① 麻彦坤. 维果茨基社会建构论思想在教学实践中的应用[J]. 外国教育研究,2004(12).

的能力也要有一定的差异，这样才能起到互补的作用，才能激发和培养学生养成主动思考的习惯，在语言学习的过程中获得思维的同步发展。

【教学案例16】

"Cinderella" 教学节录

(译林版小学英语五年级下册)

每节英语课前基本都有五分钟的 Free talk 环节，以往，英语陈老师一般都是对上节课的内容进行复习或对新授知识进行导入铺垫，但是学生的反应不是很积极，因为学生对这个环节已经没有新鲜感，所以激发不起学习热情。于是陈老师换了一种操练方式，把这个环节放手给班里的孩子们，给出范围，形式不限，以小组为单位，用加星计分形式展开，孩子们的积极性一下就被调动起来了。提问范围是本单元新授的 Story time 和 Cartoon time 的文本内容，以考查学生对教授内容理解和掌握的程度。教材一共八个新授单元，陈老师将全班分为八组，每小组五人，每组对应一个单元。小组各成员的学习能力有一定的差别。陈老师是想借助合作完成学习任务的机会，让小组成员进行生生之间的多向交流，集思广益，各抒己见，互相接受不同的观点，扩展他们的视野，促进思维的发展。

提问范围及形式：(1) 日常用语提问；(2) 对上单元学过的内容进行提问；(3) 用学过的句型结合实际情况进行提问；(4) 可以讲述英文小故事，并针对故事内容提问同学。这些问题在前一天须给英语老师过目，看有没有语法错误，需不需要进行合理化修改。例如，学完了译林版五年级下册第一单元"Cinderella"之后，轮值小先生就针对文中内容设计了如下问题：

Q1：Why is Cinderella so sad?

Q2：Who can help Cinderella?

Q3：Does Cinderella have a good time at the party?

Q4：When does Cinderella have to come back?

Q5：Does the shoe fit Cinderella well? …

轮值课堂小先生还采取了分组抢答形式，以调动同学的课堂参与积极性。结束后台下同学也对小先生进行"三明治式"点评，即赞美＋建议＋

鼓励,根据提问内容、形式、表达能力等给出评价及建议。每节课的轮流当值课堂小先生给了学生学习的内在驱动力,为了得到老师及同伴的认可,他们首先要把学过的内容加以梳理,然后进行问题设计,设计过程中还要注意语法的正确,要能对同学的答案做出正确的判断。这一过程不仅需要小先生对学习内容有更深刻的思考与理解,还要求小先生对答案有一定的预测判断能力,而其他学生也能从小先生的提问及不同的答案中学习到新内容,可以说是一个互相学习、互相提供学习策略、提升学习能力的双赢活动,更能让学生从同伴及老师的认可中增强自信心。

(由无锡市育红小学陈筱华老师提供)

二、轮流当值评价的方式

轮流当值评价是学生进行互评的方式之一,在开展轮流当值评价的过程中,学生既是评价者——小先生,也是被评价者——学生。美国《国家科学教育标准》指出,评价和学习是一枚硬币的正反两面——当学生参与评价时,他们也能从这些评价中学到新东西。① 因此,实行轮流评价不仅对评价者,而且对被评价者都是有好处的,它能有效培养学生的责任感、元认知策略和评价能力。

现代小先生制课堂学习新样态中的评价不是传统意义上的好与坏的评价,而是让学习者经历与文本的对话、与自我的对话、与同伴的对话和与老师的对话,从中展示自己的观点。接受大家评价时,维护和完善自己的观点是再次审视自己想法的一个过程。而作为评价者,在对他人进行评价时,需要同时思考自己与他人的学习过程。

实行轮流当值评价有哪些组织形式呢?学生之间如何开展轮流当值评价呢?在课题实践中我们采用了以下组织形式。

1. 一对一的同伴轮流当值评价

同伴关系在儿童社会化中起着成人无法取代的独特作用,良好的同伴关系可以使儿童在集体中被同伴接纳,得到同伴的尊重和赞许,可以满足儿童归属和爱的需要。例如,在课堂上,同桌的学生、前后的学生、左右的学生都可以相互轮流评价,在具体的学习情境中相互帮助。这种互相评

---

① 丁邦平. 从"形成性评价"到"学习性评价":课堂评价理论与实践的新发展[J]. 课程·教材·教法, 2008 (9).

价的方式最为方便，而且可以多次交换同伴，轮流的频率和对象可以增多。

2. 小组成员内部的轮流当值评价

我们在现代小先生制课堂学习新样态中主张使用学习共同体的小组合作模式。学生不仅在共同体的环境中学习，也在这样的环境中进行轮流当值评价，共同体中的每位成员都必须表达自己的想法，对他人进行评价。轮流当值评价的内容可以包括：①组员在完成小组任务的过程中能否按时完成，是否具有对团队的责任感；②与其他队员合作中，当个人观点与别人有冲突时能否虚心听取别人的意见，是否对团队成员有尊重感；③对小组分配的任务能否认真、积极地完成，是否具有积极的参与情态；④小组成员遇到困难时，能否主动关心、帮助他人；⑤个人的观点是否有创造性。以上这些都可以设计成表格形式让学生进行轮流评价，即 A 评价 BCD，B 评价 ACD，C 评价 ABD，D 评价 ABC。

【教学案例17】

《轮流日记的撰写》作文教学

（部编本小学语文五年级上册）

在我们学校，很多班级都开展了轮流日记撰写活动，实施一年多来，带给了大家很多的惊喜。在开展轮流日记撰写活动中，教师把全班学生分成若干个小组，每个小组5—6名学生，将优等生、中等生、学困生进行混编。先由一位组员写，第二天交给另一位组员，周而复始，并根据实际情况适当调整传递顺序。

因为轮流日记不同于大作文，更注重积累与交流，因此不必像作文那样在布局谋篇、遣词造句上下功夫。它的内容非常丰富，记录的都是孩子们身边的事情，如有趣的科学课、快乐的游戏，还有的学生甚至开始写起了科幻小说，很受同学喜爱。教师正是利用学生的自主心理、期待心理、喜新心理，营造了良好的写作氛围，激发学生的写作兴趣。丰富的内容、工整娟秀的字迹、妙趣横生的插图，加上真情实感的流露和精致典雅的装饰，让轮流日记魅力四射。

因为日记是每天要写的，教师本身的工作量就很大，所以无法一个人去完成日记的批阅，但是如果写出来的日记没有人阅读，小作者又会觉得非常沮丧，于是我们在写轮流日记的同时实行了轮流评价批阅。A写完日记后，第二天一早交给B，B认真读A的日记并进行评价，此时的A是学生，B就是小先生。再过一天，B就是学生，C就是小先生。这里的小先生评价不是批优良中下的等地，而是发表自己的观点，表达自己的想法，等等。

批改的过程其实也是学习、提高的过程，这其中的功用不言而喻，一句句评语简直就是一颗颗夺目的珍珠，闪烁着小先生们智慧的火花。而小作者也会时不时读读小先生对自己的评价，他们时而皱眉长叹，时而咯咯直笑。在批改与被批改之间，学生的欣赏、表达、交际等能力都得到了提升。

（由无锡市育红小学语文学科组提供）

【教学案例18】

学校体育组开展体育家庭作业的实施

在体育家庭作业本的实施过程中，为了保证学生的锻炼次数和质量，在"作业评价"一栏中除了自评和师评以外，还增加了学生的互评环节。互评的方式是以5—6名学生为一组，一周评价一次，每周由组内一名成员担任小先生，对本组其他同学的完成次数和完成质量进行评价。考虑到小先生评议的实际操作性，我们按次数设置了不同等级，同时还设置了"小先生对你说"的板块。在轮流评价的过程中，学生客观公正地对待每一个同学，增强了自己的责任意识，同时也可以相互学习，并对自己活动的内容进行反思，参考他人的锻炼内容，达到共同进步的目的。

（由无锡市育红小学体育学科组提供）

3. 小组之间的轮流当值评价

这一评价一般是在小组之间展开竞赛的形式下进行的。与小组成员之间的轮流当值评价不同的是，前一评价关注的是组内成员个人的行为，而组间评价更多的是评价小组的整体表现。

【教学案例19】

《篮球比赛》教学节录
（苏教版小学体育六年级下册）

师：同学们，今天是我们篮球学习单元的最后一节课，通过整个单元的技战术学习，同学们一定都想打一场精彩的篮球比赛了。现在请各组的组长进行分组，每组5人，分组过程中注意男女生搭配比例、技战术能力、体能等因素，同时大家可以商量一下场上比赛人员的分工。

（在教师的要求下，每个小组进行了合理的分工，比赛在热烈的气氛中开始了。"嘘……"随着一声嘹亮的哨音，比赛结束了，公牛队获得了整场比赛的冠军，湖人队获得了亚军，猛龙队获得了季军。）

师：同学们，精彩的比赛结束了，大家都知道篮球运动是一项群体性运动，在与别的小组比赛或观看比赛中，你们能相互评价吗？

湖人队：在我们与公牛队冠亚军决赛中，我们发现公牛队队长特别有领导能力，在出现问题的时候能及时叫暂停，重新布置战术。所以，我们要向他们学习，比赛中出现问题不能慌了手脚，应该在核心人物的带领下冷静分析，及时调整战术。

猛龙队：我觉得湖人队也有很多值得我们学习的地方，在比赛中他们特别团结，小组队员之间的配合特别默契，这与他们平时的反复练习是分不开的。

公牛队：今天我们拿了冠军，但是我们还有许多有待提高的地方。特别是在和猛龙队的比赛中，我们发现他们赛场上的每个人都有很明确的分工，中锋、前锋、后卫都能各尽其职，个人突破能力也强于我们队。我们以后要努力练好篮球基本功，只有基本功扎实了，赛场上才能如鱼得水。

师：看来同学们在今天的比赛中不仅收获了成绩和友谊，更是学到了别的小组身上的闪光点，相信你们在今后的体育学习之路上会越来越勇！

（由无锡市育红小学卞赛瑞老师提供）

实践证明，以上三种不同形式的轮流当值评价方式都很受学生喜欢。首先，因为是每人轮流，所以人人都有成为小先生的机会，小先生不再是个别优秀学生的专利。其次，评价内容更多的指向是学习过程而非学习结果，其评价过程是动态的，评价标准没有固定答案。最后，评价既可以是对问题进行归纳质疑，也可以是对问题进行补充和联想。评价通过展示、解释、评判和反思四个过程来开展，不仅使每个学生在原有基础上有所提高，更是为自己"把脉"，从而不断地改进学习方法，真正实现课堂新样态的转变。

第四节　现场生成式

于漪老师说，任何精彩的课都不是完全在课前设计出来的，而是在师生、生生互动中，从心与心的缝隙中，从思与思的搏动中，从情与情的触摸中生长出来的。① 课堂教学是一个个鲜活的生命在特定情景中的交流与对话，动态生成是它的重要特征。

课堂教学瞬息万变，精彩的瞬间往往都是在师生的一问一答、生生的合作互动中自然生长的。课堂教学是一个个鲜活生命在特定情境中的交流与对话，是动态生成的形式。只有先有了现场生成的课堂，才会有现场生成的小先生出现。

一、小先生现场生成的条件

1. 教师要提高对新课程知识观的认识

新课程主张教学是师生积极互动、共同发展的过程，师生共同参与，通过对话、沟通和合作活动，产生交互影响，以动态生成的方式推进教学活动。建构主义理论认为，知识是由学习者个人自己构建的，而不是由他人传递的。它强调学习者个人从自身经验背景出发，对客观事物的主观理解和意义建构，重视学习过程而反对现成知识的简单传授，它强调人的学习与发展发生在与他人的交往和互动之中。这种新课程知识观，要求教师在课堂上更多的是激发学生的探索欲望，引导学生主动学习，让学生在建构知识的同时不断充实新的知识。

2. 构建民主、开放的课堂环境

唯有对现代知识观及课程内容的正确理解，才能重视课堂的动态生成，只有形成动态的课堂生成，才能促进现代小先生的动态生成。现代小先生制的课堂转型中，教师角色也发生了重大的改变。教师不再像以往那样充当知识的传授者、教学活动的主宰者和教学结果的评判者，而是在民主的氛围中，处在与学生同等的地位上，共同获取新知，成为平等的协作者、

---

① 转引自段伟. 用文字捂暖教育生活［M］. 武汉：华中师范大出版社，2017：44.

真诚的对话者、理性的诊断者、适切的引导者和优秀的服务者。教学预设中，教师不仅要注重师生之间、生生之间在生活世界中的多向互动及其效果，给教学留下足够的生成空间，还要在课堂情境中保持一份开放的心态，能接纳学生，赏识学生，即允许学生表达不同的意见，宽容学生的错误，激发学生对话的欲望，赏识学生的点滴发现。

3. 创设多样化的教学组织形式

教学过程是一个认识过程，多样化的课堂组织形式更有利于发展学生的主体性，促进学生智力、情感和创造能力的发展。教学设计应以学生的学习和发展为本位，以学生主动思考、自主探究、多元互助、深度对话的形式来丰富课堂教学的组织形式。

苏格拉底说过，如果谁自己弄明白了一个道理，他就会到处寻找可以与之交流的人以共同确认，同时，自学中也会产生许多的疑惑需要向他人表达以寻求帮助。[①] 正是基于这样的需要，课堂上才会无时无刻地生成现场小先生。

二、小先生现场生成的途径

1. 问题研究中生成小先生

学生在经过自主学习和独立思考过后，就会产生很多自己的思考和想法并想与同伴进行交流，有的问题自己不能解决就想寻求同伴（现场小先生）的帮助。

《研究桥面支撑物形状与承受力的关系及成本估算》是张老师执教的一节 STEM 课程，STEM 课程是一种涵盖科学、技术、工程、数学、艺术等多学科内容的项目式综合课程。正是由于 STEM 课程的这种综合性，课堂才会产生更多的交互，学生之间的对话就更加多元，小先生也就自然生成了。

本节课的学习目标是让学生用科学的方法测量不同形状桥梁的承重能力，并通过对桥面形状的改进设计，建造承重能力强的纸桥模型，最后通过计算，节约工程建造成本。其中，有个片段特别精彩。

---

① 罗伯特. R. 拉斯克, 詹姆斯·斯科特兰. 伟大教育家的学说[M]. 朱镜人, 单中惠, 译. 济南：山东教育出版社, 2013：12.

【教学案例20】

STEM课《研究桥面支撑物形状与承受力的关系及成本估算》

师：请大家思考一下，你打算设计哪一种形状的支撑物？

生：我打算用三角形支撑结构。因为我认为三角形是所有形状中最稳定的形状。但是刚才我在实际演示中发现我把三角形支撑结构放进框架后，框架的面就鼓起来了，所以我现在不知道三角形行不行。

小先生A：老师，这个问题我可以来帮他解决。我们在数学中已经学过勾股定理，我们只要能计算出三角形和斜边的高的关系，就可以准确地制作三角形支撑结构。例如，这个空心桥面厚度为2厘米，那我折的三角形只要高等于2厘米，也就是折一个等腰直角三角形，就能保证三角形能够正好撑满桥面而不会鼓起来。

小先生B：我想用圆形来做这个支撑物。因为我们在生活中看到竹筏上的竹子都是圆形的，圆形会使力分散均匀，这样桥表面的受力也会更加均匀。

小先生C：我觉得圆形的制作难度很大，难度大就会增加成本，不经济，我打算用最常见的四边形做支撑结构。为了不像刚才A说的桥面鼓起来，我在折长方形时让高和框架的厚度保持一致。

师：我们现场来了这么多的小老师，而且你们说的都有自己的理由，那到底用哪种形状呢？我们在自己的小组内来试试吧。另外，我们也可以通过网络去搜索一下，在材质相同的条件下，到底哪一种形状又结实成本又最低呢？……

（由无锡市育红小学张梦岩老师提供）

以上是一节典型的现代小先生制课堂发生翻转的课例，教师抛出一个问题，学生把自己的知识、经验、思想表达出来，同时也将自己的疑惑提出来，寻求其他人的帮助，其他学生接收到信息后又将自己的理解、感悟反馈给前面的学生。在这一来一往的对话过程中实现心灵的沟通、视域的融合、新知识的生成，学生之间互为小先生，在自由、平等、民主的课堂氛围中享受着理解、沟通、和谐的生生对话，小先生自然地在课堂中生成。

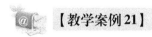
【教学案例21】

《异分母分数加减法》教学心得

(苏教版小学数学五年级下册)

在教学五年级下册《异分母分数加减法》时,一开始学生对"1/2 + 1/4 = 2/6"这个结果提出了诸多质疑。老师适时引导学生画图验证算式(依次投影图1—图4)。学生尝试着画出算式,有的画长方形图,有的画圆形图,有的画线段图,这些图都是把一个图形看作单位"1",平均分成2份,取其中的1份是1/2,再把剩余的一半平均分成2份,取其中的1份就是1/4,而之前的1/2中有2个1/4,所以1/2 + 1/4 = 3/4。当然,也有个别同学借助分数条来解释。老师启发学生思考:这几种画图方法本质上都是将1/2转化成2/4,得到2/4 + 1/4 = 3/4。在此基础上引导学生小结:异分母分数加减法可以转化成同分母加减法来计算。

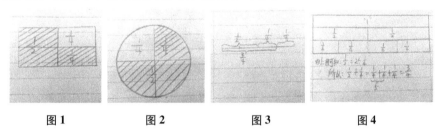

图1　　　　图2　　　　图3　　　　图4

(由无锡市育红小学宋慧老师提供)

学生在学习过程中既是"学者",又是"教者"。在上述案例中,课堂上能通过画图来阐述自己的解题思路的学生即是课堂自然生成的小先生。这里学生的"教"的含义就是夸美纽斯所说的"当所得的知识传给同学或其他伴侣的时候,那就是教"①。"教者",即小先生也,教导别人就是在教导自己,"教"的本身对于所教学科可以产生更深刻的理解。正如上述这节课中的学生,他们敢于表达自己的理解,将自己的知识与别人分享,同时也敢于挑战他人,提出质疑。这种学习方式能更好地激发"教者"——小先生的产生,让课堂冲破桎梏,让小先生有更多的机会自由发声。

---

① 夸美纽斯. 大教学论 [M]. 傅仁敢, 译. 北京: 教育科学出版社, 1999: 132.

2. 技能体验中生成小先生

体验性学习强调学生在学习过程中亲身体验、亲自探究，是学生手、脑、心的完整投入。学生在课堂中通过自己的学习与实践架起了从知识到经验的桥梁，并最终形成智慧与他人分享，以身体之，以心验之，现代小先生也正是在学生的不同体验中应运而生的。

这些小先生不是老师的"傀儡"，即他们不只是带领同学们完成老师预先设计好的一切活动，他们拥有真正的自主权。我们设置的课程不是封闭的、固定的，而是开放性的、可调整的，随活动的情境而定。小先生不必像老师那样有流利的表达，对课堂有熟练的驾驭技巧，他们应该有"流动的思想"，这些思想不只停留在说和表达上，也可以是技能的操作、思想的交流。

【教学案例22】

《前滚翻》教学节录
（苏教版小学体育二年级上册）

这是一节二年级的《前滚翻》复习课。经过前一节课的学习，80%的学生已经能在同伴的帮助下初步完成前滚翻练习，今天这节课的学习目标是80%以上的学生能够独立在前滚翻练习中做到滚翻圆滑、动作规范、姿态优美。

在学生自主尝试独立完成若干次后，老师发现部分学生在规范和优美这两点上与要求尚有很大差距，主要存在的错误动作有：滚翻时用额头顶、滚翻过程中身体团身不紧、滚翻时两腿分开……此时，老师没有暂停同学们的练习，进行示范纠正，而是给了每位学生一张卡纸，并提醒学生四人小组要成为学习共同体，相互讨论如何利用一张卡纸解决这些问题，谁先想到谁就是小组内的小先生。比比哪组想出的办法最多，小先生最多。

于是，孩子们拿着这张卡纸开始相互讨论、比画、尝试、交流、纠正，教师则在课堂中静静地倾听孩子们之间的交流，观察孩子们相互帮助，引导孩子们将想到的办法与其他小组进行交流。课堂上一个又一个小先生出现了。

A说，我们把纸片放在垫子上，头着垫时我们用后脑勺去触碰纸片，这样我们就不会用额头顶了。

B说，我来教你们把纸片放在下巴这里，然后你夹紧纸片再滚翻，看，是不是滚起来像个小皮球一样啦。

C说，大家看看我这个办法怎么样：我把纸片夹在膝盖中间，这样滚翻时为了不让纸片掉下来，我的腿必须夹紧不分开，我们一起来试试吧。

D说，刚才我把纸片放在肚子上夹紧试了下，感觉滚翻时人都像球一样，你们也来试试吧。

…………

（由无锡市育红小学秦敏老师提供）

以上是一节二年级体育课的教学片段，一张卡纸成就了一个又一个小先生，学生在技能体验的过程中积极思考、主动发现问题、商量解决方案，通过一个小道具展开讨论和探索，小先生通过自己的分享让组内更多的同学纠正了错误动作，而这个过程中自然而然地随机产生了若干小先生。

学生是具有主动性的人，若人的主动性不被激发，长此以往就会产生依赖性。如果遇到问题的时候不主动去探究解决的方法，而是等着老师来帮助解决，学生的主动性就会慢慢被磨灭。遇到困难或者问题时，只有亲身体验、经历探究的过程，对学习内容产生感受、领悟，学习的内容才会真正走入学生的内心深处，从而真正地扎根于学生的认知体系中，最终形成属于自己的知识经验。

在技能体验中生成的小先生不仅收获了更多的知识，而且在学习过程中获得了与人分享的快乐，收获了同学对他的尊重和信任，体验了为人师的自豪感和责任感，最终形成了多样化的能力结构，实现了自我的突破。

华盛顿儿童博物馆里的格言这样写道："听到的，过眼云烟（I hear, I forgot）；看见的，铭记在心（I see, I remember）；做过的，沦肌浃髓（I do, I understand）。"这是对"学生参与"最好的解释。学生的体验不是仅限于课本、课堂，而应该是全方位、多角度的延展性体验。教师的主要任务是激发学生的学习兴趣，帮助学生形成学习动机；通过创设符合教学内容要求的情境和提示新旧知识之间联系的线索，帮助学生建构当前所学知识的意义；在可能的条件下组织协作学习（开展讨论与交流），并对协作学习过程进行引导，使之朝着有利于意义建构的方向发展。

综合实践活动课《设计和制作迷宫盘》

（苏教版小学劳动与技术五年级上册）

在五年级的综合实践活动《迷宫盘》中，学生在了解了迷宫盘的组成后，就分组开始按以下步骤探究迷宫盘的设计：（1）确定起点和终点（用红色小圆点代表起点终点）；（2）设计通道（在起点终点之间设计一条通道）；（3）画隔离栏（紧贴通道，在通道两边沿网格画出隔离栏）；（4）擦除部分隔离栏，添加迷道（设计一些障碍道路，起到迷惑作用，增添游戏乐趣）。经过相互讨论后，学生很快合作完成了迷宫的设计稿，每个小组也请了小先生进行设计思路的阐述，各个小组听取了别人的设计思路后又对自己的设计稿进行修改，力争设计出合理又有趣的迷宫盘。

完成迷宫盘的设计是第一步，第二步开始就要制作迷宫盘了。在制作过程中，孩子们有的负责测量，有的负责打磨，有的负责粘贴，完成作品后老师又邀请小评委参与打分评比。活动结束前，老师布置了一项任务：谁能设计出与众不同的迷宫盘谁将获得本次作品的"鲁班奖"。接到任务后，有的孩子独自沉思，有的孩子开始讨论。这时，一位平时默默无闻，学习上也不是很突出的孩子举手了："老师，我可以设计出一个立体的迷宫盘。上节课学习了迷宫盘的设计后，我就想做一个立体的像魔方一样的迷宫盘。这是我昨天在家里画的一个设计图，我来和同学们分享。"

此时，教室里所有的孩子都被这位小先生吸引了，有人对设计提出了质疑，有人对制作过程提出了自己的想法。没想到，一周后，每个小组都交出了自己的作品，有立体迷宫盘，有组合迷宫盘……

课后，老师也请教了这位同学，原来这位同学平时就非常喜欢手工制作，经常会做一些小作品发布到网上和别人分享。这些随机生成的小先生并不一定给他冠名为小先生，但是他们这种敢于分享、敢于质疑、敢于挑战他人想法的行为恰恰是现代小先生追求的身份特质。

（由无锡市育红小学冯曙光老师提供）

在现代小先生制的课堂中，我们发现学生间的异质差异是一种很好的教育资源，利用和发挥好了就会产生更大的教育效益。例如，有的学生不善于表达，但是他的动手能力特别强；有的学生字写得不算漂亮，但是他的画画构图能力特别强；有的学生歌唱得不是特别好听，但是他对乐器演奏特别上手……教师在教学中，要认真研究这些孩子的差异，尽量发挥他们的特长，为各种人才的成长打好基础，提供条件。异质会产生新观念，会在互动中产生新的东西。与不同于自己的他者相遇，对话者拥有彼此不同的思考，彼此获得震撼，并由此产生新的意念、新的创造，能够产生这种情境的也就是课堂。① 而学生在这种没有预设的课堂进行对话、分享、交流，就是一种全新的体验。

3. 主题归纳中生成小先生

在现代小先生制课堂学习新样态的实施过程中，我们要正确处理好教与学的关系。为了让学生能主动发生，课堂应该由教师设问启发学生思考转变为学生能够自主提出问题，解决问题；为了实现课堂上学生的深度发生，课堂应该由教师组织问题推进改变为学生自主建构问题；为了解决学生在课堂的持续性发生，课堂要改变以往由教师追问为学生之间相互的追问或自我追问。只有实现这一系列的改变和翻转，才能让课堂小先生实现真正的对话和深度学习。

在实践教学中我们发现，只要有一个有意思、有内涵、有新意的主题，学生就会在学习共同体的环境中进行深度的讨论，并且能进行主动建构、知识迁移，从而实现"交响乐团式"的协作学习。因此，主题的选择要具有一定的挑战性，太简单的主题缺乏探究性，无法激发学生真正进行深度学习。

【教学案例24】

综合实践活动课《垃圾分类》
（苏教版小学劳动与技术六年级上册）

2019年，垃圾分类工作全面推进，为了让学生认识垃圾是宝贵的再生资源，初步学会垃圾分类的方法，并且树立节约资源和保护环境的意识，全班经过讨论，共同确定以"垃圾分类"为主题，开展系列综合实践活动。

---

① 王富英，朱远平."导学讲评式教学"的理论与实践［M］. 北京：北京师范大学出版社，2019：90.

第一阶段：准备阶段

师：老师前期的调研发现，我所居住的小区一共有306户住户，如果每户每天产生1千克的垃圾，那么1天内会有多少垃圾呢？若以30天计算，每个月又会产生多少垃圾呢？若一年以365天计算，每年又会产生多少垃圾呢？

（学生进行计算，得出惊人的数据。）

师：看了上面的数据，你有什么话想说吗？我们刚才算的，只是一个普通家庭一年之内产生的垃圾量，把这些加起来，是不是小区最终的数据呢？为什么？

生：不是。因为这还只是小区的生活垃圾，小区周围还有宾馆、饭店、大大小小的厂家的垃圾。

师：对啊，这只是地球上小小的一个角落，全世界产生的垃圾那就不可估计了。今天，我们就要来一起研究关于垃圾的问题，这是一个世界性的难题，你们有信心挑战吗？

师：这次我们将采用分组主题归纳的形式进行此项活动。同学们可以根据自己的能力和特长选择加入相应的小组。

（信息组：查找有关垃圾的类别及产生来源的书籍、报刊文章、网上报道。调查组：参观环卫处，查找资料，了解小区及周边日产垃圾的情况及处理情况。追踪组：拜访环保专家，了解垃圾处理的先进科学技术。）

师：分好小组后，每小组民主推选组长，聘请自己喜欢的指导老师，制订自己小组的活动计划，调查校内外垃圾的主要来源，以及垃圾分类情况。

第二阶段：实践阶段

（学生根据研究方案，将收集到的各类信息进行整合，以手抄报、广告宣传、调查报告等形式举办展览，全面开展汇报宣传活动。）

冯寅嘉（调查组组长）：同学们，通过走访社区和附近的垃圾处理中心，我们了解了每天产生的垃圾是这样处理的：生活垃圾的管理主要分为清扫、收集、运输和处理四个环节，每天清洁工人将所有的垃圾在中转站装好，统一运送到垃圾处理中心填埋掉。

陈柯豪（信息组成员）：环境保护部近日向社会公布了处理城市垃圾的国家行动方案。这个方案规定：今后中国的城市垃圾将进行填埋处理，并把垃圾填埋产生的气体收集起来发电。

日常生活中，人们习惯将垃圾分成三类：

一是有机垃圾，又称湿垃圾、不可回收垃圾或餐余废弃物。包括瓜果皮、蔬菜皮、变质食品、剩饭菜等。

二是无机垃圾，又称干垃圾、可回收垃圾或可再生废弃物。包括废纸、废金属、废塑料、废玻璃、废织物（布料）等。

三是有害垃圾，又称危险废弃物。包括废电池、过期药品、水银温度计、废油漆桶等。

邵语涵（追踪组组长）：消除白色污染的好办法是连碟子一起吃。目前，世界上许多国家都在开发环保产品，以取代传统的纸杯、纸碟、饭盒。前不久，波兰一家面粉厂的厂主维索茨基制造出了能吃的环保杯碟。他把磨完小麦剩下的麸子压制成各种大小不同的杯碟和碗具，适合旅行野餐或开生日会，人们可以在餐后将这些环保杯碟吃掉。

第三阶段：成果展示

师：同学们，通过这段时间的调查、观察和亲自体验，大家对垃圾有了深入的了解，现在请你们进行成果汇报。

小先生A：同学们，我想告诉你们什么是垃圾，垃圾产生的途径是什么。请看我的PPT汇报。

小先生B：同学们，通过这次学习，我了解了垃圾的种类，接下来我将通过手抄报的形式推广和宣传垃圾分类知识。

小先生C：同学们，你们知道垃圾的危害有哪些吗？请看视频。（采访环保专家的录音；拍摄附近被垃圾严重污染的区域；联系数学学科计算出按现在的速度，若人类不及时处理垃圾，多久后人类将被自己制造的垃圾所覆盖。）

小先生D：其实，垃圾是一种宝贵的可回收资源，我们只要有效分类和利用，就可以变废为宝，请看我搜集的资料。

第四阶段：总结反思阶段

师：同学们，经过这次的综合实践活动，你们都有哪些收获呢？谁能来总结一下？

小先生代表总结：通过此次活动，队员们收获颇丰。一方面，对垃圾问题有了更多、更深入的了解和认识；另一方面，自己的探索能力得到了锻炼和提高，行为习惯发生了较大变化。大家从中领悟到了垃圾分类的重要，作为小学生、小队员应从自己做起，从身边做起，不乱丢垃圾，力所能及地对垃圾进行分类处理，美化我们的校园、家园，把我们的家乡建设得更加美丽。

（由无锡市育红小学荣敏良老师提供）

众所周知，环保问题一直是一个极具挑战性的难题，把这样一个主题交给学生，对于他们来讲充满新奇，也充满挑战。全班学生经过讨论，一致认为这是一个有意义的主题，于是在进行自愿分组后接受任务、实地考察、获得信息、与同伴分享、讨论对话、反思归纳。在这个主题学习中，学生最后获得的不只是垃圾如何分类，而是在学习的过程中收获了如何去搜集信息，如何将信息进行整合后宣传，如何拍摄、剪辑视频和图片制作PPT等各种技能。在整个主题学习中，学生们互学互教，分享彼此的情感、体验，最终共同完成一定的学习任务。

要建立横向联系的关联课堂，能够长时间进行深度讨论的课堂，教师除了提出有挑战性的高认知水平的学习任务外，还要提供学生自主和合作思考的学习工具，例如让学生用思维导图的方式梳理、提炼知识结构。学生在这个过程中互为小先生，对一个单元所学的知识进行系统总结，每个小先生经历完整的主题归纳过程，既有利于系统构建，又有利于深度记忆。

【教学案例25】

英语语法知识点教学心得
（译林版小学英语六年级上册）

译林版英语教材每单元都有一定的语法知识点。对于小学生来说，学会自主梳理知识点是必备的学习技能，这种技能对他们今后的学习有着长远的影响，对更好地掌握各学科知识有着很好的辅助作用，能为他们的终身可持续性学习奠定基础。"授之以鱼，不如授之以渔"，老师应该努力培养学生自己预习文本、梳理知识点、整理错题等自主学习能力，让学生看到自己在学习上的优势与不足，并引导学生扬长避短、查漏补缺，从而学得轻松。小学生在低中年级刚接触英语，由于年龄较小，自己梳理语法点、知识点还有一定的难度，一般的复习整理都是老师主导。而进入高年级之后，孩子的语言技能、学习策略、思维方式等都有了进步，学生更希望得到老师或同伴对他能力的认可，所以老师可尝试让学生通过小组内的合作学习自己梳理各单元知识点。

按照以往的做法，一个单元新授完之后，老师会让学生进行一次单元测试，测试之前老师会从单词、语法、句型、时态等多方面帮助学生进行整理复习。自从尝试现代小先生制课堂以来，英语老师努力尝试让学生通过合作学习、合理分工来整理单元知识点，并且能巧妙运用思维导图的形式将整理的内容清晰地呈现给同学。

例如，新授完六年级上册 Unit 3 和 Unit 4 之后，老师提前布置任务，要求孩子自己结合本单元练习的错题，对本单元的知识点进行概括，隔天在课上再分组进行合作整理。在这个过程中，小组成员之间不仅要合作，更要对话。每个单元都有易错或容易混淆的知识点，老师要求在结合易错题整理时要分析原因，小组成员之间就会有意识地交流，怎么样才能将这个知识点说得更明白。学生都是同龄人，有着同理心，所以有时候他们知道怎么讲才更容易让同学理解。除了互动交流外，老师发现小组成员之间会进行合理的分工，比如 A 同学语音掌握得比较好，她会主动承担语音知识的归纳任务；B 同学有几个单词的过去式一直拼错，他就把易错的单词梳理出来；C 同学语法点学得很扎实，他会把本单元的重点语法都罗列出来；D 同学擅长画画写字，他先把几个板块的框架做出来……

合作完成思维导图之后，小组成员会先对这份现场生成的思维导图发表各自的建议并且完善，如要掌握的语法点有没有都涵盖在里面？本单元的易错点还有哪些？等等。然后由小组代表介绍整理的单元知识点，其他各组进行补充，发表自己的意见和建议。通过倾听与互评，学生对如何整理知识点有了进一步的认识，也有助于他们形成适合自己的学习策略，并且这种单元主题归纳式的现场交流学习新模式促进了学生的深度思维和全面学习。

（由无锡市育红小学陈筱华老师提供）

现代小先生制课堂学习新样态的产生是对传统课堂的一场革命，是学生主动参与课堂的一种新样态。现场生成的小先生角色不是固定的、预设的，而是随机的、动态的、开放的，生成小先生的环境随活动情境而变，随课堂需求而变,与课程有着很强的关联性。课堂上,小先生虽然时时会表现出对语言使用的稚嫩甚至误用,却都在努力地表达着自己的思想、情感、价值观念。此时,语言不再只是"固化的知识",而是"流动的思想"。这样的课堂因为没有了束缚而不再显得僵化,这样的课堂是流动着思想情感的鲜活的课堂。此时的教师并没有舒舒服服地坐在那里当观众,而一直在倾听,一直在班级里走动、协调和观察,而那些依然"做学生"的孩子们在小先生的带领下努力地参与到课堂中来,因为他们也需要随时成为别人的小先生。此时的课堂热闹而不失有序,紧张而不失有趣,无论是师与生还是生与生之间,都形成了和谐的"学习共同体"。

第三章 现代小先生制的课堂结构

现代小先生制的课堂是以"学习"为中心的课堂,经历了从课程标准到学习指南,从教材到学材,从教案到学案,从知识到素养的转变过程,目标指向的是学生更好地真实地学,主动地深入地学,追求学生的主动学、深入学、互动学、全面学。主动学即积极参与、主动探索、深入思考。课堂学习不再是记忆—灌输—机械练习的过程,而是在整个学习过程中融入了主体的自觉、自在与自省,以建构代替接纳,以主动自觉代替被动练习,以探索思考代替机械记忆。深度学习具有"面向真实的、富有个性的、强化深度体验的"基本特征,强调了深度学习对于学习本质的关注。多元互动是以学习者为中心的课堂对话的关键特征,学生从"独存"走向"共生",从"被动"走向"主动"。在现代小先生制的课堂学习中,学生们互动互学,用多元互动的合作与交流优化了学习方式,摒弃了个体封闭的传统学习方式。与只注重知识学习的传统课堂学习不同,现代小先生制的课堂学习是学生感知觉、思维、情感、意志、价值观全面参与、全身心投入的学习活动,指向具体的、社会的人的全面发展。

第一节 应需分组

加德纳的多元智能理论指出,我们每个人都具有多元智能,教师可以根据学生的优质智能,实施相应的策略和活动,从而满足学生的不同学习需求。现代小先生制课堂学习的过程中,合作学习和小组互助学习是课堂分组学习常态模式,且学习小组的分组不是固定不变的,常常根据学习内容、新的学习需求临时分组和互动学习。教师在课前根据对学生的学习能力和学习知识掌握情况进行人员分组,保证每个小组的学习能力的均衡。依据不同的学习需求分组,有着不同智力背景的学生就能在互动学习中发挥主动性。

一、信息收集

学习分组首先建立在教师对学生学习兴趣、学习能力、学习知识情况的了解上。教师在日常教学中要做好对学生的课堂观察,收集学生在理解水平、兴趣、干预需求和学习风格等方面的信息。

教师收集上述信息之后,要对这些信息进行分析、评估、思考,掌握每个学生的学习优势和学习需求,为每次的小先生课堂教学分组做好支撑。见表3-1。

表3-1 信息的分析与评估

收集的信息	分析	评估
1. 学生对哪些知识比较感兴趣?		
2. 在开始学习新单元的时候,学生具有哪些知识基础?		
3. 学生学习上有什么差距?		
4. 学生具有哪方面的学科能力?		
5. 学生具有哪些学习风格和学习特征?		
6. 学生对知识和技能的掌握程度如何?		

二、分组策略

"小组合作学习"这一教学模式可以给课堂教学注入活力,它不仅可以使师生之间、学生之间更有效地进行语言交际,而且还可以培养学生的合作意识、团队精神,进而促使学生相互学习,共同提高,有力地促进课堂效率的提高。

分组过程中,教师要考虑到学生兴趣需求、学习能力、学习风格等多方面的因素,在此基础上,进行合理分析,科学分组,力求组合能发挥最大效果。

1. 满足学习兴趣需求

兴趣是学生在学习中渴求获取知识、探究某种事物或参与某种活动的积极倾向,是学习活动最直接、最活跃的推动力,也是学生获取知识的前提。学生的学习兴趣将直接影响学生的学习效果。

实际课堂教学中,因教学内容不同,每个学生的兴趣点也会发生变化。要让每个学生在不同的教学内容中始终保持学习兴趣,全身心地投入学习,达到课堂教学效益最大化。课堂教学实施中,教师要能根据学生不同的兴趣点运用灵活多变的分组学习,激发学生学习兴趣,提高学生小组学习的质量。

(1) 兴趣点相同

学习小组分组时,应考虑到学生的需求,根据学生的学习需求进行合理分组。教师应合理分析教学内容,根据教学内容的需要,进行恰当分组,如一些探究、研究性学习,需要有相同学习兴趣的学生组成小组。这样的分组有利于思维点燃思维,激情激发激情,使奇思妙想一触即发。在小组内,学生自己的兴趣点不断得到肯定,新的探究的兴趣不断被点燃,有利于学习效果最大化。

(2) 兴趣点差异

学习兴趣浓厚的学生组成学习小组固然能将课堂学习效益最大化,但实际教学中,要考虑到所有学生的学习需求,有些学生的学习兴趣会随着教学内容的不同而发生变化。教师在课前应针对每个教学内容做好课前调查,掌握每个学生的学习兴趣,及时做出分组调整。分组应从学生的学习需求出发,要考虑将兴趣浓厚、有学习积极性的学生和兴趣一般、对本学习内容并不感兴趣的学生进行互补分组。由学习兴趣浓厚的学生在小组做好动员、带动作用,利用自己对学习内容的掌握去带动、激发那些不太积极的学生,在小组内形成良性循环,从而使每个学习小组内的学生都保持学习兴趣。

2. 缩小学习能力差异

学生的学习个体差异很大,学生的先知的经验和背景,对主题或学科的态度,学习风格和方式都存在着差异,所以没有一种统一的教材或固定不变的教学方法可以完全适合全班所有学生。分组教学,目的就是适应学生的个别差异,差异互补。教师在教学实施前,做好课前调查,了解每个学生的理解水平差异,根据学习内容的需求,将不同学习能力的学生组合成组。

（1）优势分组

课堂教学中，根据教学内容的不同，教师给予学生的学习任务也应不同。学习任务的难易，决定了分组的不同。将优势智力的学生组成学习小组，一方面，能激发学生挑战的欲望，在解决实际问题的过程中，思维被层层推进，学生的能力更好地得到激发；另一方面，优势智力的分组，对其他小组也能起到带领和指导作用。

（2）差异分组

"三元智力理论"的提出者斯滕认为，认知成功的三要素是认知创造、分析和实践。教师在优势分组的基础上，还应考虑到每个学生的学习能力差异，将有不同智力优势的学生组成学习小组。教师在实施分组前，通过开展活动，寻找每个学生的优势智能，区分每个学生的优势智能和弱势智能，并做出分析，将每个学生的优势和弱势智能进行排列组合，遵循互补原则，做出学习小组调整，保证一个学习小组的学习能力达到均衡，让每个孩子的智能水平都得到发挥和尊重，通过任务驱动，运用自身优势智力，完成学习任务。

3. 达成学习风格互补

学习风格是学习者持续一贯的带有个性特征的学习方式，是学习策略和学习倾向的总和。学习策略是指学习者为完成学习任务或实现学习目标而采取的一系列步骤，其中某一特定步骤成为学习方法。学习倾向是每一个体在学习过程中会表现出的不同偏好，包括学习情绪、态度、动机、坚持性以及对学习环境、学习内容等方面的偏爱。有些学习策略和学习倾向可随学习环境、学习内容的变化而变化，而有些则体现出持续一贯性。那些持续一贯地表现出来的学习策略和学习倾向，就构成了学习者通常所采用的学习方式，即学习风格。由此可见，学习风格一旦形成，不会轻易改变，在实际课堂学习中，单一的学习风格无法支撑学习的需求。教师在课堂教学中就要考虑到不同的学习风格的差异，进行学习需求互补分组，让不同的学习风格都能为学习内容服务。

（1）根据学习策略分组

迈克·卡尔将学习策略概括为认知策略、元认知策略、资源管理策略。根据此理论，如果学生对知识的认知、信息的加工、计划的制订、实践的管理等已形成了自己的风格，就不会轻易改变。课堂学习中，不同的学习策略运用有利于促进学习问题的解决，不同的问题需要不同的学习策略，这也就需要我们在实际教学中，针对不同的学习内容、学习任务进行因需分组。教师在授课之前，根据教学内容和需要解决的问题，将具有不同学习风格、不同学习策略能力的学生进行分组组合。分组中遵循多种学习风格互补的原则，教师在教学中适时做出调整，保障以多元的学习策略支撑学习需求。

（2）根据学习倾向分组

学生的学习倾向一般分为视觉型、听觉型、动作型三种。学习倾向不同，学习的方式方法也不尽相同。任何一种学习倾向都不会适用于所有的知识学习，如果学习者在学习中坚守某一种认知风格，势必会在一些不适合自己风格的学科学习中失败。课堂教学分组时应考虑到学生学习倾向的不同，积极利用学生的优势倾向，并将不同学习倾向的学生分在同一个学习小组。个体的学习倾向是一种习惯，后天经验和训练起着很大的作用，而将不同学习倾向的学生互补分组，会在潜移默化中让学生的学习倾向逐渐产生变化，加之教师有意识的引导、训练，将使得学习倾向更完善。要注意的是，不同学习倾向互补分组时，必须细致渐进，并且随时注意学生的学习情况，根据学生学习的反馈及时进行调整。

第二节　质疑驱动

学贵有疑，不愤不启，不悱不发，学生的学习动力产生于疑惑处。通过课前、课中、课后的引导，学生产生质疑问难的需求，产生求学请教的需求，产生对话分享的需求，这是组织现代小先生制课堂学习方式的前提。

如何产生需求？这就需要教师对小先生进行相关设计指导，以预习布置诱发质疑为"起点"，以教学设计激发质疑为"生长点"，以对话交流引发质疑为"卡点"。预习问题驱动指将学习内容的原生价值与学生的需求点和生长点相连接，形成驱动学生兴趣与好奇心的主问题、问题链或问题组。教学设计质疑指以现实中的场景作为大情境的主线，由浅入深，层层递进，带动学生思维情感的发展，同时形成思维互动、生生互教互学的小先生课堂模式。对话交流质疑指建立师生和生生间平等的交流机制，实现多项互动，在自由表达和分享的过程中共同梳理内容，集中群体智慧。通过三个循序渐进的质疑驱动形式，形成小先生制课堂独有的教学结构模式。见图3-1。

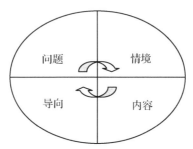

图3-1 小先生制课堂建构动力指导体系

一、在预习布置中诱发质疑

物理学家海森堡说过："提出正确的问题往往等于解决了问题的大半。"有问题，才有思考的发生，有思考，才有探究的动力，有探究，才有发现的可能。不同的课程内容适用不同类型的问题，问题的内容是一个问题的核心要素。问题是整节课"导"的主线，是"学"的任务，是教学的"框架"，是流动的"脉络"，起着提纲挈领的作用。①

鼓励学生质疑，提出自己的独立见解，并通过互教互学、互评互议来解决问题是小先生制最基本的课堂结构模式。培养学生的质疑能力，不仅仅停留在课堂上，更应发生在课前，教师通过预习任务的布置来培养学生的学习能力。教师布置的预习问题要符合学生的心理发展和认识水平，符合教学内容的要求。此中最关键的环节是小先生要对预习内容通过预习—经过思考—提出质疑，最后将质疑转化成合理的问题。小先生在确定问题前，可收集其他人在预习中提出的问题。教师的作用是判断学生的最近发展区，帮助小先生筛选问题，提炼出有代表性的具有探究价值的问题。问题呈现要尊重学生的层次差异，由浅入深，使不同程度的学生均有所得。教师需要指导小先生探究问题的层次化设计，见图3-2。

---

① 傅元根. 让学习看得见："226"教改实验研究[M]. 上海：华东师范大学出版社，2017：40.

图 3-2　小先生预习质疑流程图

二、在教学设计中激发质疑

《义务教育课程标准（2011 年版）》明确指出："要启发学生动脑筋想问题，鼓励学生质疑问难，提出自己的独立见解。"对于学生来说，能提出一个有思考价值的问题，发现一种新的解题思路或办法，都是创新意识和创造能力的体现。

小先生制的课堂培养的是具有独立思考、创新精神的学生，解决问题只是一种技能，能提出一个新的问题才是一种高阶思维。小先生制的课堂中，教师的教学设计要关注学生的思维发展，设计的问题要带有一定的假设性，给学生广阔的思维空间。在设计课堂问题时，多角度、多维度、多可能性的问题更有助于激发学生的思维火花。我们提倡教师根据学生的认知规律与现有认知结构，进行教学设计，便于引导学生从整体上对学科知识进行认识、理解和把握，在此基础上激发学生独立思考、大胆质疑的能力。教师要引导学生能够抓住问题自主地去分析、思考、探索，从问题引发问题，由思考激发思考，培养学生敢于质疑、勇于探究的学习能力。见图 3-3。

图 3-3　小先生课堂思考质疑循环图

三、在对话交流中引发质疑

巴西著名教育哲学家弗莱雷说,"教育应该具有对话性","没有了对话,就没有了交流,没有了交流,也就没有真正的教育"。对话是一种教学方式,真正的教学只有在师生对话中产生,在师生对话中学习,在师生对话中质疑,才能发挥真正的教学价值。

传统的教学对话形式都是以师生问答形式出现的,而小先生制课堂的对话是师生、生生互动交流的过程。这个对话不仅仅是人与人的对话,更是学生与教材内容的对话,与教学思维的对话,与不同观点的对话。在对话的过程中,完成了师与生、生与生思维碰撞、思想交换的过程,学生自我思维的觉醒力被激发,新的问题、新的疑问被引发,由此更高阶思维的问题产生,又引发下一轮的对话交流话题。

课堂对话交流中,教师尤其要注意保护学生交流的积极性,采用多种形式的对话交流模式。课堂对话呈现双边活动模式,课堂师生变为"主"—"主"关系,虽是平等对话模式,但教师要在对话交流中把握契机,不断抓住可探究、可深入的话题,引导学生在此基础上引发质疑,产生新的对话。通过对话—质疑—问题—对话—质疑,进入良性循环的课堂对话机制,同时也帮助学生更深入地理解教学内容,掌握学习方法,提高学习能力。

第三节 互动分享

《基础教育课程改革纲要》明确阐明了课程结构、课程标准、教学过程具体实施的原则和规定,强调教学过程是"师生交往、共同发展的互动过程",既然是互动,师生的各种行为必然是双向的,而不是单向的。而有效的课堂教学中,双向的师生行为是其基本评价标准。如果一堂课中只有教师行为而没有学生相应的反馈行为,则不能视为有效的课堂教学,因为有效教学是师生、生生相互影响、共同发展的过程,而这种相互影响是可以通过行为来观察的。

小先生制的课堂尊重师生、生生互动的过程。课堂教学中,师生、生生根据学习任务展开互动学习,共同分享学习成果,真正使互动学习有序推进、螺旋推进。

一、学习原则

真正的互动,一定是相互之间产生影响的、相互作用的过程。在小先生制的课堂中,互动是随时随地发生的,它贯穿于整个教学过程中。在教学中,教师的教学设计要结构化,不能指向碎片化知识,学生在课堂中要全员参与互动交流,交流的方式可以自主选择。这种互动是通过对学习内容、方法、技能的认知的交换、沟通和分享而产生相互影响的方式和过程。

1. 设计结构化

在传统教学中,教师容易陷入碎片化的教学误区,教给学生的都是比较零散的知识点。而结构化教学内容的设置相互关联、由易到难、层次分明。在现代小先生制的课堂学习中,我们提倡教师根据学生的认知规律与现有认知结构,给学生提供结构化的教学内容,便于引导学生从整体上对学科知识进行认识、理解和把握,培养学生自主建构知识的能力。结构化教学与其他教学形式相比,更加注重教材和教学过程的整体性与连贯性,更加强调知识、技能的关联性和层次性,更加强调知识技能的运用。

教师可以在课堂上让不同类型的小先生在结构化的课堂教学中进行学习的互动、交流、分享,如:经验型小先生主要负责已有经验的案例分享,唤起学生新旧知识之间的联结;探索型小先生负责带领同学们厘清思路,发现问题的解决途径;思辨型小先生可以发表不同见解,引发同学们思考、评价、讨论,形成多元化的思维;操作型小先生将课堂中学会的知识与观点运用于实践,通过动手演示与示范完成知识的迁移、认识的形成。

2. 参与全员化

课堂教学互动交流的意义在于,学生通过互动交流,在参与中增强体验。真正有价值的互动,首先要学会倾听,这样才是学生有质量思考的前提。互动不仅是一种言语形式,更是思考、互相启发的过程。在倾听中激发自我独立思维,思考更有价值的问题,在互动中碰撞不同的观点,在分享中获得最佳解决问题路径,这样的过程本身就是一个全员参与的过程。

小先生制的课堂更多地强调参与和体验,在课堂学习的互动分享中,教师鼓励学生人人参与到这个过程中来,而不去追求互动分享的结果,更注重学生学习的过程,让每个孩子领悟学习的乐趣,感受探究学习、敢于表达的快乐,这是后期小先生制课堂探究的一个基础。这样的互动课堂模式形成之后,全员参与的小先生制课堂转型也将成为可能。

3. 方式自主化

课堂学习互动分享过程中,涉及学生对分享工具的选择、分享方式的选择。多种功能的学习工具、不同的分享方式都为学生自主分享提供了可能。在小先生制的课堂中,学生可以自主选择学习工具,分享方式,在选择的过程中,学生不断探索哪种形式更为合理,哪种方式可以更好地来表达自己对学习的理解,在不断的选择中,小先生对教材也有了深度理解。

方式自主化也更好地体现了小先生制的培养理念,让每个小先生都有自己独立的思维,并能在互动分享中完成互教互学、互评互议。选择的自主化和分享的个性化,都将互动分享的效果推升到最佳。

二、学习工具

互动交流,需要有学习工具作为脚手架,帮助学生更好地达成。导向化的学习工具是帮助学生完成自主学习与互动分享的重要支架。设计合理的学习工具,比如思维导图、学习任务清单等,可以引导学生沿着一定方向进行学习探究,一步步带领学生独立思考,对学习对象进行深度加工,从而探究、归纳出所学知识要点,自主建构新旧知识间的联系,全面把握知识的内在联系。而这一过程,并不只是学生个人的主动学习活动,它同样伴随着教师的诊断、引导,伴随着同学之间的互教互学、合作沟通、评价讨论。

1. 思维导图

用好思维导图"策略"和"工具"可以有效提升学生的表达,使之从"言之无序"到"言之有序",即使表达的逻辑关系更为清晰,其他学生更易理解。在思维导图工具使用方面,教师可以帮助小先生了解各式各样的思维导图,它们各适用于何种逻辑结构和学科,并根据具体学科以及教学内容,引导小先生合理运用转化、分类、比较、归纳、举例等常用的思维策略。

思维导图的工具使用,帮助小先生在互动分享时,言语表达更具条理性,同时也能培养概括能力。思维导图强调的不是细节,而是主体,这一工具能很好地帮助学生思维能力和表达能力的提升。

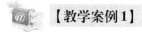【教学案例1】

《松鼠》教学节录

(部编本小学语文五年级上册)

在学习《松鼠》这一课中,老师运用思维导图,一步步带领学生学习、探究《松鼠》这篇说明文,实现同学间的互教互学、合作沟通和评价讨论。老师在学习活动中及时引导学生独立思考,深度加工所学,帮助学生建构知识体系。主要分以下三步进行:

第一步:初步感知课文内容

1. 初绘导图,理清文本表达顺序。

(1)请同学们用自己喜欢的方式读课文,读准字音,争取把课文读通顺,读不通顺的地方再读一遍。(计时)

(2)你又了解了松鼠的哪些信息?学生分享,教师将信息贴在黑板上。

2. 整理、理解说明顺序。

这么多信息,作者是通过怎样的顺序将松鼠清晰地介绍给我们的?指导学生学习思维导图(例图)。

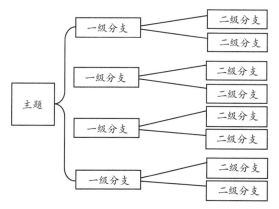

(1)如果说这篇课文就像一棵大树,那么树的主题就相当于树根,本课的主题是什么?(松鼠)

(2)这棵树的一级分支,也就是这棵树的主枝干,你觉得是什么?(五个分类)可以填写什么?(外形特征,活动,行动,搭窝,其他习性)

(3)这五个一级分支,下面还有很多小根支,就像我们这五个大类里

面还包含了很多松鼠的信息，这就是它的二级分支。（梳理二级分支时，边读书边进行梳理）

（4）指导学生完成一个二级分支和三级分支：你看看二级分支是什么？（外形特点）外形特点写了哪几个方面？（面容……），这五个二级分支下，你还获取了哪些信息？这就是三级分支。

第二步：深度理解课文内容

1. 学生组成五人小组分工合作完成思维导图，组长进行组员分工，每一个小组成员负责一个一级分支的内容（包括分支拓展出来的二级、三级分支内容）。

2. 思维导图完成过程中，需要概括二级分支信息，用最简洁的话填写松鼠相关信息。

3. 学生上台分享思维导图，老师指导，将松鼠信息进一步归纳概括。

4. 根据导图，理解作者这样表达的好处。

学生体会后老师小结：我们在写说明文的时候，会根据所写主题进行信息搜集，对于搜集到的信息，我们要进行同类信息归类，这样才能使表达更有序。

第三步：自主建构所学内容

1. 例学第一段，感悟语言。

（1）读读文章的第一小节，哪些文字你特别喜欢？（面容清秀、眼睛闪闪发光、玲珑的小面孔、帽缨似的尾巴……）

（2）作者这样的描绘让你有怎样的感受？（生动、活泼，把松鼠当作人来写）

2. 细读文本，记录语言。

读读其他段落，也有类似的表达吗？（第二段中使用了很多动词，生动地展现了松鼠的活动和特点）继续完善导图。

老师小结：是啊，从这里我们可以感受到作者对松鼠的喜爱，作者就是运用这样生动、活泼的说明文文字来表达自己对松鼠的喜爱的，这就是文艺性说明文的表达特色。

（由无锡市育红小学冯晓老师提供）

这个案例中，学生对作者的表达手法已有初步的了解，能基本归纳和概括文中的松鼠的主要相关信息。教学中，教师借助思维导图的学习运用，将课文的信息脉络进一步梳理清晰，在梳理的同时也帮助学生在互动分享中进一步学会用简洁概括的文字对主要信息进行提炼，使得学生的语文能力得到进一步的提升。

2. 学习任务单

学习任务单是学习支架的主要形态，它具有支架的功能。它是教师依据学情，为达成学习目标而设计的学习活动的载体。它能激发全体学生的学习积极性，引导他们自主参与各种形式的学习活动，在教师的帮助下，在达成学习目标的过程中，提高学习兴趣，掌握学习方法，养成学习习惯，提升学习能力。

小先生制的课堂中，教师经常运用学习任务单这一教学工具，帮助学生互动分享。学生课前可对学习任务单中的任务进行生生互动或师生互动，对学习任务进行更好地解读，保证任务的完成。课堂中，借助任务单，互动分享自己的学习心得，在互动分享中达成对学习知识的再度解读，归纳出学习方法，并引发出新的学习话题，产生新一轮的任务循环。

三、学习方法

1. 师生互动分享

以往的课堂教学中，大多采用单一教师行为，教学内容、教学方法、教学结果以及教学形式等都是教师一个人决定的，这就形成了教学主体的一元化。师生互动分享，打破了这种传统的教学模式。师生的关系是平等的、民主的，整个教学过程是师生共同开发、探讨、丰富课程的过程。在互动中，学生发挥自己的个性和创造能力，在分享中，学生的自信心增强了，表达能力提升了。

（1）常态式师生互动分享

小先生制的课堂教学中，师生互动分享已成为一种常态，根据不同的教学环节，师生互动分享贯穿始终。师生互动分享中，不仅要关注教学结果，更要关注教学过程。在课堂教学中，针对教学环节需求，教师鼓励学生参与课堂互动分享，将自己的想法大胆地表达给小组成员和全班同学。在实际教学中，教学问题不仅由教师提出，引起学生的思考，而且要求学生自己能够提出问题，并竭力去解决问题。因此，课堂教学中，教师要注重提问的水平，要以自己的一两个问题引出学生的多个问题，从而形成课堂多人互动分享、人人参与课堂研讨的氛围，让互动分享成为小先生制课堂的常态。

【教学案例2】

《保护土壤》教学节录

（苏教版小学科学三年级上册）

1. 师：土壤除了可以用来制作泥人，还有哪些作用呢？

2. 师：经过前面几节课的学习，有的同学对土壤很感兴趣，课后自学了很多有关土壤的知识，成了这方面的小专家。我们一起来听听他们怎么说。(老师邀请准备好的小专家上台分享知识。)

A同学：我给大家带来一段视频。这是花朵在萌芽的时候破土而出的情景，是不是很震撼？

A同学：小草和大树就安静地立在土壤里，看起来每天都没有什么变化，实际上，它们每一分每一秒都在努力生长，从土壤里吸收水分和养料。

B同学：你们知道哪些动物是在土壤里安家的吗？

生1：蚯蚓。

生2：蚂蚁。

生3：鼹鼠。

B同学：没错，你们知道的真不少！那你们见过蚂蚁筑巢吗？我在公益校区的花园里就发现了日本弓背蚁，它们个头很大，身体黑黑的，我还拍下了它们筑巢的画面。（播放视频）你们看，有几只弓背蚁在搬运土壤颗粒。蚂蚁在向下挖掘巢穴的时候需把土壤搬运出来，它们会把这些颗粒堆放在洞穴周围。你们看，这堆土壤颗粒已经堆得像一座小山了。蚂蚁的洞穴入口很小，很多，看起来毫无联系。实际上蚂蚁的洞穴很大，很复杂，有很多通道，周围的这些小土堆可能就是从同一个蚂蚁洞穴里搬出来的。

C同学：刚才B同学讲了生活在土壤里的蚂蚁。你们知道吗？人也住在土壤里。就比如我们国家的黄土高原地区，那里的人就生活在土做的房子——窑洞里。建窑洞不用花很多钱，还冬暖夏凉。我从网上搜集了一些窑洞的照片，（出示图片）你们看，这些窑洞宽敞又明亮。

3. 师总结：小专家们懂得可真多，给我们带来了很多干货。（出示课件）土壤为植物生长提供养料、水分，为动物生存提供栖息地，与人类生存所需要的粮食、蔬菜等食物息息相关。人类和动植物都离不开它，它是无比宝贵的资源，但土壤的现状却不容乐观。

（由无锡市育红小学何珊老师提供）

此案例中，教师不断提出开放性问题，鼓励学生参与课堂的问答互动，互动问答贯穿整个教学始终。在师生互动中，学生的思维被无限激发，学生的奇思妙想喷涌而出。课堂研讨氛围浓厚，学生参与学习的热情高涨，小先生制的教学新样态逐步达成。

（2）激励式师生互动分享

在常态化的师生互动分享的前提下，教师要积极思考如何提高互动分享的有效性。师生互动分享中，教师在与学生的互动中，要带着积极、赞赏的心态去实施互动分享。学生由于知识技能的局限性，在课堂互动中难免出现偏颇，而分享的知识、技能、方法也难免不尽如人意。此时，教师应利用肯定性、赏识性的语言与学生互动，给予学生自信，让学生敢于大胆质疑，勇于分享，保护学生的学习积极性。小先生制课堂的目的，即培养"会教、爱学、能评"的小先生也正在这样的课堂中逐步达成。

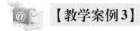
【教学案例3】

《高尔基和他的儿子》教学节录

（苏教版小学语文五年级上册）

师：同学们，我们刚刚学了《高尔基和他的儿子》这篇文章。通过读高尔基给他儿子的信，我们不仅感到了深深的爱、浓浓的情，更受到了人生的启迪。今天，远方的朋友们也给你们寄来了一封封信，你们想读一读吗？（老师变魔术似的从大口袋里掏出一叠信封各异的信。）

生：啊！（学生不禁叫起来，一个个眼睛睁得特别大，直盯着老师手里的信。）我要读！我要读！……（学生读信的愿望真是十二万分的强烈。）

师：哪一封信是属于你的呢？请你走上来，像摸彩似的闭上眼睛轻轻抽一封，那封信就属于你，那个写信人就是你的好朋友，好吗？

（学生犹如抽百万大奖，或小心翼翼，或干脆利落，或犹豫不决，将一封封信抽了过去，一个个惊喜不已。拆开这些"天外飞鸿"，教室里顿时成了欢乐的海洋。学生有的默默地看着,有的大声地读着,有的开心地笑着。一句句快乐的话语不时飞到老师的耳朵里。"看,他还寄了照片!""你看!他的字可真漂亮!""我可真喜欢这张邮票,我要把它夹到我的集邮册里。""没想到,跟我一样是个体育健将。""啊!给我写信的居然是个女同学!""哟,写了这么长!"……读着、笑着、嚷着,孩子们已经不满足于独自享受这种快乐了。当老师请孩子们和大家一起分享读信后的感受时,孩子们的话语真切而温暖。"我是第一次收到远方朋友的来信。读他的信,我心情很激动。""我看了朋友的信,她的信写得很长,我很佩服。""我这个朋友优点很多,还弹得一手好钢琴呢!可是,她有时候容易发脾气,这一点跟我蛮像的,我们都要努力改正缺点。"……是啊,一封封来信,使孩子们认识到了远方有朋友,了解了朋友的种种喜怒哀乐,感受到了朋友之间的真挚友谊,这是多么快乐和幸福的事呀!)

师:读了远方朋友给你的信,你有何想法呢?

生1:我要给他写一封信,让他认识我。

生2:林老师,我能不能给她寄一张照片呢?

生3:从他的信中,我知道了他的电话号码,回去后我要和他打电话。

…………

师:想想看,当远方的朋友收到我们的回信,他们该是怎样的快乐和幸福呀!你能像远方的朋友一样,把你想说的话尽情地写到信上吗?

全体学生:愿意!

师:好,就把信写在自己最喜欢的信纸上。动笔吧!

(学生写得特别认真,特别顺利,仿佛都有说不完的话。下课铃声响了,可孩子们仿佛不愿下课似的,谁也没停下手中的笔。连平时挺讨厌写作的学生也说:"老师,能不能不下课?我的信还没写完呢!")

(由无锡市育红小学林燕老师提供)

案例中,老师创造、利用、抓住相互通信的生活情境,让学生在浓烈的人文氛围中快乐为文、激情写作!

(3) 多元式师生互动分享

小先生制的课堂中,师生互动分享已成为一种常态化,但单一的互动分享模式会消磨学生的兴趣,让学生感到厌倦。开发多元式的互动分享模式,是开展好小先生制课堂的保障。互动分享的问题的趣味化,语言的风格化，形式的多变化等，都有利于师生互动分享更好地开展。多元式的互动分享，将有利于学生学习兴趣的激发，思维能力的提升。

【教学案例4】

"Seeing the doctor" 的 Culture time 教学

（译林版小学英语五年级下册）

T：玛丽想要成为一名医生，她的梦想能实现吗？我们一起来听一听。(Mary wants to be a doctor. Can her dream come true?)

S：Yes, she can.

T：Why?

S：Because she can tell the temperature correctly.

T：Can you tell the temperature correctly? Let's try to read it. If you have problems, you can ask for help.（今天让我们也来尝试说一说体温，有困难可以寻求帮助。）

Step 1　Let's listen and learn

（听第一遍，圈出新词，提出自己朗读困难的词汇。）

S：Temperature degree：Fahrenheit/Centigrade.

（困难主要集中在体温的相关表达词汇上。）

Step 2　Teach and learn

（根据预习作业的反馈，请读得好的同学来分步骤带大家朗读新词。）

T：Look at your homework. What are you good at about your reading?

S：We are good at Sound time and Cartoon time.

T：Yes, you make some mistakes in Culture time. But some of you are good at this part. Let's welcome them to help us read Culture time.

S1：Temperature.

S2：Degree.

S3：Fahrenheit.

S4：Centigrade.

S5：102°C, 102°F.

Step 3　Read and learn in groups

1. 小组轮流读。

2. 相互纠正读音。

3. 小组一起汇报朗读分享。

(1) 各组展示朗读。

(2) 其他组认真倾听,给予评价。

Step 4　Describe and say

T：粗心的护士写病历时漏写了体温的单位,你能准确说一说他们的体温吗？Can you try to be a doctor?

S：His temperature is 104°F.

S：Her temperature is 38°C.

（由无锡市育红小学袁莉娅老师提供）

案例中,师生互动与生生互动交织在一起。师生互动也呈现出多元化：有师生间的常规问答,有师生间的相互答疑互动,有线上师生互动的呈现与分析引发深入的师生互动,也有师生间互换角色的互动,还有在趣味化情景下的师生互动交流和分享等。案例中的多元式师生互动分享帮助学生更好地开展合作学习,不仅学习和掌握"体温"的英语表达,并初步习得不同文化背景中测量体温的基本生活技能,也有利于学生英语学习兴趣的激发及学生思维能力的提升。

2. 生生互动分享

古语云："独学而无友,则孤陋而寡闻。"学生与学生之间蕴藏着巨大的学习资源。在课堂上,学生是主角,是主体,是学习的主人,所以生生互动才是课堂文化的主旋律。与师生互动不同的是,生生互动是个体发展水平相似的学生在平等互惠基础上建立的,更能产生"教学共振",激发学生学习的兴趣,真正实现小先生制自主、主动学习的理念。

(1) 问答互动

传统的课堂中,问答的主要实施者为教师,教师根据教学内容、教学目标等设计问题,再由学生进行回答。小先生制的课堂中,学生根据教师制定的课堂学习单,在自主研习的基础上,在课堂上进行自主问答。在此过程中,教师在前期的学习单制定尤为重要,要让学生提出有效、有价值的问题,学习单必须建立在对学习内容、学习目标等充分的把握上,同时还需对学生的学习能力有很好的了解，不同难易程度的学习单交给知识掌握水平不同的学生，能确保学生的能力足以支撑问题的提出。在课堂问答互动中，教师也应适时做好辅助，让学生能够在民主、平等的氛围内开展互动问答，进一步调动学生的积极思维，培养学生学习的主动性。

【教学案例5】

《高尔基和他的儿子》教学节录

（苏教版小学语文五年级上册）

某日，上《高尔基和他的儿子》一课。当我问谁愿意读课文时，倪烨扬同学大声说："我不想读！"同学们都惊异地望着他，又看看我，似乎在等待我对这位唱反调者的批评与责怪。我耐着性子，顺着他的思路问："那你想干什么呢？""我想问一个问题。""哦，什么问题呢？能告诉我们吗？"他指着课文说："第7、8两个自然段的后引号到哪里去了？"

于是我引导学生看了第7、8、9三个自然段，真的，同是引用高尔基信中的内容，第7、8两个自然段有前引号，却没有后引号；第9自然段既有前引号，也有后引号。怎么回事呢？根据我的阅读经验，我有所理解，但吃不准。

我表示很想听听他们的见解，学生的反应出乎我的意料。有的说可能是只引用了一部分内容，有的说可能是句中出现了"心里想的内容"，也有的说可能是语文书出错……与学生丰富多彩的见解相比，我的经验是多么微不足道！我暗暗佩服我的学生。

这么多意见，哪一种是正确的呢？有没有好办法来解决这个问题呢？只见兴奋的学生又举起了一只只手："可以写信给编书的人呀！""写信还不如打电话快呢！""电话号码呢？""看，我发现了联系地址、联系人，还有联系电话呢！""我也发现了，告诉你们，在倒数第二页。"学生们眼疾手快，都翻到了倒数第二页。"我放学后去打。""我下课后去打。""我到林老师办公室去打。"……学生们已迫不及待要去打电话了！我说："这么多同学，问的是同一个内容，如果你是接电话的人，你感觉怎样？"学生们看了看我，会意地笑了："派班长打。"学生达成了共识。

下课的铃声虽然已响起，但我和孩子们的心依然牵挂着那没有出现的后引号。

第二天语文课上,我和同学们仔细聆听着班长钱悠读自己的日记:

今天回到家,我第一件事就是打电话。我拿起话筒,拨了语文书上的号码——"025-3308527转602",电话里传来"嘟……嘟……"声。通了!我心情非常激动,也很紧张,讲话也有些语无伦次了。不过,我还是很有礼貌地请问了对方是不是沈晓蕾老师,电话里传来了亲切而又热情的回答:"是我呀!小朋友,请问你有什么事吗?"于是,我就把我的姓名和学校,还有我们班同学要问的问题一一对沈老师说了。沈老师告诉我说:"因为高尔基的信还没写完呢,所以不需要加后引号。在写完时,不就把后引号加上了吗?"哦!原来是这样,我连忙跟沈老师道谢,沈老师也跟我道了谢。搁下电话,我感到由衷的高兴和满足。

(由无锡市育红小学林燕老师提供)

此教学案例中,教师的问建立在学生的答上,教师的问题顺势而为,教学问题由学生的问引发,问题生发问题,既保护了学生学习的积极性,又提出了有价值的研讨问题。问答互动中,师生互为学习,学生的思维不断自我激发,同时也激发了教师的教学智慧。这种双向的教学行为,为小先生制的课堂创设了一种新的教学样态,让课堂朝着主动、民主、共学的趋势发展。

(2)讨论互动

问答互动中,学生遇到无法及时解决的问题,可以展开课堂讨论互动。课堂讨论互动中,学生的思维呈现开放状态,不同的见解、不同的思路在讨论中不断地碰撞,这样的讨论具有一定的民主性和自由探索性,可促进学生思维的活跃性。课堂讨论互动可以采用小组讨论、组组讨论、自由讨论等多形式。讨论不限形式,但教师要引导学生在讨论中不仅要积极参与讨论,还要学会认真倾听,寻找出有价值的问题线索,更好地解决问题。

(3)汇报互动

问题的讨论互动流程最终的环节应以"归纳汇报"形式呈现。通过前期的问答、讨论,大家的认识能逐步排除事物的个别的特殊的东西,揭示出事物本质的普遍的东西,从而得出问题的最佳答案。① 这个过程,是学生

---

① 郑杰.为了学习的合作:如何让高效学习在课堂真正发生[M].武汉:长江文艺出版社,2018:90.

和学生共同讨论，互为激发，共同寻求正确答案的过程。汇报可以是个人形式，也可以是小组形式，除了展示各自讨论的结果之外，倾听的学生也可提出不同的见解，将各自最精华的思维亮点展示出来，在汇报过程中取长补短。

【教学案例6】

"Seeing the doctor" 的 Sound time 教学

（译林版小学英语五年级下册）

1. Watch and read the words in groups.

小组轮流朗读语音部分的单词。

达成目标：所有成员都会读。

2. Find out the pronunciation rules of "ch".

小组讨论，找出 ch 的共同发音。

3. Watch and read the rhyme.

小组轮流朗读语音部分的小诗。

4. Find out the new words and help each other.

找出小诗中的新单词，寻求帮助并会读小诗。

达成目标：所有成员都会读。

5. Reading race.（诗朗诵比赛）

小组成员分句轮流朗诵或集体朗诵。（每组半分钟）

其他各组认真倾听并评价送赞。（2分钟）

6. Read, think and write more words with the sound [tʃ] (ch).

小组完成小组作品上的相关栏目：读读想想，在圆圈中写写其他与 ch 有相同发音的词。

7. Make a new sentence or a rhyme by using your words with ch [tʃ].

小组合作，用中间圆圈中3—4个词说一句句子或诗句。

8. Share the rhyme written by group members.

小组创作诗句的分享汇报展示。（每组半分钟）

认真倾听其他组的汇报，找优缺点。

根据倾听和讨论为其他组的作品送赞或给出改进意见。（2分钟）

9. Summary

学习语音板块的步骤可以是……

(由无锡市育红小学袁莉娅老师提供)

案例中有两个汇报互动环节：教材中的诗朗诵汇报和小组创编诗句的汇报。这两个互动环节都不是孤立存在的，都与其他生生互动形式紧密相连。汇报互动过程中，教师应起到导的作用，首先必须让学生明确互动活动的流程与目标要求，其次在汇报过程中教师要控制好各组的汇报时间，注意汇报结果的正确性，组织好学生间的评价送赞等活动，最后教师要引导学生从各组评价中总结出自主学习、自主研讨语音板块的学习方案，助力学生自主学习目标的达成。

第四节 评价反馈

激励是"运用各种有效手段激发人的热情，调动人的积极性、主动性，发挥人的创造精神和潜能，使其行为朝向组织所期望的目标而努力"①。激励在小先生学习的过程中也发挥着重要作用，是使其增强学习动机的助推器。评价激励是指教师在教学活动中根据学生的内在需求诱发其学习动机和兴趣。一个学习环节结束后，教师应该及时组织学生对自己参与互交互学、互评互议学习活动的情况进行评价，将学生运用学习方式的元认知评价始终嵌入教学过程中。

一、评价内容

评价，在《辞海》中的解释如下：① 评定货物价格。② 评论价值高低。在此，评价可以定义为：根据一定的评价目标和评价内容，运用一定的方法，收集与评价相关的数据和资料，并对此进行分析和判断。美国学者斯克里文指出：评价具有典型的比较性质。现在，评价越来越多地被用于改进工作中，评价在促进自我理解方面的作用也开始受到重视，且潜力很大。可见，现在我们经常使用的"评价"概念，不仅具有判断的作用，

---

① 徐永森，戴尚理. 激励原理与方法：社会主义的优势与人的潜能开发 [M]. 长春：吉林大学出版社，1991：1.

还具有反思与矫正的功能。① 小先生制的课堂,倡导学生对自己的学习行为进行自我判断、反思,并通过评价不断矫正自己的学习行为,使自己的学习方式不断发生变化,朝着主动、积极的方向发展。

1. 学习内容评价

自我评价是一种终身技能,对于学生实现人生目标和学习目标都有很大的帮助。学生在自主研习之初,对自己学习内容的选择是依据自己的已有经验和自己的喜好进行的。选定学习内容,进行研习后,学生要对学习内容的适合度和契合度做好自我评价,如学习内容是否符合自己的学习能力,自己的已有经验是否可以支撑解决学习问题,如无法解决,可以采用哪些方法帮助解决。对这些做出评价后,根据评价,学生可以做出适时调整,调整自己对自主研习的学习内容的选择。在此过程中,教师要辅助学生对自己的选择内容做出合理评价,最终选择最适合自主研习的学习内容,辅助之后的研习活动的展开。

【教学案例7】

"Road safety" 学习活动任务单设计
(译林版小学英语六年级下册)

六年级下册第四单元 "Road safety" 中 Story time 的学习,核心问题是你如何遵守交通规则。

How do you follow the traffic rules? 针对这个问题,老师设计了学习活动任务单:

Topic	Road safety:How do you follow the traffic rules?	
学习活动任务单	交通规则学习步骤	预期达成目标
	学习前:填写完成 KWL Chart 前两列内容。明确已知和想知的内容。	明确了自己已知的交通方面的经验☆ 提出了自己想要知道的交通安全的问题☆
	学习中: 1. How can we cross the busy road safely?	能准确朗读新词汇和句子☆ 认真看动画,寻找信息说一说☆ 能按步骤逐一进行交流学习☆

---

① 朱雪梅.“多元交互式”教学评价[M].北京:北京师范大学出版社,2019:47.

续表

Topic	Road safety: How do you follow the traffic rules?	
	交通规则学习步骤	预期达成目标
学习活动任务单	2. Why must we do these?	能准确表达安全过马路必须怎么做☆ 认真听录音，准确回答☆ 认真倾听他人的思路☆
	3. Without a zebra crossing, how many ways can you cross the road safely?	能准确表达没有斑马线安全过马路的几种方式☆ 小组学习，寻找答案，小组交流☆ 代表小组向班级汇报☆
	4. How can we cross the busy road safely without a zebra crossing?	能准确表达没有斑马线如何安全过马路☆ 倾听他人回答，及时评论☆
	5. What must you not do on the road?	能准确表达马路上不该做的事☆ 小组活动·读一读，想一想，组内表达意见☆ 综合意见，优化自己或小组的表述☆
	6. Why mustn't we do them on the road?	小组活动·读一读，说一说，组内表达意见☆ 综合意见，优化自己或小组的表述☆
	7. Can you read beautifully?	能认真跟读课文☆ 在小组展示☆ 在全班展示☆
	学习后： 1. 用英语概括说说如何安全过马路。	口头说一说☆ 书面写一写☆ 配有其他形式的辅助表达☆
	2. 填写完成KWL Chart第三列内容，以此检验自己学会了哪些内容。	学会英语表达在斑马线上过马路☆ 学会英语表达非斑马线上过马路☆ 学会英语表达马路安全注意事项☆ 日常生活中遵守交通规则过马路☆

（由无锡市育红小学袁莉娅老师提供）

学习单的精心设计从一开始就帮助学生确立了清晰的学习目标，建立了相关背景知识，学生根据教师提供的学习内容，结合自己的已有经验、知识背景做出评价判断，并对学习单内容做出调整，最后制定出适合自己能力的学习单。这样的学习内容评价更有利于学生有效学习，也能很好地保护学生自主研习的积极性。

2. 学习方法评价

学生审视自主研学中采用的学习方法是否有效,比旁观者进行评价更有难度。但自我评价更有利于学生进行自我判断、自我反思、自我发现、自我矫正,相比别人的评价,更易于接受和做出调整。教师在学生自评的过程中,要设计好评价单,给予学生脚手架,让学生能依据评价单做出自我评价,及时调整学习方法。教师除了给学生提供评价单之外,也应给学生提供多种学习方法的选择,以避免当学生转换学习方法时束手无策。正确的评价,多种学习方法的运用,能引领学生更有效地开展自主研习。

【教学案例8】

《各式各样的椅子》学习评价单设计

(苏教版小学美术二年级下册)

在进行二年级下册《各式各样的椅子》这一课的展示与评价环节时,学生在展示自己的作品后,可进行自评,讲一讲自己作品的设计灵感和闪光点,说一说自己在绘画过程中用了哪些技巧(尤其是色彩搭配与使用的优秀技巧),并简单示范,让其他同学直观学习、学以致用。学生可设计以下学习评价单:

班级:　　　姓名:　　　课题:各式各样的椅子　　　日期:12月20日

我的交流分享方式	内容或建议表述 (突出学习方法的表述)	自我评价 (☆☆☆、☆☆、☆)
我的灵感来源。		
我为谁设计了这把椅子?为什么?		
我设计的椅子有哪些造型亮点?		
我设计的椅子有哪些强大的功能?		
分享我在涂色过程中的好方法。		
分享我在色彩搭配上的小心得。		
我在你的作品中发现了哪些优点?		
我觉得还可以这样改进你的设计。		
我可以这样升级我的椅子,让它变得更美观、更实用。		

(由无锡市育红小学顾思瑶老师提供)

本节课中，教师结合教学内容，让学生自己运用美术技巧进行绘画，利用教师设计的评价单，让学生对自己的学习方法进行总结，通过评价得出适合自己的美术绘画方法，帮助学生快速提高绘画技巧。同时，自我评价的方式也增强了学生的自我反思能力，帮助学生更好地掌握学习技巧。

3. 学习结果评价

课堂学习的有效性，最终取决于学习结果的呈现。小先生制的课堂倡导以学生主动学习为主，这种自主研习、主动学习是否有效，同样要以学习结果来检验。与以往的课堂不同，在小先生制的课堂中，这种检验是交给学生自己来完成的。学生结合练习、课堂问答、活动展示等方式来检验学习结果的有效性，并对此做出自我评价。这样的评价成为评价对象自觉的内省与反思，促使评价对象认真总结评价行为，并思考下一步的学习行为。

【教学案例9】

《圆的认识》学习活动任务单设计

（苏教版小学数学五年级下册）

苏教版数学教材五年级下册《圆的认识》一课中，老师通过两个主要问题"怎样用圆规把圆画好"和"怎样介绍自己画的圆"，引导学生开展学习。

问题一	怎样用圆规把圆画好？	
	怎样用圆规把圆画好？	预期达成目标
学习活动任务单	1. 自己试画圆。	感知圆与已学平面图形的不同☆
	2. 用自己喜欢的方式说一说圆。	明确圆是平面上的曲线图形☆
	3. 我们怎样用圆规成功画圆？ （1）我是这样画圆的…… （2）你为什么选用圆规画圆？ （3）怎样才能用圆规成功画出圆？ （4）在画圆的过程中发现了圆的哪些特征？	体会用不同工具画圆的局限性，圆规是作圆的一般工具☆ 尝试和探索用圆规画圆的要点☆ 体会到"到定点的距离相等"这一圆的本质☆ 探索到的圆的特征☆ 分享自己画圆的感受☆
	4. 按要求画出指定大小的圆。	认真倾听他人的思路☆
	5. 按操作要点自行画圆。	对他人意见有补充或纠正☆

问题二	怎样介绍自己画的圆？	
学习活动任务单	怎样介绍自己画的圆？	预期达成目标
	1. 你能介绍自己画的圆吗？	认真倾听他人的思路☆ 对他人意见有补充或纠正☆ 产生学习圆各部分名称的需求，体会如何借助"数"精确描述"形"☆☆
	2. 学习活动： （1）什么叫圆心？ （2）什么叫半径？ （3）什么叫直径？ 3. 折一折、比一比、量一量，你又能发现圆有什么特点？ 4. 用上述概念描述自己画的圆。	准确说出圆心、半径和直径的概念☆ 知道同一个圆内半径、直径之间的关系，圆是轴对称图形，有无数条对称轴，对称轴就是直径所在的直线☆☆ 能用半径、直径等来描述自己画的圆☆ 倾听他人回答，及时评论☆ 在小组中充分表达意见或代表小组汇报☆

（由无锡市育红小学杨文君老师提供）

此案例中，学生在教师提供的评价单的基础上，自主进行研学，并对自己的学习结果进行自我评价，通过评价检验自己的学习效果，并对此做出分析，反思自己的学习行为，调整学习方法和路径，有助于下阶段更高效的学习。

二、评价方式

互评互议是小先生制课堂教学的主要形式。传统的课堂中，评价的方式比较单一，大多以测试、考评、口头评价等为主。而小先生制的课堂中，将这种单一的、模式化的、一次性的评价改为双向的互动的互评互议模式，这样的评价方式能更好地促进师生、生生间的交流，在评议中互相学习，在评议中共同反思，改单一的评价为多元评价，改一次性评价为多人多次评价，改模式化评价为开放式评价。这样的评价方式无疑更有利于小先生学习品格的养成。

1. 师生互评

小先生制的课堂教学中，师生互评已成为一种常态，贯穿教学环节始终。师生互评中，不仅要关注教学结果，更要关注教学过程。评价中，教师要把握好评价节点，将师与生的评价有机结合。

教学过程中，评价环节还应以学生评价为主，依据学生的评价，教师进行观察，对学生评价做出点评、归正、激励性的再评价，帮助学生建立完整、正确的评价体系，同时也让被评价的主体得到更为合理的评判。这样的过程是一个动态、互动的过程，伴随着课堂教学的发生，并辅助课堂教学有效地开展。

【教学案例10】

体育家庭作业布置

体育家庭作业有别于其他作业之处就在于它是充满汗水与欢乐的作业。我们主张学生在"自觉、自愿、自主、自评"的原则下完成作业。既然是作业，就要有检查，有批改，有反馈。作业记录表中的评价方式采用了自评、互评（小先生评价）、师评相结合的形式。"自评"是指每天完成作业后根据完成质量对自己进行评价，培养学生自我管理和自我评价的能力。"小先生评价"是根据学校前瞻性项目"现代小先生课堂转型"这一省级课题指导下设计的评价方式，每周由小组内的一名成员担任小先生，对本组内其他同学的完成情况进行评价，如一周锻炼次数达到5次以上得三星（最高等级）。这样，同学之间可以相互促进，也可以相互学习，参考他人的锻炼内容，起到共同进步的目的。"师评"是由老师对学生每周锻炼的情况进行检查，对于积极参与锻炼的学生给予肯定表扬，对于个别落后的学生加以督促，了解全班每一个学生完成的总体情况，并通过评语的形式给学生和家长以反馈，如"你很棒！""你要加油啦！"……

（由无锡市育红小学秦敏老师提供）

案例中，教师依据学校小先生制学生培养原则，给学生布置了自主完成的学习任务，在师生评价过程中，教师根据学生完成情况进行有针对性的指导，如完成次数的建议、完成强度的指导，特别是教师激励性的语言给学生提供了持续锻炼的热情。学生通过教师评价获得有效信息，更加科学、有效、持续地进行家庭体育锻炼。

2. **生生互评**

课堂中如果只有教师的单一评价，无疑是片面的。小先生制的课堂中，倡导学生在学会自主学习的同时，能促进同伴的学习，促成个体的批判思维和反思思维的养成。利用生生互评，学生不但能检视自我学习能力，也能通过互评不断审视自己的学习情况。整个互评过程中，教师要珍视学生的评价观点，保护学生独特的个人见解，在评价中诱发学生学习的兴趣和学习动机，形成课堂良性循环的氛围，促使人人成为能评、会评的小先生。

【教学案例11】

语文教学中辩论的运用

（部编本小学语文六年级下册）

教学中有一个环节叫团队协作，选出选手进行唇枪舌剑，并根据同学们的表现，进行生生互评，评出最佳辩手，以及机智奖、礼仪奖、口才奖等三个单项奖。

1. 辩论开始，集体讨论，提出评价要求：

一，观点明确，主题鲜明。

二，论据充分，有理有据。

三，语言规范，有礼有节。

四，声音响亮，仪态大方。

2. 辩论过程，认真倾听，记录评价内容。

辩手发言时，专注聆听，并适当记录关键词，为后面的点评做准备。

（1）主辩手发言前做好倾听指导：相同观点的主辩手在发言时，其他辩手可以记录关键词，在轮到自己发言时可以为前一位辩手补充，如有重复论据则可以不讲，及时调整发言内容。当正反方第一位辩手完成发言时，教师进行点评，指出优点，同时也指出不足，为下面辩手的辩论做好铺垫。

（2）正反双方进行轮替式自由发言。学生自由发言前做好倾听指导：不同观点的辩手同时也记录关键词，轮到自己发言时可以抓住漏洞进行反驳。当主辩手在发言时，其他组员可以随时把自己想到的辩论语句写下来递给主辩手，让他充实发言内容。由于学生年龄小，能力有限，老师此时要做好现场调控，针对可能出现的问题进行预设。如：辩论语言过激，要强调有理还要讲礼；辩论跑题，要及时提醒本次主题；一方沉默不知如何反驳时，要及时补充相关资料。

（3）最后一位辩手总结陈词。双方四位主辩手围在一起，整理资料，列好提纲，推荐一名辩手代表上台总结发言。

3. 辩论结束，自由发言，进行互评。

辩论结束，针对辩手的表现，学生自由发言。有的学生从内容上进行评价：正方内容准备充分，从儒家学说、儒家弟子，以及几千年来儒家对中国人生活理念、思维方式等诸多方面的积极影响来进行讲述，论据充分，观点十分鲜明。有的学生从形象上进行评价：反方总结陈词的某某同学，站姿挺拔，胸有成竹，声音响亮，充满自信。还有学生从方法上进行评价：反方第二位某某同学，能通过比喻、举例子等方法来阐述他们的观点，非常好。我特别赞同他通过课文《两小儿辩日》中孔子的"无以决"，来反驳正方观点，很有说服力……除了指出优点，学生们也提出了要改进的地方：我觉得正方二辩还没有想好怎么说，下次可以把资料准备得充分一点；建议某某同学下次站在上面时眼睛要看着对方选手或是下面的同学，不能低着头；我希望某某同学下次把口头禅"那么"去掉……

最后宣布结果及本次辩论的最佳辩手和各个单项奖。

（由无锡市育红小学姚静老师提供）

在生生互评中，教师首先创造学生展示的空间和时间，其次培养学生相互评价的规范化，引导学生从多方面去评价。在此过程中，更多的学生参与辩论，成为学习的主人。同时，通过互评，学生学到了辩论知识，并对自己的学习行为进行了自我反思和自我判断、自我认识，增强了学生的自我评价能力。

第四章

现代小先生制的课堂样态

现代小先生制课堂样态要求人人都成为小先生,人人都能成为小先生。学生是课堂学习的小主人。现代小先生制是一种"以教促学,以评促学"的学习新样态,具体来说,是指利用学生的"教"促进学生的"学",用学生的"评价"促进学生的"学"。此处的学生,既是小先生,也是学习者。我们认为,会教的小先生一定会学,教的过程也是进一步内化与深化学习的过程,教与学是一体两面的。同时,作为"被教"的学习者,被赋予"评论"的权利,可以通过评价甚至是质疑的方式,阐述自己对刚刚所学内容的理解,表达自己的赞同、不解或反对。在对他人之"教"的修正与完善中,学习者自然而然地产生了自己新的学习图式,最终完成了对新知识的同化或顺应,成为新的小先生。因此,从这个层面来说,评与学也是一体两面的。

本章将具体阐述现代小先生制的课堂学习样态,论述课堂学习中小先生是怎样"以教促学,以评促学"的,并借助翔实的案例展示课堂中小先生的学习样态。基于现代小先生的角色定位,现代小先生制的课堂学习较传统课堂学习有着不同之处。课堂学习不再是教师的"一言堂",而是师生共同参与、平等交往的以学习为中心的学习新样态。课堂学习中,师生之间、生生之间的交流、分享、互动是基于主动学习、深度学习、互动学习、全面学习展开的,是指向真实、深入学习发生的。

现代小先生制课堂学习方法体系,根据"以教促学,以评促学"过程中知识获得的几种重要方式,对小先生进行角色分类,提出了五种不同的现代小先生的学习样态:经验型小先生、探究型小先生、思辨型小先生、操作型小先生、互动型小先生。这五种类型的小先生说明课堂学习中学生的角色定位，对应的不仅仅是教、学、评方式的不同，更是以此提出了相应的课堂操作路径：经验型小先生举例子教与学、探究型小先生说思路教与学、思辨型小先生摆观点教与学、操作型小先生做演示教与学、互动型小先生作评议教与学。

教育改革过程中形成了"以教为中心"和"以学为中心"的矛盾。"以教为中心"认为课堂中学习真实的发生，以教师的教、教学设计的展开、教材内容的解读为主要流程，体现着教师本位的教育观。近年来教育实践的智慧更关注以"学习"为中心，构建以学习为中心的课程、教师、教学方法、学习过程、学习评价，课堂中关注"人"，关注"学习"，关注"学习的人"。以学习为中心的课堂，目标指向的是学生真实主动地深入学，追求学生的主动学、深入学、互动学、全面学。

其一，主动学。现代小先生制课堂中，学生人人都要成为小先生，成为学习的小主人，积极参与、主动探索、深入思考、主动分享。课堂学习不再是记忆—灌输—机械练习的过程，而是在整个学习过程中融入了主体的自觉、自在与自省。小先生需要积极地主动建构，成为自觉的学习者，在学习中展开主动分享、主动评议，成为课堂学习的小主人。主动学需要主体意识的觉醒、探究方法的建构、学习成效的及时反馈。

主动学不是冗繁的活动性学习，不是连篇累牍的问题型教学。主动学，需要教师创设主动学习的空间，赋予学生主动学习的自由，帮助学生掌握主动学习的方法，使学生对内能为自己的学习负责，成为自我学习的指导者、监控者与调节者，对外能为完善自我表现而奉献智慧，在合作学习中通过交流、碰撞、协商促进学习。

其二，深度学。郭华教授认为深度学习是学生主动的、有意义的、自主参与学习的过程。其特征体现在联想与结构、活动与体验、本质与变式、迁移与应用等方面。[①] 现代小先生制课堂中的深度学不仅包含新旧经验的联系与重构、知识的获得与运用、学科学习中的体验与活动建构、对学科本质的把握，更关注课堂互动中学生的分享、交流、评议、反思，既有针对学习内容的深入学，也有对学习方法、学习过程、学习中的合作互助等的反思与回顾。

---

① 郭华. 基于深度学习的教学改进 [J]. 教育科学论坛，2015（4）.

与深度学习相对的是表层学习。日常教学中我们常会看到，学生学习拘泥于教材之中，学生大量的时间花费在在教材中寻找答案、记住答案上。课堂学习中仍然存在着"讲不会练会，练不会考会"的思想，学生获得的那些大量的碎片化的、孤立的、静态的知识，既不能用于真实的生活场景，也不能在不可预测的情境中创造性地运用，从而成为没有活力的"惰性知识"，这种学习就是表层学习。[1] 正如德国教育家第斯多惠指出的，一个坏的教员奉送真理，一个好的教员则教人发现真理。在教学中，教师要留给学生"空白地带"，让学生去质疑、解疑。思维是从疑问和惊奇开始的。

其三，互动学。现代小先生制课堂是师生、生生多元交流与对话的时空，在这里，学生从"独存"走向"共生"，从"被动"走向"主动"，他们互助互学，用多元互动的合作与交流优化学习方式，摒弃个体封闭的传统学习方式。

推动互动学习，必须改变传统的观念，确立学生的疑问意识。同时，应创设情境、明确互动任务，鼓励学生积极大胆提问，从不同角度、不同侧面，用不同方法解决问题，从而引导学生自主探索，强化互动交流。

其四，全面学。与只注重知识学习的传统课堂学习不同，现代小先生制的课堂中学生是互教互学、互评互议的小主人，全面参与课堂学习的全过程。学生需要参与课堂学习中的沟通与合作，需要对学习展开审辨思考，指向具体的、社会的人的全面发展。

基于以上思考，我们构建了现代小先生制课堂学习方法体系，根据"以教促学，以评促学"过程中知识获得的几种重要方式，对小先生进行角色分类，并提出了相应的课堂操作路径：

（1）经验型小先生：举举例子。小先生充分运用先前知识经验和自己形成中的观点举例子，巧妙完成从旧知识到新知识的迁移运用。

（2）探究型小先生：说说思路。小先生主动参与学习活动及意义建构，尝试通过阐述自己的自主思考过程，积极参与知识获得的过程。

（3）思辨型小先生：摆摆观点。小先生积极思考并发表自己的独特见解，通过讨论与分析、质疑与反馈，让课堂中生成的观点与方法更成熟，思维更深入。

---

[1] 卢臻. "双对话"主动学习系统开发与实施：指向真正学习的"教学评"策略与实践[J]. 基础教育课程，2020（Z1）.

（4）操作型小先生：做做演示。小先生通过课堂学习实践中的动手操作与演示，真正成为学习活动的主人。

（5）互动型小先生：作作评议。小先生借助课堂中的转述、追问、补充、纠正进行评议，成为课堂学习中交流互动的小主人。

第一节 经验型小先生举例子教与学

建构主义学习理论认为，学习是引导学生从原有经验出发，生长（建构）起新的经验的过程。学习是学生自己建构知识的过程。学生不是简单被动地接受信息，而是主动地建构知识的意义。学习者根据自己的经验背景，对外部信息进行主动地选择、加工和处理，对所接收到的信息进行解释，生成个人的意义或者说是自己的理解。个人头脑中已有的知识经验不同，调动的知识经验相异，对所接收到的信息的解释就不同。教学不能无视学习者已有的知识经验，不能简单地强硬地从外部对学习者实施知识的"填灌"，而是应该把学习者原有的知识经验作为新知识的生长点，引导学习者从原有的知识经验出发，主动建构新的知识经验。

现代小先生制的课堂学习中，人人都是小先生，是课堂学习的主人。学生带着各自独特的经验走进课堂，因而产生了不同学习层面的小先生，有的学生可能在某一方面了解得多一些，有的学生可能对于某一知识的理解有独特之处，有的学生可能在思路表达上更流畅，有的学生可能在思考中有某一处的质疑、补充、评价……这些学生自身带有的独特之处，使其在课堂学习中成为引导自己乃至同伴学习的小先生。学生积极参与学习、教学、组织、管理的全过程，在学习的过程中实现深入学习、主动学习、全面学习。

适合小先生使用的教与学的方法往往是简单、直接、便于操作的，能被所有学生熟悉并且掌握，能使学生在使用这种方法时获得学习的意义。这种教与学的方式最直接的来源就是学生的知识经验。知识经验是每个学生走入课堂时就已经具备的。这些知识经验彼此不同，能够互相分享、融合，不断发展出新的知识、新的经验。此时，基于学生已有知识经验的、直观的学习方法是学生能够参与课堂教与学的重要方式。在现代小先生制的课堂学习活动中,"经验型"小先生运用先前知识经验和已有及形成中的观点,帮助课堂中的学习者顺利实现新旧知识的迁移,形成新的知识结构,达成共同学习、提升的学习利益最大化。

经验是学生学习的基础,贴合学生已有经验,最直接、最常用的,也是师生最熟悉的学习方式就是举例子。当学习中遇到了困难,小先生可以采用举例子的方式,把内容讲解给同学们听,在听到例子后,学生共同分析、讨论,进一步补充例子,这样一个过程就实现了小先生的教与学。举例子教与学一般包括以下四个步骤:学会选例、出示例子、组织讨论、总结评价。①

举例子作为一种说明方法,即举出有代表性的、恰当的事例来说明事物特征,使所要说明的事物具体化,以便读者理解。举例子的目的有两个,一个是说明具体事物的具体特征,另一个是使说明的事理浅显化,使之更容易被理解和掌握。② 课堂学习中,教师经常会用到举例子的方法。举例子教与学,能将复杂的、抽象的、不易于学生理解的学习内容,变得具体、形象、便于理解。巧妙地举例能激发学生的学习兴趣,引起学生积极思考、巧妙对照、自然类推、化繁为简、化难为易、举一反三、触类旁通,使课堂教学生动活泼,妙趣横生。③

以往课堂学习中,例子主要来自教师的主要介绍,由教师提出示例,分析讲解,使学生能够产生联想、拓展,使复杂的知识变得易于理解和接受。学生也会举例子进行证明、反证。举例子对于师生来说,是一种非常熟悉、便于操作的教学方法。

举例子教与学就是指,在遇到某一具体情境时,小先生能借助已有的知识经验、学习经验,联想到与这一学习情境相似的情境,联想到与这一学习过程相似的经历,以举例子教与学的直观的、形象的方式,完成已有知识的运用和迁移,新旧知识的联系,从而达到化难为易、化抽象为具体、化不熟悉为熟悉的学习效果。同时,借助举例子这一种适合学生学习的直观的、易于接受的方法,把学生自己理解的内容"交"给身边的同伴,实现共同学习、互帮互助、互教互学。

---

① 张典兵. 试论课堂举例的艺术[J]. 菏泽师专学报,1995(3).
② 刘彩云. "举例子"方法不简单[J]. 中学语文教学参考,2018(9).
③ 张典兵. 试论课堂举例的艺术[J]. 菏泽师专学报,1995(3).

一、学会选例：丰富小先生的学习感知

奥苏贝尔有意义学习理论认为，有意义学习的实质是将新知识和已有知识建立起非人为的、实质性的联系。影响学生学习的唯一重要的因素是学生已经知道了什么。学生已有知识经验是一切学习的基础。

选例子是学生针对某一具体学习情境，分析新知、联系旧知的一个思维过程，是新旧知识相互联系的过程。学生面对新的学习内容，在已有的知识经验的基础上，进行初步分析和判断，挑选出合适的例子。小先生积极参与课堂，依据具体的学习情境选择合适的例子，为课堂学习创设丰富的生成资源，让同伴在这些生成的资源中不断丰富自己的学习感知，达到教与学的共生。

【教学案例1】

《认识数》教学节录
（苏教版小学数学一年级上册）

师：你知道我们身边的事物也可以用数字"1"来表示吗？（学生一脸好奇）

小先生1：一本书可以用数字"1"来表示，一块橡皮也可以用数字"1"来表示。

小先生2：一支铅笔、一只水壶、一张纸……

师：真棒！那什么可以用数字"2"表示？

小先生3：2只小鸟、2个小朋友。

小先生4：2朵花、2件衣服……

（由无锡市育红小学王龙龙老师提供）

小学阶段，儿童思维发展正在经历由具体到抽象的过程，学习过程基本上都是从具体事物出发，逐步抽象出知识的过程。对于一年级的学生来说，数字1—10并不陌生，有的学生早就已经会读、会写、会用合适的数表示物品的数量。当老师问到可以用数字"1"表示哪些事物时，可供选择的例子实在太多了。但是对于一年级的学生来说，依据问题情境选择合适的例子表达自己的理解，还是比较困难的。此时小先生1提出了一个先导性的

例子，进而小先生 2、小先生 3、小先生 4……越来越多的学生成为小先生，在课堂学习中提出自己的想法，丰富的例子创设出数学资源，丰富了学生的学习感知。

【教学案例 2】

《认识加法》教学节录
（苏教版小学数学一年级上册）

师：同学们，我们看 2+3=5 这道算式，它可以表示 2 个什么和 3 个什么，合起来的数量是 5 个呢？

小先生 1：可以表示 2 个□和 3 个□，合起来是 5 个□。

小先生 2：它还可以表示 2 只小鸡和 3 只小鸡，合起来是 5 只小鸡。

小先生 3：可以表示 2 个小朋友在浇花，又来了 3 个小朋友，合起来是 5 个小朋友。

小先生 4：它能表示左边有 2 只青蛙，右边有 3 只青蛙，合起来是 5 只青蛙……

师：不管我们举什么例子，只要是把 2 个数量的和 3 个数量的合起来，都可以写成什么算式？

生：2+3=5。

（由无锡市育红小学王龙龙老师提供）

案例出自一年级数学"10 以内的加法和减法"单元第一课时学习中，也是学生第一次认识加法。因此在"想想做做"的习题中，教师选择了一道加法算式，让学生为其创编实际的问题情境，以此考查学生对加法意义的理解。小先生 1 的例子，参照了"想想做做"第 2 题的情境，举出□的例子；小先生 2 的例子，参照了"想想做做"中小鸡和母鸡的图片情境，举了小鸡的例子；小先生 3 参照了本节课例题中浇花的情境，举的例子是一个完整的实际问题情境；小先生 4 举出了青蛙跳动的情境，参照了"想想做做"中的青蛙图，也是一个完整的实际问题情境。不同的例子，一下子将 2+3=5 这道算式表示的意义具象化、生动化了。小先生的例子也将加法的计算练习变成了不同的实际问题，深化了这一题的学习，还在举例的学习参与中实现了互教互学。

《圆圆的世界》教学节录

(苏教版小学美术一年级上册)

师：我们画的圆更漂亮了，圆圆来到我们的画纸上，还要告诉我们好多的小秘密。谁已经坐端正竖起耳朵准备来听了呢？

师：其实啊，圆圆不仅出现在我们的画纸上，还在我们的身边。它还会变魔术呢，大大的圆变成了太阳，小小的圆就变成了小雨点。你还见过圆圆变成了什么呢？（小朋友边说老师边画）

小先生1：圆圆变成了我爸爸小汽车的车轮。

小先生2：圆圆变成了报告时间的闹钟。

小先生3：圆圆变成了我们体育课上的皮球。

小先生4：圆圆是我衣服上的纽扣。

小先生5：圆圆是我手中的棒棒糖。

小先生6：地球也是圆圆的。

师：地球就是一个很大很大的圆，我们就生活在圆圆的世界里。

（由无锡市育红小学沈灵老师提供）

《圆圆的世界》是一年级上学期第四课的内容，开启了学生对形状的感知。瞧！在老师的引导下，小先生们争先恐后地举出生活中的例子，圆圆的抽象图形一下子就变成了生活中各种各样的事物，丰富着同学们对圆的感知，打开了孩子们的生活经验与画笔下的圆圆的世界之间的链接。小先生强烈的好奇心和表现欲望，把学习的氛围烘托了起来。

【教学案例4】

《谈礼貌》教学节录

（苏教版小学语文五年级下册）

师：今天，我们继续学一学说理文《谈礼貌》。请一位同学上黑板写一写课题，"礼貌"这个词可不好写，请大家在作业纸上写一写。写对了没有？真棒！

师：说到"礼貌"，你可以想到哪些四字词语？

小先生1：彬彬有礼。

小先生2：文质彬彬。

小先生3：温文尔雅。

小先生4：谦逊有礼。

小先生5：以礼相待。

师：五位小老师说了五个，挑两个默下来可以吗？哪位同学有胆量默五个？到黑板上来默一默。

师：默完的小组之间交换批一批。默对两个的、三个的、四个的……举手。这位默对了五个，太棒了，就请你来做一做小先生，领着大家读一读这五个词语，小老师读一个我们跟一个。

师：有讲礼的就有不讲礼的，你能说几个不讲礼的四字词语吗？小组说一说，每个小组派代表比一比，还有补充的吗？

小先生6：傲慢无礼、出言不逊、飞扬跋扈、目中无人、趾高气扬、高傲自大。

师：四字词语难不倒你们，和礼貌有关的古训和俗语你能说出来吗？课文中就有呢，我们一起来读读："君子不失色于人，不失口于人。""礼到人心暖，无礼讨人嫌。"

（由无锡市育红小学季珠老师提供）

《说礼貌》是高年级的说理文，具有结构清晰、论点鲜明的特点，开头提出观点，正文举例论证，结尾总结观点。所举的三个事例具有典型性，能多方面、多层次、多角度提出分论点，对中心论点进行充分证明。本案例中，教师创新了传统的课堂教学形式，让孩子们从"台下"走到"台上"，成为参与教学的小先生，从说礼貌的词语入手，不断丰富学生对于礼貌、不讲礼貌的词语的感知。此时学生既是学习者，也在不断充实着自己的学习体验，又是小先生，为同学们创造丰富的学习资源。

以上选择例子的过程中，学生现有的学习经验与实际的问题情境高度结合，实现学习的链接、迁移，小先生积极调动着自己的学习经验，也在不断形成新的经验；小先生也可以互相学习，不断丰富学习的感知。

二、出示例子：贴切小先生的表达途径

出示例子即想办法把自己的例子展示给别人，这一过程中小先生需要组织语言表达出自己的想法，选择自己的展示方式，让别人也能弄得清楚明白。小先生的语言是最接近同龄人的，其思维也能体现同龄人的共同特点，因此学生示例对于同伴而言，容易理解，容易感同身受，容易被接受，因为这贴近学生较为统一的认知水平。有时我们也会发现，教师整理的一段教学语言，经过学生的理解转化，更容易使与其同龄的孩子明白。

【教学案例5】

《认识加法》教学节录

（苏教版小学数学一年级上册）

> 2. 先画一画，再填得数。
> 2 + 1 = □   4 + 1 = □   1 + 4 = □
> ○○ ○

师：请同学们先画一画，再填得数。我们先看第一题，2 + 1 这道算式是怎么画的呢？

小先生1：先画了2个○，再画了1个○，一共是3个○。

小先生2：前面画了2个○，后面画了1个○，一共是3个○。

小先生3：前面的加数是2，画2个○，后面的加数是1，画1个○，一共是3个○。

师：还有谁也想来说一说？

小先生4：前后两部分的○之间还要隔开一些。

师：那你能照样子也来画一画，再填出得数吗？

（由无锡市育红小学王龙龙老师提供）

学生对于 2 + 1 这道加法算式画○的方式出现了不同的表述方法,每一种表示都是很完整的思考过程。小先生 1、小先生 2 表述得很直接,说出了大多数学生能看到的样子。小先生 3 的表述很详细,把分别画 2 个○、3 个○的原因讲得很清楚,同学们很容易明白○不是随意画的,要根据加数的多少来画。小先生 4 的强调是一个重点,画出来的○是间隔分开的两部分,不能画到一处去。原本需要教师强调的画图的方法,被小先生说得明明白白。学生能感受到同一幅图的不同表述方法,也能直观地察觉到哪一种表述更贴合自己的理解,更能丰富、深化自己的理解,从而实现互教互学。

巧妙地出示例子,能够提高学习的效率,能够巧妙地将复杂、枯燥的概念、规律、知识变得直接且生动有趣。

【教学案例6】

《台湾的蝴蝶谷》教学节录

(苏教版小学语文二年级下册)

师:小朋友们,台湾的蝴蝶谷可多了!想一想,还可能会有哪些蝴蝶谷呢?请完成仿写:蝴蝶谷里的景象非常迷人。有的山谷里有一种(　　)蝴蝶,远远望去,就像(　　);还有的山谷里有一种(　　)蝴蝶,就像(　　)。

小先生1:我从科学馆里看到过一种枯叶蝶,台湾有的山谷里也许会有。远远望去,这种蝴蝶就像一片片枯黄的树叶,让人分不清它们到底是蝴蝶还是树叶。

小先生2:我在公园看到过一种很大的蝴蝶,它的翅膀下端还拖着两条长长的"尾巴",后来妈妈告诉我那叫长尾凤蝶,它飞行起来姿态非常优雅,就像一只美丽的鸟儿。

师:你们把生活中的经验运用到了课堂上,真了不起。

(由无锡市育红小学任宁老师提供)

学习语文,不仅要从书本中学,还要从生活实践中学。有些学生在生活中积累了一定的经验,并能运用到课堂中来,那他就是当仁不让的小先生。陶行知先生说过:"小孩子最好的先生,不是我,也不是你,是小孩子队伍里最进步的小孩子!"① 这可能是由于学生和学生之间年龄接近,思维方式和心理活动也有相似之处,所以当学生在学习上遇到问题或困难时,同学来帮忙解决的方式可能和老师大有不同,甚至效果要比老师来教来得更好。小先生所举的例子一下就将远在台湾的作者笔下的蝴蝶谷,与学生鲜活的经验联系在了一起,好像课本中的文字一下子也变得清晰、明朗了。

小先生的语言与其年龄阶段符合,表达时往往是直观的、形象的,出示例子时,这种直观形象的表达往往易于被同伴接受。有时出示例子的表述并不完整,小先生各自表述,互为补充,学习积极性大大提高,表述的内容也不断丰富和完善。小先生在学习中分享,在分享中学习,实现着教与学的统一。

三、组织讨论：优化小先生的学习头脑

课堂教学公共生活是师生共在的生活世界,是师生共同构建的存在方式。课堂教学公共生活要求回归交往,即回到师生作为平等主体进行沟通、对话的真实交往。② 课堂中师生的交往对话,是课堂学习不断深入的重要环节。举例子教与学的过程,是一个共同学习的过程,是一个教学相长的过程,也会为课堂学习提供丰富的生成资源。在这样的学习情境中,组织学生研讨举出的例子,对例子进行分析、辨别、判断、补充、评价,这一过程对全体学生而言都是重要的。有意识地激发学生开展研讨,是课堂学习的重要方式。

举例子教与学在完成小先生个体的例子选择和出示例子之后,教师需要做的就是有意识地引导学生讨论：选择的例子是否贴合教学内容,出示例子的方式是否合适,对于例子的理解是否有所补充……要在学生的头脑中设立一个参与者、补充者、议论者、教学者的形象,引导学生像小先生一样去学习、思考、补充,在参与的过程中让自己更好地学,也为身边同学的学习提供帮助。

在第二章案例1中,小先生能像老师一样引导全班同学的学习讨论,几个问题的设计与课文学习紧密相关,随着小先生的引导,全班同学对"偷"字的理解慢慢深化。小先生为了更好地引发全班同学的思考,先行预习内

---

① 陶行知. 创造宣言[M]. 南京：江苏凤凰文艺出版社,2018：56.
② 王龙龙. 课堂教学公共生活重构的理性思考[J]. 教育观察,2019（8）.

容，设计问题，有效地调动同学们的积极性。小先生彰显出的学习素养体现在学习、教学、管理的全过程中。全班同学参与讨论，表达自己的看法，讨论着对"偷"这一事件的不同体验，不断优化着对古诗中"偷"一字妙用的理解。学生结合着各自的生活实际来理解"偷"的含义，在你一言我一语的童年回忆中很好地诠释了这个字，也透过这个字感受到了文字间描绘的天真调皮的小娃形象。

【教学案例7】

《乘加、乘减》教学节录

(苏教版小学数学二年级上册)

> 5. 算一算，填一填。
>
> $1 \times 3 + 1 =$　　　　$2 \times 4 + 1 =$　　　　$3 \times 5 + 1 =$
>
> $2 \times 2 =$　　　　　$3 \times 3 =$　　　　　$\square \times \square =$

师：观察每一组里的两道算式，你有什么发现？

小先生1：它们的得数都相同。

小先生2：第一行里的算式都加1，第二行里的算式两个乘数是一样的。

小先生3：我发现上面和下面算式里的数，第一组是1、2、3，第二组是2、3、4，第三组是3、4、5。

小先生4：（一边指一边说）下面的乘数，在第一组算式的两个乘数之间。

…………

师：我们已经发现了这一组题目的规律，你能照样子再写一组这样的算式吗？

小先生1：$4 \times 6 + 1 = 25$　　$5 \times 5 = 25$

小先生2：$7 \times 9 + 1 = 64$　　$8 \times 8 = 64$

小先生3：$5 \times 7 + 1 = 36$　　$6 \times 6 = 36$

小先生4：$8 \times 10 + 1 = 81$　　$9 \times 9 = 81$

师：经过我们这么多组算式验证之后，说明我们发现的规律是正确的。

（由无锡市育红小学王龙龙老师提供）

二年级数学学习中，常常会遇到这一种类型的题目，即找规律填一填。

小先生积极参与课堂，积极思考，形成自己的想法，一点点地找出这一组算式的规律。小先生互相补充，不断优化，最终形成了直接的规律表述，使得全班的同学都能印证自己的发现，丰富自己的思考。最后全班同学积极创编一组算式，交流中不断证明规律的可行性，也由此使同学们明白，规律是否正确，需要从验证中得来。可以说，这一题型的学习，已经超过了课本预设的内容，在小先生的互教互学中，学习深度得到充分挖掘。

来自生活经验的例子易于理解和接纳，经过共同的讨论，简单的例子变得更加丰富、贴切。

四、总结评价：提升小先生的学习品质

总结评价，即依据学习中举例子教与学的情况进行补充性说明或进行提高性总结，同时进行整体性评价。这一回顾学习过程的方式，能够使教与学的过程更加完整，也能调动学生学习的主体性、积极性，使学生真正参与到课堂中。如在学习部编本语文六年级习作《丰富多彩的活动》时，课堂学习的设计就从学生经验中的活动入手，此时经验型小先生可以列举自己经历过的丰富有趣的活动，谈谈自己的主观感受，引发其他学生对自己已有活动体验的回顾，引发全体学习者对这一话题展开讨论，引导学生形成对活动的直观想象，顺利完成新知识（丰富多彩的活动）与旧知识（"我"曾经的经历）之间的迁移，便于每一个学生从已有经验中提取跟课堂内容相关的部分，更好地参与下一步的课堂学习。

【教学案例8】

Reading time 教学节录

（译林版小学英语六年级上册）

Reading Time 分为三个环节：（1）Read after the tape.（2）Read together.（3）Read in a group of four. 通过不同难度的阅读任务，改善孩子的语音语调，提高他们的阅读能力。在第三个环节四人小组配合朗读过后，请学生出来评价。

齐读过后，老师布置了小组合作朗读的任务。时间是三分钟。三分钟后，老师挑选了一组进行朗读。朗读过后：

师：Now boys and girls, what do you think of their reading? Can you give your opinions?

小先生1：我觉得他们读得不错，很流利，单词也都读准确了。

小先生2：他们读得很流利，只是有几个单词可以读得更好，如windy，honey。

这时老师立刻让四人小组起立，跟着这个指出读音问题的孩子读了两遍这两个单词，孩子们把读音纠正了过来，效果极佳。

小先生3：我觉得光是流利朗读是不够的，英语也要像语文的文章一样读出情感。这篇文章有情感的变化，从一开始的开心，到后来杨林和朋友们饿着肚子淋着雨，他们感到很难过，要读出这种情感的变化。

（由无锡市育红小学周顺老师提供）

以往的英语课堂教学，往往是齐读过后朗读环节就结束了，这样的操作会忽视许多问题，如孩子对新单词的读音的掌握，或者对整个文本脉络的把控。四人配合阅读活动，首先锻炼了他们的团队合能力，其次教师也更加容易发现学生学习中还存在什么问题。学生成为小先生来评价学生，一是可以检验自身学习的情况，二是提高了自身的英语素养。

举例子教与学的过程中，所选择、出示的例子需要有代表性。课堂学习中遇到的难题，往往借助一个典型的例子，就能突出重点，解开谜团，让学习变得顺畅、有意思。同时，具体的例子还能够帮助学生解决具体的问题情境，因而所举例子也就带有知识迁移、实践的意义。举例子的过程就是学生头脑中贮存的知识与新知充分联系、不断融合，形成新的认知的过程。

对于小学阶段的学习而言，学生最能理解和学习的，往往是具体的、形象的、直观的内容。举例子教与学能够化难为易，化抽象为具体，化不熟悉为熟悉，使抽象的知识贴合学生的生活经验，便于学生理解、掌握、运用。在学习过程中，常会遇见学习者不熟悉、不理解的内容，这些内容可能与学习者以往的学习经历、生活经验较远，可能是比较抽象、不易表达的内容，也可能是难以理解的内容，此时，可以借助举例子开展教与学，举出能代表此内容的具体例子，把复杂的事理浅显化，使之适合学生的思维水平。

第二节 探究型小先生说思路教与学

以学习为中心的课堂对话强调学习者主动参与活动与意义建构，强调学习者知识建构的参与和主导性。学习为中心的主要预期表现是：知识建构过程由学习者完成和主导，具体表现为由学习者提出和定义问题、明晰问题、探索问题或者完成任务、产生新知识、确认知识，甚至形成产品（如研究报告、设计方案、问题解决方案、书面创作、演出等）。对话为主的课堂，特别是一问一答的师生对话，不能仅从形式上做出判断，而要考察整个学习过程，分析学生在对话过程中是不是主要的知识建构者。

以学习为中心的课堂对话对学习者的预期与现代小先生制课堂学习中对探究型小先生的要求不谋而合。探究型小先生在课堂中发挥着主动参与知识建构、主导学习建构过程。在学习过程中，学生是一个积极的探究者，尝试着自己去思考，参与知识获得的过程。学生说思路是一个发现问题、表达思路、解决问题、反思相结合的学习过程，是一种深度学习的方式。

传统课堂中，教学的主体是教师，教师占据课堂主导地位。教师把设计好的教学过程展示给学生，学生在设计完备的学习中，步步推进，将老师的思路内化为自己的思路，理解、接收、掌握即可。这样看似比较顺利地完成了教学任务，但实际上学生参与得少，独立思考不够，缺乏对错题的反思，不利于学生思维品质的提升，也不利于学生科学精神的培养，同时又由于缺少学习的主动性，反而会导致学生学习倦怠。① 学生可能存在会读题却提不出问题、会列式却说不出解题思路、会解答却讲不出检验方法的情况。学生对于所学内容只停留在一个浅显的学习层面，没有达到真正的深度理解，不利于学生思维的发展。小先生的课堂学习中，学习者需要经历真实的探究过程，明确问题、联系知识、寻找解决问题的途径，把自己分析、解决问题的过程和同伴分享，互相交流，最终形成优化的思路。

说思路教与学说什么？说思路教与学大致包含以下四个层面：说问题、说理解、说思路、说反思。学生借助说思路完成学习中的教与学。说思路

---

① 杨锐. 通过"说题"培养学生思维品质的实践与思考［J］. 中学化学教学参考，2019（8）.

说明学生在积极思考、积极参与，每一个学生智慧的火花，都会为其他的学生提供一种新的思路，成为他们学习的资源，也会激发其他学生思维的积极性；同时，说出自己的思路也是表达者自己在进行深度思考、深度学习的过程，这时教与学的过程是统一的。有时，学生的思路可能并不完整，但是不成熟的思路也是很好的学习资源，学生能够在学习的过程中补足、优化，形成完善的方案。

说思路教与学的过程是学生积极参与学习过程，主动探究、主动思考的过程，在这样的过程中，学生会逐渐成长为会教会学的探究型小先生。说思路教与学能调动学生参与课堂学习的积极性。学生带着"问号"走进课堂，带着问题学习，带着反思学习，学习的积极性得到激发。学生自主表达思路，成为敢表达、敢提问的课堂重要的参与者。

一、说问题

《中国学生发展核心素养》之二的"科学精神"中包含三个方面。理性思维：能运用科学的思维方式认识事物、解决问题、指导行为等。批判质疑：具有问题意识，能独立思考、独立判断；思维缜密，能多角度、辩证地分析问题，做出选择和决定等。勇于探究：能大胆尝试，积极寻求有效的问题解决方法。因此，关注学生思维品质的培养是中学生核心素养的要求。[1]

爱因斯坦曾说，提出一个问题比解决一个问题更重要。带着问题进行探究是学习的重要组成部分。有效的课堂中，一般会设计关键的、真正的、具有学习探究意义的大问题、真问题，学生对问题的思考、探究形成了有意义、有深度的学习过程。现代小先生制的课堂学习，要求学生主动去寻找问题、发现问题、表达问题。学习过程中，每个学生都可以带着问题的眼光看待学习的全过程。而且学生对问题的理解，是非常重要的，它能帮助学习者厘清学习的重难点。会提问、能提问，对于学生思维发展、科学探究精神的培育非常重要。

---

[1] 杨锐. 通过"说题"培养学生思维品质的实践与思考［J］. 中学化学教学参考，2019（8）.

【教学案例9】

从问题出发，逐步解读题目

（苏教版小学数学二年级下册）

实验小学各年级学生人数如下表：

年级	一	二	三	四	五	六
人数/人	289	319	351	328	346	355

电影院有1000个座位，同学们分两批去看电影，怎样安排比较合适？

师：接下来我们来解决一道生活中的实际问题。请小朋友们自己读题。

师：怎样安排比较合适呢？

小先生1：这个题目其实就是要把这6个年级的学生分成2批，而且每一批的人数不能超过1000人。

小先生2：老师，我虽然知道是要把这6个班分成2批，但是怎样分成2批，还要算一算才知道。看起来计算量挺大的。

小先生3：这里一、二、四年级大约各有300人，三、五、六年级的人数各接近350人。分的时候，人数多的班级搭配人数少的班级比较合适。

师：那想一想哪三个年级是一定不能分到一组的？

小先生4：三、五、六年级是一定不能分到一组的，这三个数合起来就大于1000了。所以最多只能选其中2个年级，人数接近700。

（由无锡市育红小学王龙龙老师提供）

案例中，小先生从问题出发，对题目进行逐步解读。小先生1说出了题目的要求，这一要求和生活中我们自己学校观影的安排很像，这样就把课本中的问题与实际的生活情景联系在了一起，也加深了对问题的解读。小先生2遇到这个题目时，感觉如何分存在一定难度，并且计算量挺大。此时小先生3提出了"估一估"的方法，将问题的范围和计算的难度进一步缩小。小先生在探究学习的过程中，借助所学的知识对问题进行合理分析，最终对问题做出了初步的界定，为问题解决提供了有效途径。

【教学案例10】

水土流失模拟实验

（苏教版小学科学三年级下册）

师：这是中华民族的母亲河——黄河上游的景象，这是黄河中游的景象，（出示黄河上游和下游的视频）你发现黄河水的颜色有什么变化？

生：变黄了。

师：为什么会变黄？可能是什么原因导致的？

学生讨论，对黄河水变黄的原因做出猜想。此时，小组内，对黄河流域了解比较多的同学可以作为小先生，向组内同学介绍黄河流域的地理、气候、人文、历史等，并对自己的猜想做出合理的解释。

最后各小组选出小先生代表在班上汇报交流。

（由无锡市育红小学何姗老师提供）

科学课堂上常常以小组合作的形式开展小先生制的课堂学习。小组成员共同分析黄河水变黄的原因，为后面的模拟水土流失实验做铺垫。通过交流讨论，每位同学都发表了自己的意见，组内每位同学都是小先生，生生互为小先生。讨论时，教师鼓励学生大胆猜测水土流失的原因，尽量多地找出和其他小组不同的因素，并对自己的猜测做出合理的解释。在汇报的过程中，同学们发现其他小组的猜测可能和自己小组的不同，倾听的过程就是又一次学习的过程，这一次，组和组之间的同学也互为小先生。

二、说理解

问题提出的意义在于解决。解决问题时，学生需要自主寻找头脑中已经存在的知识，同时需要寻找有助于问题解决的新的知识，从中找到可能的解题思路。学生在联系新旧知识的过程中主动思考、积极探究。

妥善的知识结构有助于探究型小先生的成长。探究型小先生需要掌握探究性学习的方法。布鲁纳认为，知识结构是某一学科领域的基本观念，它不仅包括掌握一般原理，还包括学习的态度和方法。掌握学科基本的知识结构，尝试进行学科之间的横向迁移、纵向联系，是学生掌握学习方法、进行探究学习的有效准备。

【教学案例11】

《台湾的蝴蝶谷》教学节录

（苏教版小学语文二年级下册）

上课一开始的识字阶段中，由班级的"识字小先生"担任识字教学工作。"识字小先生"又分为"字音小先生""字形小先生""字义小先生"。

"字音小先生"甲：小朋友注意读准生字的读音，"五彩缤纷"中的"缤纷"是前鼻音，要注意。

师：很好，还有补充的吗？

"字音小先生"乙："因此"中的"因"、"吸引"中的"引"也都是前鼻音，不能读成后鼻音。

师：真不错，你说得很正确。

"字形小先生"甲："游客"的"游"最右边下面是"子"，不能写成反文旁。

"字形小先生"乙："立刻"的"刻"最容易和"应该"的"该"混淆，同学们要格外牢记。

师：你俩说得真棒！

"字义小先生"甲："五彩缤纷""五颜六色""色彩斑斓"都是形容颜色很多的词语，它们是近义词。

"字义小先生"乙：我还知道些形容颜色多的词语，如五光十色、姹紫嫣红、万紫千红。

师：你的课外知识真丰富！刚才"字音小先生""字形小先生""字义小先生"们分别提醒了我们这些字词的读音、字形和意思，让我们一边读，一边记。

（由无锡市育红小学任宁老师提供）

瞧！语文识字的学习中，学生的表达多么贴切啊。识字学习要注意的地方、易错的地方，孩子们表述得自信又清晰。语文识字学习的"套路"学生已经非常熟悉了，这些原来由老师来提醒的知识，学生也能说得有理有据，学生讲述的思路，完全可以取代老师的讲授。留给学生充分表达的时间，实际上也是给予学生自主学习的空间和自由。

三、说思路

联系新旧知识和问题情境,把自己的思路表述出来,这是把内在的思维具象化的过程。完整的表述能体现学生思维的完整性,体现学生对于问题情境的理解程度。说思路也包含说解题的步骤、变式的例证。

说思路教与学能纠正思维偏差。学生头脑中理解的知识是无法看到听到的,当学生把头脑中的思路表达出来时,思维的过程、正确性就显现了出来。合适的思路会得到支持,不成熟的思路会被逐步优化,思维中的偏差也能得到有效的纠正。当学生能表达出自己的思路时,头脑中无形的思维进一步具象化、逻辑化了。所以课堂中,教师要鼓励学生表达自己的思路,语言的表达也是对思维的巩固。

【教学案例12】

《认识含有万级和个级的数》教学节录

(苏教版小学数学四年级下册)

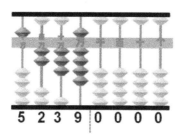

师:把每一位上的算珠都向前移四位,这个数就从个级移到了万级。这四个数位的名称分别叫什么?

生:万位、十万位、百万位、千万位。

师:同桌互相说一说数的组成和读法。

师:哪位小老师教全班同学读一读、写一写呢?

小先生1:这个数是由5个千万、2个百万、3个十万和9个万组成的。读作五千二百三十九万。

师:除了这样说,还可以怎么说?

小先生2:还可以说是由5239个万组成的,这样比较简便。

师:对比两位小先生读数的方法,你们有什么想说的?

小先生3：第二种读法更简便。

小先生4：第一种读法和我们读个级上的数的方法一致，我习惯这样识读一个数。

师：对！当一个数的数位比较多时，我们不仅可以按数位来说数的组成，还可以先分级，然后按数级来说数的组成。

（由无锡市育红小学宋慧老师提供）

识读整万的数对学生来说是一个挑战。个级上的数学生已经掌握，万级上的数学生能够知道数的组成，可是读出来有一些难度。此时，小先生1根据数的组成，表达了自己读数的思路。小先生2读数时直接通过判断这个数里有多少个万来识读，看上去简便了不少。老师适时抛出问题，请学生进一步表达自己的思路。我们能看到学生对于两种方法各有想法。充分对比后，全班同学形成了最终鲜明的观点。说思路的过程中，才能知道学生理解知识的真实方式，才能不断地完善、优化思路。

【教学案例13】

《春联》教学节录

（苏教版小学语文四年级上册）

师：就拿"又是一年芳草绿，依然十里杏花红"来说，"又是"对"依然"，"一年"对"十里"，"芳草"对"杏花"，"绿"对"红"。

师：你怎么知道是这样来对的？

小先生："又是"和"依然"意思相近，"一年"和"十里"都是量词，"芳草"和"杏花"都是名词，"绿"和"红"都是形容词。

生：老师，通过他的讲述，我发现成对的词语都是同一类的词语，如量词、形容词、名词。

师：你说得太棒了！所以讲究对仗就是指——前后字数相等，词类相当。

　　…………

（由无锡市育红小学王可欣老师提供）

这个教学片段是在学生掌握了春联种类多的基础上，进一步学习课文，感受春联讲究对仗的特点。小先生很细致地分析了对联里对仗的词语。通过他的表达,立刻有学生有新的发现,原来对仗的词词类相当。瞧!小先生表达思路时,其实就是在把自己学会的知识分享给他人、教给他人,其他同学一边听一边学,加深了对春联对仗的理解。

四、说反思

说反思就是表达自己对问题解决过程的认知、想法,旨在完善和优化思路、学习方式。反思的过程体现的是学生思维的高度概括,形成最终的思路、意义、认识、经验,为下一次的问题解决提供借鉴。

深度学习不仅仅在于解决问题,更是对学习过程的认知。我们常常会听到学生表述的想法,面对这些想法,有时教师仅仅停留在听的阶段,仿佛学生表述了思路就结束了。实际上,说思路教与学不仅是鼓励学生参与、表达,更是创造一种自主探究的学习环境,使学生拥有探究的时间、方式,形成探究的成果,并为下一次的探究提供借鉴。

【教学案例14】

《认识含有万级和个级的数》教学节录

(苏教版小学数学四年级下册)

布置活动要求:四人小组为单位,小先生带领四人小组探索0的读法。课件出示:

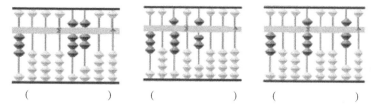

( ) ( ) ( )

师:哪位小先生愿意上台介绍一下你写的数呢?

小先生1:这个数由3000个万和8700个一组成,读作三千万八千七百。0不要读出来。

小先生2:这个数由3080个万和7000个一组成,读作三千零八十万七千。第二个数里3和8之间的0(百万位)要读。

小先生3:这个数由3008个万和70个一组成,读作三千零八万零七十。第三个数里3和8之间的两个0(百万位和十万位)只读一个0,7前面的两个0（千位和百位）也只读一个0。

课件依次出示：

3000 8700　　读作：三千万八千七百

3080 7000　　读作：三千零八十万七千

3008 0070　　读作：三千零八万零七十

师：你有什么发现呢？小组内相互说一说吧。

师：哪位小先生来汇报一下？

小先生4：一个数中间不管连续几个0，都只读一个"零"。

小先生5：我发现0在个级末尾或者万级末尾时不要读出来。

小先生6：当0不在末尾时，出现一个0也要读出来。

…………

师（小结）：看来0所在的位置不同，读法也不相同。每级末尾的0都不读，其他数位上有一个0或者连续几个0，都只读一个0。

师：在读这些数的时候，老师发现很多同学遇到了一些小困难，你们有什么想说的吗？

生1：多亏小李同学提供了一个思路，我瞬间想通了。

生2：新旧知识是有联系的，学习含有万级的数时，可以练习以往学习万以内的数的经验，一下子就明白了。

生3：自己搞不懂的问题，拿出来一同讨论，能产生新的方法。

（由无锡市育红小学宋慧老师提供）

认识含有万级和个级的数时，学生遇到了一个新的问题：这些数里的0应该怎样读呢？老师安排了小组合作探究。在小组里交流时，有些同学出现了错误，很多孩子发现了问题，小组成员聚在一起思考，寻找正确的读0的方法。此时，有学生提出参照个级读0的方法，中间的0要读，末尾的0不读。万级也应该参照个级的读数方法。于是，小组里有了最终的思路。回顾学习的过程，学生给出了对于学习过程的反思。学习方法就在不知不觉中扎根在学生的脑海里了。

合适的学习情境有助于探究型小先生的成长。说思路教与学需要还原知识形成的过程，还原真实的学习情境，创设真问题。合适的学习情境应与现实情境相类似，以解决学生在现实生活中遇到的问题为目标，为此，学习时要创设真实性任务。当学习情境与生活联系不够紧密时，可以呈现整体性的任务，让学生尝试着解决问题。在教学中，教师首先选择与儿童生活经验有关的问题，同时提供用于更好地理解和解决问题的工具。而后让学生单个地或在小组中进行探索，发现解决问题所需的基本知识技能，在掌握这些知识技能的基础上，最终使问题得以解决。

矫正机制有助于探究型小先生的成长。学生学习的效果，有时取决于教师何时、按何种步调给予学生矫正性反馈，即要适时地让学生知道学习的结果。如果错了，还要让他们知道错在哪里以及如何纠正。

学生能否有效地知道学习的结果，取决于以下几个方面：① 学生在什么时候、什么场合接受到矫正性信息；② 假定学生接受的矫正性信息的时间、场合都是合适的，那么学生在什么条件下可以使用这些矫正性信息；③ 学生接受矫正性信息的形式。

例如，学生在发现学习过程中，要经历尝试、检索、检验等阶段，那么，反馈信息应在学生将自己的试验结果与目的要求作比较时给予，才是最有效的。如果在此之前给予反馈，学生要么不理解，要么变成记忆的额外负担；如果在这之后给予，那么就不能为学生下一轮问题解决提供指导。矫正机制在使用时要注意激发学生学习的内在动力。此外，若要使矫正性信息有效用，必须用一种能帮助学生解决问题的方式来表现。为避免学生过于依赖教师的指正，教师必须采取适当措施，使学生最终能自行把矫正机制引入学习中去。

第三节　思辨型小先生摆观点教与学

《中庸》说博学之，审问之，慎思之，明辨之，笃行之。意思是要博学多才，就要对学问详细地询问，彻底搞懂，要慎重地思考，明白地辨别，切实地力行。慎思、明辨是学习的重要方式，也是智慧的重要来源。

思辨能力属于思维能力的一种，是一种抽象的思维能力，是一种较高层次的能力。从"思""辨"两个视角、内隐的思考与表达两个维度来看，思辨能力的主要特征应该是层次分明而条理清楚的分析，清楚准确而明白有力的说理。① 思辨能力也称为批判性思维能力。思辨本身包含对思辨过程的自我观察、反省、评估与调节，也包含了分析、推理、评价等技能和清晰性、逻辑性、深刻性和灵活性等标准，更需要好奇、开放、自信、正直的情感特质。②

现代教育对思维发展，尤其是创新性思维的关注达到一个高峰。人们普遍认为思维能力、思维品质的发展要从小培养。敢于表达自己的观点，理解他人的观点，反思自己的观点，完善自己的观点，这样的过程才是思维发展的真实过程。这样的学习过程中，学习者需要调动多元学习技能，锻炼思维的品质，培养做人的品格。所以，课堂学习中学生要能勇敢地摆出自己的观点。

在传统课堂教学中，教师往往会直接呈现"正确的"观点与方法，课堂对话中关注的是正确的答案，甚至是唯一的答案、统一的标准，不容许学生的错误观点，弱化、忽视学生在课堂对话中独立思考、呈现多样化观点的重要性。因而课堂学习中会发现有些学生主动性不强，以致出现"他思即我思，他辨即我辨"的现象；课堂上学生的主体地位被教师掌控，以致出现学生无动于衷——"无可思无可辨"的现象。还有些学生面对问题时缺乏最基本的思辨能力，他们虽然进行了独立思考，但极易被同伴影响和左右；有些学生不会运用理性语言进行思辨性表达，常常是逻辑不清、言语不明。③ 学生没有独立思考的空间、机会，失去了思考的积极愿望，观点表达也会出现言语不清晰、逻辑混乱的情况。独立的思考、辨析能力是学生深度学习的表现之一。课堂学习中往往是善于思考、自主表达观点的学生学习效果好，学习兴趣高，学习志趣大。

当代教育发展呼唤以学生为中心、提倡学生在课堂对话中形成自主观点的课堂学习新样态。会思考、善表达的思辨型小先生是现代小先生制中学生角色建构的一种。学习者在学习中借助思考、辨析，实现深度学习，同时在这样的学习过程中，帮助自己和他人更好地学习，以此实现教与学的统一。培养小学生的思辨能力，其实相当于培养小学生的想象能力及创

---

① 戚洪祥. 数学教学中培养学生思辨能力的研究述评［J］. 江苏教育研究，2019（25）.

② 赵雅习. 翻转课堂模式下学生思辨能力的培养探究［J］. 科技资讯，2019（32）.

③ 戚洪祥. 数学教学中培养学生思辨能力的研究述评［J］. 江苏教育研究，2019（25）.

造性的推理能力。① 思辨能力不仅是小学生思维能力体系中的重要组成部分，更是小学生独自解决问题的不可或缺的能力。②

为此，我们提出摆观点教与学的思辨型小先生学习方式。摆观点教与学是指学生能主动表达自己的思考、观点，能主动对他人的看法提出意见，能在矛盾情境中表达自己的思考。主动思考、表达观点是深度学习的表现之一，对学生高阶思维的发展有重要的影响。

在现代小先生制课堂学习中，遇到形成观点、总结方法的学习环节，教师不会直接教授这些观点与方法，而是重视学生自动自发学习的内在愿望，由思辨型小先生们经过独立思考后发表独特见解。这些见解经由讨论、分析等多主体互助合作，形成最终的学习成果，使学生的思维得到深入延展，学习个体特长和创造力得到生发。

一、创设真实的问题情境

在课堂教学进入形成观点、总结方法的学习环节时，师生先围绕学习的主题创设出真实的问题情境，激发学习兴趣。真实的问题情境能引导学生积极的思维发展，在解决问题情境中不断提升思辨学习能力。真实的问题情境有时是教师主动创设的，有时是课堂学习自然生成的，是学习的关键节点。此时老师稍加点拨，学生就能恍然大悟，豁然开朗。课堂学习中，教师要有意识地引导学生关注这些问题情境，学生在学习的过程中也会对问题情境保持学习的敏锐度。

【教学案例15】

《认识数对》教学节录
（苏教版小学数学五年级下册）

师：拿出学习单，现在老师将依次给你们几个红点，看谁能将它们的位置记录下来。

---

① 陈红美. 小学语文教学中培养小学生语文思辨能力［J］. 科学咨询（教育科研），2019（43）.

② 陈红美. 小学语文教学中培养小学生语文思辨能力［J］. 科学咨询（教育科研），2019（43）.

师：记录好了吗？好，那老师再给一次机会，你们能否完成？

师：好了吗？

生：没有。

师：为什么？

生：时间不够，太烦琐。

师：是的，我们数学是讲究简洁美的学科，我们需要一种简洁的写法来表述位置。那现在我们就以班长的位置为例，小组研究出一种简洁的写法来表述位置。

生1：3，5。

生2：3-5。

……

师：同学们，你们有没有发现这些方法都有一个共同点？

生：都有3，5这两个数字。

师：你是怎么记的？

生：只记了数字。

师：他只记了数字，省略了……我们一起用他的方法再记一次。

师：请人来回答一下，这一长串数字能看出位置吗？那怎么办呢？用什么分开？

生1：点（像小数）。

生2：逗号。

师：这么写还是不怎么好看，挤在一起，很容易搞混，需要加一个东西来表示位置这样一个整体。

师：是的，其实同学们写的已经很接近数学家的写法了，在数学上，我们通常用数对来确定位置。数对是由著名数学家笛卡尔发明的……（语音播放）

师：我们在写的时候也是先写列3，再写行5，中间用","隔开，最后再用一个小括号括起来表示一个整体。读作数对（3，5），大家一起读一下。仔细观察，括号里第一个数字表示什么？第二个数字表示什么？

师：那现在我们一起来用数对来表示一下刚刚六个点的位置。

A（5，4）　B（2，3）　C（4，7）　D（6，2）　E（1，6）

F（3，5）

（由无锡市育红小学卞可可老师提供）

数对是表示空间里某一位置的知识，是数形结合发展数学思维的重要内容。学习中，教师设计了记录红点位置的问题情境。面对这样的问题，学生一开始根本无从下手，急需新知识的引导。接着教师简化问题情境，想办法表述班长的位置。学生好像有了一个解决问题的突破口，找到了3、5这两个关键数据。可是学生记录数据的方式各不相同，各有依据。怎样记才是科学合理的呢？最后老师引出了数对的知识。学习中，学生面临真实的问题情境，经历了数对产生的真实历程，让数对的学习更具数学味，更有数学思辨性。面对问题时，小先生并没有第一时间找出正确的方法，但是在经历的过程中，每一步的思考、表述都具有深度学习的意义。

学生的思维是动态发散的，教学中学生可以尽情展现自己的思维过程，其他同学予以评判，教师适时进行穿插性的引导、概括。这样既锻炼了学生的表达能力，又使学生在思辨过程中提高了分析问题、解决问题的能力。课堂学习不再是知识的单向传输，而是多元的交流、对话，学生思考的活力、灵气迸发，每个学生依据自己的思考表述想法，又在进一步的讨论中明晰问题，进而得出恰当合理的解题方式。

二、明确学习的目标任务

真实的问题情境，明确的学习目标，有助于学生把握思维的方向。明确的学习任务有时是学习内容的指导，比如语文学习中请学生仔细阅读课文，寻找文中切合主题的关键信息；有时也是学习方法的引导，比如数学学习中要求学生借助画线段图的方式整理问题。对于小学阶段的学生而言，明确、具体的学习任务有助于学生一步步地深入和拓展，学生思维发展到一定阶段后，才能够自主地、自然而然地沿着问题解决的步骤，有序进行思考。在学生思维深度尚未达到之前，明确的学习任务能引导学习逐步有序深入。

【教学案例16】

《土壤的保护》实验记录单

（苏教版小学科学三年级下册）

模拟水土流失现象，观察托盘中水的情况。

有植被的土壤	无植被的土壤

（由无锡市育红小学何姗老师提供）

这是科学课堂实验记录单，从中可以发现，学生需要借助实验模拟水土流失的情况。实验需要分两组进行，学生在具体操作后，将实验结果详细记录在表格里，并进行小组展示汇报。有了明确的学习目标，学生在实验中就能进一步明确实验目的，得出实验结果。

【教学案例17】

"我当小导游" 任务单

（苏教版小学美术一年级上册）

（由无锡市育红小学沈灵老师提供）

教师设计的"我当小导游"任务单,给予学生预学习的任务,用儿童的话语,引导学生完成小导游的介绍任务。一年级的学生在美术课堂上人人都能为大家介绍自己描绘的风景,也为同伴画笔下的风景增添内容。在互教互学的过程中,人人都能成为小先生。

【教学案例18】

"预约小先生"任务单

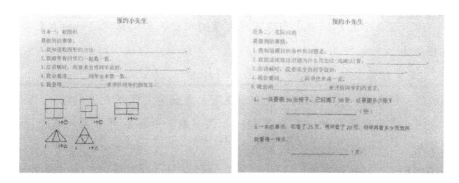

任务驱动学生思维发展。在思辨型小先生的学习中,教师设计了"预约小先生"任务单,小先生需要借助任务单的指引,弄懂解题方法,掌握课堂教学时的简单技巧,并能和同学们一起参与问题解决的实际过程。有了任务单,小先生会提前组织、试讲,预先知晓解决问题的全过程,再在课堂中有序地展示出来。小先生为了更好地教,会进行充分学习,其他学生为了成为小先生也会更好地参与学习。学生在互教互学中,思辨地看待学与教的过程,实现了学习的深度发生。

三、留出思考的时间和空间

课堂学习中,不仅要有真实的问题情境、明确的学习任务,更重要的是留给学生自主思考的空间和时间。课堂学习时间有限,教师为了课堂的流畅,往往着急得到学生的答案,进而压缩学生思考的时间,把思考放在课后。课堂教学是引领学生生成知识的场所,是帮助学生获取思想方法、提升思维能力的主营地。教师的"令行禁止",磨灭了学生的思辨意识,抑制了学生的创造性思维。[1] 学生没有充分独立的思考，进而出现"人云亦云"的情况，课堂思辨的氛围也就不热烈。充分的思考时间，平等民主的学习氛围，在学习思维的发展中有重要的意义。

【教学案例19】

什么样的习题更具"价值"？

（苏教版小学数学四年级下册）

师：现在给大家一个中500万元大奖的机会，你们任意选一个自己喜欢的七位数。

（学生在作业纸上写数字。）

师：请你算一算，你这个号中500万元大奖的可能性是多少呢？

师：可以从简单的一位数算起：如果只有一位数，中大奖的可能性是几分之几？

小先生1：十分之一。

师：如果是两位数呢？0—99一共有几个数？中奖的是几个数？中奖的可能性是几分之几？

小先生2：一百分之一。

师：三位数呢？四位数呢？

小先生3：一千分之一，一万分之一。

师：你发现了什么？

小先生4：每多一位数，可能性就变为原来的十分之一。

师：那要在众多七位数中，选中号码赢得500万元大奖的可能性是……？

小先生5：一千万分之一。

师：（出示选择题）1个号码中500万元大奖的可能性是（　　）。

A. 百里挑一　　　B. 微乎其微　　　C. 百发百中

生：选B。

师：如果要做到百里挑一，你需要选择几个不同的号码？

---

[1] 费琦. 例谈学生求异思辨思维能力的培养［J］. 中学数学，2019（24）.

生：通过计算，得出需要有十万个不同的号码。

师：如果要做到百发百中，需要几个不同的号码？

生：一千万个。

师：每买一个号码成本是2元，要做到500万元大奖百发百中，要投入多少元？

生：（计算成本）要花2000万元买下所有的号码，才能保证中到500万元。

（老师出示画面：画面1，体彩投注站前人山人海；画面2，有人背债去买彩票；画面3，开出一个500万元大奖时没有中奖的人数统计）

师：看了这些你想说……

生1：得奖的可能性太低了，我不会去花很多钱去买，那些花很多钱的人肯定没学过可能性。

生2：我只会花很少的钱去买，说不定也会中呢。

生3：我觉得卖彩票的人稳赚不赔。

…………

（由无锡市育红小学钱俊老师提供）

课堂中，有价值的数学问题往往能激发学生有价值的思考。案例中，学生算出一个号中500万元大奖的可能性是一千万分之一，老师出示一些体彩投注站前人山人海、有人"负债买彩票"等图片，及时提出"你想说……"这种具有发散特征的问题，抛出去后，老师没有着急寻求答案，而是让学生充分回忆、思考。小先生的思维跨越了课堂，追溯生活，闪现出理性的光辉。"得奖的可能性太低了，我不会去花很多钱去买"，"我只会花很少的钱去买，说不定也会中呢"，更有小先生看出"我觉得卖彩票的人稳赚不赔"，小先生质朴的回答诠释了"生活即教育"的真谛。

四、鼓励自由的观点表达

著名数学家波利亚认为，学习任何知识的最佳途径是由学生自己去发现，因为这种发现，理解最深，也最容易掌握知识的内在规律和联系。在充分的自主思考后，教师鼓励善于表达、具有思辨精神的学生做思辨小先生，充分发表自己的观点、自己想到的方法。表达是思维的外显，能独立自主地表达自己的观点，对学生来说是学习的深度建构。学生在听取他人观点时,也能够进行信息的再次加工。在表达观点时,智慧的老师往往并不着急做点评,而是将机会、时间留给学生,鼓励更多的思辨型小先生发表自己多样化的见解,并引导小先生说清自己得出这一见解的理由。

观点有对有错,但是表述观点、阐释观点的过程,对学生思维发展来说是一种重要的锻炼。课堂教学中,教师需善于抓住错解,让学生去找寻错误的根源,为学生的思维发展供给能量,引发学生质疑思辨,探究新解,树立勇于表达的意识。①

如在《将相和》一文的课堂学习中,老师不急于给廉颇这一人物特征"下定义",而是邀请善于动脑思考的思辨型小先生们积极说出自己的观点。而小先生与小先生之间、小先生与"学生"之间观点的差异性,往往会引发更多评价与观点的产生,这样不仅能了解到廉颇的"知错就改",也能认识到他的"勇猛善战""粗暴鲁莽""深明大义",对人物形象的理解更加立体、全面。

【教学案例20】

《简便计算》教学节录

(苏教版小学数学六年级上册)

复习一道简便运算题目时,老师请学生板书:

9 + 99 + 999 + 9999 + 99999 + 999999

= 10 + 100 + 1000 + 10000 + 100000 + 1000000

= 1111110 - 6

= 1111104

师:你能给大家讲一讲,你是怎么思考的吗?

生:我先把加9、99、999、9999、99999、999999假设成加10、100、1000、10000、100000、1000000,这样一共多加了6,所以最后要减去6。

师:你们同意这位同学的想法吗?

不少学生附和:"同意!我也是这样想的。"

师:你们同意他的做法吗?

---

① 费琦. 例谈学生求异思辨思维能力的培养[J]. 中学数学,2019(24).

同学们开始认真审视黑板,有人举起了手。

小先生1:他的算式有问题!第一步没有减6,到了第二步怎么冒出来减6?

小先生2:这个6应该从上面移下来。

小先生3:这样两边不相等了。

师:如果两边不相等还能用等号吗?

小先生4:不能,不能,要用小于号。

这时,有不少学生都看出来了,9 + 99 + 999 + 999 + 9999 + 999999 不是等于 10 + 100 + 1000 + 10000 + 100000 + 1000000,而是小于 10 + 100 + 1000 + 10000 + 100000 + 1000000。

小先生5:等号要写在算式下一行的左前方。

师:谁愿意把正确的写法写在黑板上给大家展示出来呢?

小先生6:9 + 99 + 999 + 9999 + 99999 + 999999
　　　　 = 10 + 100 + 1000 + 10000 + 100000 + 1000000 − 6
　　　　 = 1111110 − 6
　　　　 = 1111104

师:如果你是这位同学,你会提醒自己注意什么呢?

生:他的思路是对的,但是我们在简便计算时,要注意数的前后要相等。补上的数,及时减掉,去掉的部分也要及时加上。

(由无锡市育红小学赵岷老师提供)

思维发展是别人无法替代的,只有经历真实的思维过程,才能锻炼思维的品质。简便计算是学生学习中的一个难点,有时找不到合适的简便计算的思路,有时是计算步骤不够完整。在上面这样一个简便计算的学习过程中,学生一下子提出了明确的思路,但是在书写步骤时出现了明显的问题。此时,每一个学生变身"纠察员""修改员",依据真实的问题情境,说出自己的观点,提出修改的意见,最终呈现出了正确的步骤。学生积极地参与,主动地思考,认真地分析,学习过程中老师只在一旁追问引导。正确的步骤呈现后,老师进一步引导学生换位思考,反思学习过程。

五、反馈同伴的对话交流

学习者在解决所面对的问题时，不仅需要进行独立状态下的观察和思考，而且要进行大量的同伴间或学习小组（小团体）间乃至组际或全班形式（大团体）的对话、交流、合作和研讨活动。[①] 学生不是一个人孤单地学习，而是身处在同伴之中。同桌、小组、班集体是一个学习的共同体。佐藤学认为协同学习下的小组学习方法，首先是模仿他人的思考。其次是将其他人的思考作为一个"脚手架"，来达到更高的程度。同伴之间是"互相学的关系"，是互相关爱的关系，是每一名学生都作为主人公与他人合作学习、共同提高的学习关系。"互相学的关系"是建立在对话基础上的。同伴的对话交流、合作研讨是伴随每一个学习者的重要学习方式，也有助于学习者的共同提高。

因此，形成多样化的观点与方法后，教师应鼓励学生再次积极地自主思考，并请学生交流自己对刚刚听到的观点与方法的分析和建议，从而形成更成熟、更缜密、更深刻的观点与方法，让全体学生的认识更全面。

【教学案例21】

《长方体和正方体总复习》教学节录

（苏教版小学数学六年级上册）

师：这么一算，王叔叔发现这个正方体柜子小了一些，于是就做成了这样，是什么形状？

这个长方体的长、宽、高分别是多少？体积是多少？你会求它的表面积吗？请你在作业单上算一算。想一想有没有不同的算法，做完的同学在小组里交流一下。

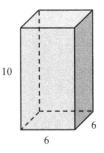

师：哪一组同学愿意做小先生上来跟大家说说你们小组的算法？

1. 交流算式，体会算法多样化

[①] 李艺伟，李文举."以学习为中心"的心理学解读与启示［J］. 辽宁工业大学学报（社会科学版），2011（2）.

① (6×6+6×10+6×10)×2=312（平方分米）

② 6×6×2+6×10×4=312（平方分米）

③ 6×6×2+6×4×10=312（平方分米）

2. 对比算式，理解算法并优化

师：为什么第二个算式可以这么简便？你能具体说一说吗？

生：6×6×2算的是上下两个面（正方形）的面积，6×10×4求的是长方体前、后、左、右四个侧面的面积。

师：比较②③两个算式，6×4×10与刚才的6×10×4一样吗？这绝不是一个简单的交换律的问题，思考一下算式本身的含义。

生：不一样，6×4指的是底面周长，底面周长乘高就是侧面积；6×10指的是一个侧面的面积，再乘4就是4个侧面的面积。

师：说得真好！我把它的表面积展开，谁来指一指6×4求的是哪儿？再乘10呢？这样就把它侧面的四个小长方形转化成了一个大长方形，那么，6×4其实就是大长方形的长，原来的高10就是大长方形的宽，对吗？

师小结：同一个问题，当你变换角度灵活思考的时候，你就会找到不同的解决问题的办法。

(由无锡市育红小学沈君老师提供)

在学习中，教师引导学生在探索中发现不同的解决问题的策略，让学生充分发表自己的见解。在多种算法的交流中选择适合自己的算法不但调动了学生学习的积极性，更有助于学生形成探索性学习方式。教师充分尊重学生的个性，不包办代替，努力创设情境，提供空间，让学生动手实践，自主探索，让学生充分经历和感受知识产生和发展的过程，引导学生把所学的数学知识应用到现实中去，使学生更好地理解和掌握了长方体和正方体的表面积、体积的意义和计算方法，并进一步培养了学生的探究能力、创新思维和应用数学的意识，使学生在数学学习活动中建立自信心，获得成功的体验。

第四节 操作型小先生做演示教与学

心理学家指出，小学生思维发展的基本特点是以具体形象思维为主要形式，逐步过渡到以抽象逻辑思维为主要形式；但是这种抽象逻辑思维在很大程度上仍然是直接与感性经验相联系的，仍然具有很大成分的具体想象性。由此可见，小学生正处于形象思维向抽象思维的过渡阶段，这一阶段的学习需要大量直观形象的支撑。操作演示活动以其形象、直观、具体的特点获得了教师和学生的喜爱。

传统操作演示是指教师通过展示各种教具、学具，进行示范性实验和动作，或通过现代化教学手段，使学生通过观察获取知识的教学活动。课堂的操作演示活动以教师为主体，学生动手参与的少。现代小先生制课堂，是以操作演示为外在形式，以学生共同开展自主、合作、探究学习为主要学习方式的一种课堂教学新样态；是基于学生自身的学习经验，在合作学习过程中，通过操作演示，不断和自己对话，与伙伴互动交流，实现群体知识的重新建构。通过认识、理解、运用、分析、评价，激发学生群体的内在学习驱动力，产生 1＋1＞2 的教学效果，使每个学生的学习能力和学习素养都能得到长足发展。

1946 年，美国学者、著名的学习专家爱德加·戴尔的学习金字塔理论指出听课、阅读、多媒体、现场示范、讨论、实践、教授给他人这七种学习方式，学习效率依次从 5% 递增到 90%。从这个学习金字塔可以看出，在传统被动学习中学习效率最高的是演示，在主动学习中学习效率最高的是教授给他人。

传统课堂操作演示，由于受到学习环境、内容、材料、时间等的影响，一般都由教师独立完成，以学生学会知识为目的，学生大多处于观察、倾听状态。这样的被动学习中，学生对知识的学习停留在视听阶段，学习效率不高。现代小先生制课堂把操作演示直接引入课堂，以学生多主体合作为操作演示的主体，让学生主动参与操作，参与知识发现、分析、形成、运用、分析、创造的整个过程，促进学生自主学习，使学习效率获得最大化。它不仅有利于促进学生对知识的理解和掌握，还能积累活动经验，在促进学生抽象思维养成方面具有重要的价值,是培养学生的观察能力、实践能力和团队协作能力的有效教学方法之一。

小先生制课堂通过营造一种学生参与教学过程的氛围,使学生能够主动参与,积极思考,发表意见,充分发挥认知主动性,同时又可以活跃学生思维,拓展学习的深度,提高教学效果,实现教学任务。在操作演示的过程中,让学生的智慧互相碰撞出火花,在交流的过程中,从与自己不同的观点和方法中得到启发,从而对问题的理解更深入、更全面。学生通过互教互学,形成知识技能的互补,达到"人人都是小先生"的目的。

什么人参与操作演示呢?传统课堂操作注重学习内容,以教师传授为主,操作演示活动的主体是老师,整个操作演示的流程由老师掌握,学生参与的机会很少,即使参与操作也在老师的严格把控之下,往往流于形式,学生的思维没有得到较好发展。小先生制的课堂,学生是操作演示的主体,学生自发投入操作演示,对于操作演示全程、全员参与,对于过程中出现的问题,学生互相补充、互相评议、互相内化、互相提升。

什么情况下进行操作演示?小先生制课堂采用的是多主体的合作模式,操作活动由学习内容和学生学习的需要而定。对于概念性的可感知的新知识,老师可以选择班级中部分动手能力强的学生,课前在家里进行前期"备课"操作,在学校课堂带领大家进行操作演示;对于可实践探索、思维层级较浅、语言表述烦琐,但是操作过程相对简单、需求人数较少的知识,可以采用同桌互助操作演示;对于具有开放性、探究性、趣味性的知识内容,能够激发思维能力,提升思维品质的,可以采用小组合作操作演示;对于需要老师引领,进行整体知识归纳、总结、提炼的内容,可以采用群体共学操作演示。根据课堂展现形式的不同,操作演示型又可以分为:会教会学的先知导学操作演示;互教互学的同伴互助操作演示;会评会学的小组合作操作演示;会议会学的全员参与操作演示。

一、单人导学:会教会学的操作演示

瑞士心理学家、发生认识论的创始人皮亚杰认为,人的知识来源于动作,动作是感知的源泉和思维的基础。我国著名教育家陶行知先生也曾经说过,"动手最重要,这个东西能创造一切"。现代小先生制课堂的先知导学操作演示,需要小先生具有良好的动手能力、优秀的表达能力,以及清晰的逻辑思维能力,能通过实际操作和动手演示为学生们展示和示范学习内容,再现知识要点。教师通常在学习新课的时候让小先生负责带领学生学习,为学生答疑解惑,对学生课堂情况及时进行评价。具体教学中,可以指定学习内容,学生先行在课前以小先生的身份提前"备课",然后再在课上以小先生的身份带领学生学习。其实,学习过程中的主要问题在小先生提前备课时已经"暴露"。教师不但可以进行有针对性的教学指导,而且还能发现这一阶段不同层次学生思维的特点,然后在与小先生讨论的过程中,更能清楚地知道如何充分利用教材,明确每部分教材的说教流程、深度,以及重点、要点等。

【教学案例22】

自告奋勇教生字

(苏教版小学语文四年级上册)

师:在预习课文的过程中,你们觉得哪些生字的读音和字形需要提醒大家注意?哪位同学愿意做小先生来说一说读音?

小先生:"日照神州百业兴","兴"应该读第一声"xīng"。

师:说说你的理由。

小先生:因为"兴"是兴旺的意思。

小先生:"开卷有益"的"卷"应该读第四声"juàn"。

师:说说你的理由。

小先生:"卷"读第三声是把东西卷起来的意思,而这里是书的意思,所以应该读第四声。

师:书写上要注意的字有哪些?

生:"添"下面"小"的右边还有一点,不能写成"小"。

师:请你到黑板上边带着同学书写。

(小先生走上讲台,站在黑板前面,伸出手指一笔一画地边读笔顺边书写,并且时时提醒书写要点。)

小先生:"奥"上面不能封口。

师:还有谁也愿意到黑板上做小先生带领大家一起书写?

(同学们积极举手,被老师点到名的同学兴高采烈,走上讲台为大家领写。）

师：这几位小先生可真棒，把老师想讲的注意点都讲到了。

（由无锡市育红小学王可欣老师提供）

四年级的孩子，有了前面三年对掌握生字方法的沉淀，掌握了学习生活中的一些识字写字经验，对一些易读错易写错的字已经很敏感，识记课堂里的生字新词已较轻松；课堂里，老师对于识字认字部分的讲授容易千篇一律，再无新意和挑战。此时老师可以"放手"本课的生字教学，让学生来做小先生教学易读错易写错的生字。小先生细心地发现，"卷"字有两种读音，这里要选择的是第四声，选择的理由是这个字在"开卷有益"的使用环境中是名词，并且对两种读音的具体使用方法进行了辨析。小先生走到讲台上，拿起粉笔一边动手写字，一边讲解写字的要点。根据自己的认知状况，小先生提醒学生"添"右下方是两点，不是一点。展示是对所学生字写法的理解再现，而观摩小先生演示的同学们则作为评价者和学习者参与了这次体验。老师根据语文学科的特点，结合语文教学中的需求，让不同的学生在课堂中产生了自然分工，发挥不同的特长，自然地在某个教学过程让学生承担部分"教"的责任。小先生们的"教"不仅是一种付出，更是一种回报。

【教学案例23】

《认识分数》教学节录

（苏教版小学数学三年级上册）

设置情景，趣味导入。

1. 谈话：有两只小猴子在树林里玩耍，猴妈妈带来了它们最喜欢吃的水果——桃（课件出示一个桃）。

师：现在要把这一个桃分给2只小猴，你知道怎样分才公平吗？请你做一做小先生，帮猴妈妈分一分桃子，可以吗？

（小先生在同学的注视下，圈出1/2个桃子，一左一右，演示平均分的过程。）

师：你能根据刚才分桃的过程，向其他小朋友们提出一个数学问题吗？

（这时，高高举起的小手变少了一些。老师指定一个看起来自信满满的小朋友先来做小先生，希望他的示范能给其他孩子一些鼓励。果不其然，这个小先生走上讲台，拿起直尺，把分的方法示范给其他小朋友看。）

小先生：要想公平，就要从中间平均分开，你们知道这样的分法在数学中叫什么吗？（一边示范一边提问）

（"平均分"的"分"是一个动词，对于学生来说，它是一个司空见惯的日常动作，但是，"平均"两个字非常抽象。如何寻找一个合适的方式，把这个抽象的概念转化为学生易于接受和理解的知识，是教师需要关注的地方。老师让小先生提前在家里操作，感知"平均分"这一概念。课堂小先生把自己对知识的认识、理解、感悟，通过操作步骤，完整地向其他的孩子演示了"平均分"的过程，还即时提问："这样的分法在数学中叫什么？"这个问题的提出大大出乎了老师的意料。也正是这个问题，让老师开始重新审视学生的起点：学生到底学会了什么？学会了多少？这样的操作演示为教师提供了一份详实的备课资料，教师可以及时根据课堂生成，有针对性地设计下一步的教学环节。当学生真正成为自己学习的主人时，他会自然而然地进入真正的学习中，他的思维会随之绽放异样光彩。这正是小先生制的课堂"以教促学"理念的体现，学生为了更好地当小先生，就需要更主动、更深入的学习。）

生1：叫作平均分开。

（小先生摇摇头，示意他坐下。）

生2：叫作平均分。

小先生：很好。（继续追问）把这一个桃平均分给2只小猴，每只小猴可以分得这个桃的几分之几？

生：1/2。

（小先生有模有样地板书：1/2。）

小先生："你是怎么想的？"

（其他学生争先恐后地表达着自己的看法，小先生根据他们的回答做点评。）

（由无锡市育红小学李晓娜老师提供）

小先生语言严谨，思路清晰，对课堂要讲解的知识了然于胸，可以看出经过提前学习，小先生已经掌握了教学内容，熟悉了教学流程，各个环节的展示能够及时跟进课堂评价，组织课堂教学，俨然是一个合格的小老师。在学生回答完问题后,小先生能够抓住思考的契点,及时进行思维层次的深度追问:"你是怎么想的?"在小先生的带领下,学生们不但知道了1/2的结果,还知道了1/2的意义。这样"知其然,还知其所以然"的导学过程,使小先生极其迅速地成长着,无论是学习成绩还是语言表达能力、自主学习能力、自信心、责任感都得到了很大提升。在第一位小先生的带领下,更多的孩子加入了激烈的交流之中,涌现了更多的小先生,在参与交流的过程中,大家都变成了一个个小先生,在学习别人的同时也在被学习,在教学别人的同时也在被教学。在小先生的引导下,更多的孩子参与到教学过程中,锻炼了学生的能力,发挥了学生的主体作用,增强了学生的自信心,取得了很好的成效。

小先生制从根本上改变了以往的学习方式,在课堂上以学为主,让教与学相融合,把时间和空间都还给了学生,注重学习方法,把学生推向讲台,参与教学,让学生发现、提出、探究、解决、阐释问题,给学生充分的体验和表现的机会,发挥学生在课堂中的主体性,注重交流经验的积累和能力的提高。小先生导学的课堂气氛非常活跃。教师需要给学生传递一种观念:学生也可以做老师,学生也可以教知识,巩固所学知识最好的方法就是当好小先生。这种用自己所感、所悟、所知、所得来教会其他同学的先知导学小先生就做了新知识第一批学习者,他们站在学生的起点学习、传授知识,可以起到帮助老师发现问题、及时引导其他同学的作用。

二、双人互助:互教互学的操作演示

萧伯纳曾经说过:"你有一个苹果,我有一个苹果,互相交换,各自得到一个苹果;你有一个思想,我有一个思想,互相交换,各自得到两种思想。"小先生制课堂互教互学的同伴互助操作演示,倡导的就是一种同伴(桌)间合作式的学习理念,强调同桌之间的彼此切磋和彼此传授。同伴互助操作演示便于组织,是课堂中常用的方式,其特点是范围小,时间短,信息来源纯净,便于学生之间的互相学习。教师可事先根据学生的个性特点,按照"组内异质、组间同质"的原则,进行灵活分组。这样有利于不同发展水平、不同个性、不同学习风格的学生在操作演示中共同成长。

【教学案例24】

改画

(苏教版小学美术五年级上册)

教室有些学生的美术本让人赏心悦目,但有的学生却与之有较大反差,最集中的问题是形象未勾画完整,色彩未涂好,作业呈现"半成品"状态,如下面左边的图。分析原因,可能是学生请假缺课或学习效率不高,未能在规定的课时内完成作业。除了"半成品"作业外,还有部分作业呈现出作画拘谨、造型太小、缺乏细节、画面不丰富等问题。这时候,老师就会请"改画小先生"一起来解决这些问题。美术课上,老师拿着一幅画站在讲台前。

师:同学们,又到了我们改画小课堂的时间了,你准备好了吗?看看这幅画,你觉得有哪些地方通过修改可以变得更好?

小先生1:他画的树小了,没有占满纸张。

小先生2:可以再加个花边,会好看点。

小先生3:如果把树叶用两种颜色画会更好点。

…………

师:同学们说得非常好,都根据自己的理解对画面提出了合理化的建议。老师想请你动动手,和你的同桌组成两人小队,互为小先生,一起来"合作改画"。一会我们看看哪一组小先生改得最好。

(由无锡市育红小学苏晓萍老师提供)

绘画学习是儿童素质培养的一种有效手段,可以有效促进儿童的智力发展。想象力的培养是儿童绘画学习中的重要方面。"合作改画"是让同桌互换作业本,学生自己寻找同伴作业中需要加工修改的画作进行完善。如果主体物画小了,可以添画内容以丰富画面;如果缺少细节,可以加些小装饰,也可以用色彩来渲染。不同画风的碰撞,往往会产生十分独特而有趣的创意效果。人人都可以成为"改画小先生",每一件作品都应该精益求精。教师以开放型的学习形式激发每一位学生的学习主体热情,使一件件普通的甚至不起眼的美术作品焕发出别样的艺术风采。

【教学案例 25】

自主探究,"创造"复式统计表

(苏教版小学数学五年级上册)

师:女生哪个等级的人数最多?男女生哪个等级人数相差最大?
为什么第 2 个问题速度慢了?你有什么感受?

生:一张表信息不全,如果把两张表合起来就好了。

同桌两人合作,分小组动手创造复式统计表。(通过剪一剪,拼一拼,贴一贴,将原来的两张单式统计表合并成一张复式统计表。)

任务:先将两张统计表填写完整,再把两张统计表合成一张统计表。

合作要求:先同桌两人商量方案,统一想法后,再动手操作。

操作讨论:

小先生 1:统计内容不一样了,表头需要合并改变。

小先生 2:男生统计表数字大一些,用男生统计表做主表,把女生统计表剪下来吧。

小先生 1:男生统计表也需要剪开,这个需要拼在一起的。

小先生 1:不要都剪,会散的,也不好寻找,按照表头,把需要的项目先剪下来。

小先生 2:男生数据大,女生贴在男生后面吧。

……

(由无锡市育红小学卞可可老师提供)

自主探究是本节课教学的中心和重点,教学的着力点放在了为什么要制成复式统计表这一重点问题上。开始老师通过两个不同的问题的比较,引发小先生们体会到单式统计表在解决问题中的局限性,产生了创造新的统计表的使用需求。有了亲身体验之后,老师把问题交给学生,让学生想办法，怎样通过一张表就可以看全信息，解决问题，由此"合并"这个词自然而然地被引发了。课堂运用了双人同桌合作的操作模式。"表头说明统计什么内容？表格内需要哪些内容？制表需要什么样的顺序？"这些制表中的关键因素在小先生们边议边教边学中，逐渐清晰。学生主动思考，积极投入操作演示，自主学习知识，输入内化，在和同桌共同评议学习中，高效完成了学习任务。

小先生制课堂的同伴互议互学，就是在学生一对一的操作过程中互相合作完成任务，你说我听，我说你听，这样每个人都有充足的时间独立发表见解，在倾听同桌发言的过程中学习他人的长处，每个人都能在自己独立思考的基础上进行合作操作演示。这种方式对班级中的后进生作用最大。

三、小组合作：会评会学的操作演示

心理学家认为，小学生初期会为了赢得家长和老师的认可或赞许而加倍努力，但是，随着年龄的增长，来自同伴的认可和赞许将成为强有力的学习动机。分享后的思考、内化是形成新技能的必不可少的环节。面对探究性、开放性、抽象性学习内容的时候，老师往往会选择小组合作操作学习方式。小先生制课堂的小组合作操作，是一种多人交互操作演示学习方式。在学习中，小先生会发现其他人的思路和自己的不同，通过交流讨论，每位同学都提出自己的见解，并对自己的观点做出合理的解释，组内其他学生可以自由发言，选择同学的观点进行评述，每位同学都是小先生，生生互为小先生。这样，学生通过互评互学，形成知识技能的互补，达到共同进步的目的。

【教学案例26】

《圆锥的体积》教学节录
（苏教版小学数学六年级下册）

《圆锥的体积》是"圆柱和圆锥"这一单元的教学内容，根据学生现有的知识，要理解圆锥体积转化圆柱体积是有难度的。教学时，老师为了突破"圆柱和圆锥等底等高时体积间的倍数关系"这一知识难点，采用合作学习、实验操作的方式推导圆锥体积公式。

课件出示例5，通过演示圆锥和圆柱，让学生知道什么叫等底等高，并让学生猜想：图中的圆锥和圆柱等底等高，它们体积之间有怎样的关系？你准备如何探究？（学生进行6人小组合作讨论）

小先生1：可以找一些泥巴，先把泥巴做成圆柱的形状，量出底和高，然后再做成等底等高的圆锥，看能做几个。能做几个就说明是几倍。

小先生2：我的方法也是用泥巴，但和他的方法不同。我先用泥巴做两个等底等高的圆柱和圆锥，然后把它们称一称，根据重量推断它们的体积是什么关系。

小先生3：我的想法和他们不同。我觉得可以做两个等底等高的圆柱和圆锥容器，先把圆锥容器装满水，倒到圆柱容器里，看能倒几下，能到几下就是几倍的关系。

小先生4：我的方法是先做等底等高的圆柱和圆锥，把它们浸没在盛满水的容器里，把溢出的水收集起来，再用量筒量出水的体积，就是圆柱和圆锥的体积，这样马上就可以看出圆柱和圆锥的关系了。

小先生5：我的方法简单，也是先做等底等高的圆柱和圆锥，只是要做小一点，直接放到装有水的量筒里，量出它们的体积，就能算出它们的关系了。

师：太好了，同学们的想象力太丰富了，太有创造性了。那么下面请同学们讨论一下今天我们用什么实验方式。

小先生6：我们选择3号同学的方法。因为课堂时间有限，需要选择方便、易懂、容易实现的方法。

实验操作，发现规律。

小组合作演示3号小先生思路，在空圆锥里装满有色水，然后倒入空圆柱里。老师伴随操作过程及时引导，提出核心问题。

师：请同学们按步骤观察水的形状，什么变了？什么没有变？

生：每次操作水的形状变了，体积没有变。

学生小组合作操作，倒3次正好装满。

师：从倒的次数看，你发现圆锥体积与等底等高圆柱体积之间有什么样的关系？

学生讨论，汇报实验结果：圆锥的体积是与它等底等高的圆柱体体积的1/3。

（由无锡市育红小学赵岷老师提供）

这节课主要是求圆锥的体积，根据学生已有经验，把圆锥体积转化为体积相当的其他形体是比较困难的。新课标提倡要让学生亲自实践，大胆探索，把数学学习的主动权还给学生，鼓励每个学生积极参与学习活动。老师先让学生就圆锥和圆柱体积的关系，猜想、探究操作方法，小先生们基于自己的生活经验和学习经验，提出了多种探究方案。小先生们选择的泥巴、水这些探究材料，都来自学生的日常生活，探究方案也立足于学生的当前水平，来自学生的生活经验。可以看出，学生已经自主地进入老师设置的情景，开始成为探究活动的主体。学生在小先生的带领下展开了操作实验，并提出核心问题"什么变了？什么没有变？"数学就是在变与不变之间完成了一次次思维的飞跃。学生通过3次装水、倒水、观察、感悟、分析、总结这样的亲身实践，体会到圆柱与圆锥体积之间的3倍关系。在操作过程中，小先生们纷纷出谋献策，"手要稳""一定要装满"……这样设计有利于培养学生的自主探索精神，与同学合作学习、共同解决问题的能力。在这个教学片段中，教师把重点放在了小先生对操作演示理由的陈述上。不管是对的还是错的，在未知正确答案之前，在自己寻找方法的过程中，小先生们体会到自己被肯定的乐趣。小先生在陈述理由时，一些智慧的火花也随着彼此间的切磋而迸发出来。在整个学习过程中，学生不再是实验演示的被动观看者，而是参与操作的主动探索者，真正成为学习的主人。学生获得的不仅是数学知识，还有探究学习的科学方法。在积累探究经验的学习中，学生不仅收获了知识的来龙去脉，逐步变得有思想、会思考，还体会到了与同学合作、共享成果的幸福和喜悦。

四、全员参与：会议会学的操作演示

发展心理学认为，潜在智力的开发和发展只能通过两条途径：一是个体智力的自身提高；二是群体智力的互补。小学生的年龄特点决定了个体智力的自身提高具有相应的局限性，而群体智力互补的能量却是无限的。小学生的心智还没有成熟，自我管理能力和独立思考能力相对成人而言还比较弱，在课堂中开展全员参与合作交流的学习方式，是小学生心理发展的需要。小先生制的课堂，教师以操作演示小先生为载体，构建课堂生态，为学生的全面发展搭建平台，使小先生们在活动中评价、实现和完善自我。

【教学案例27】

"Signs"教学节录

(译林版小学英语六年级上册)

在学完第五单元的Story后,为了让学生进一步巩固公共标志的英文表达,同时增加学生学习的主动性和趣味性,英语老师在课上用"东南西北"游戏组织画一画、做一做、练一练。

师:同学们,谁玩过"东南西北"的游戏?

生1:玩过。

生2:没有。

师:玩过的同学谁会制作一下游戏道具?

1. 小先生上台教大家折纸,制作"东南西北"游戏道具。

2. 道具外侧写好东南西北的英文 East/West/South/North 或以 A/B/C/D 代表四个方向。

3. 学生自己在道具内侧画上自己知道的公共标志,可以是公共场合看到的,也可以是自己设计的,两人一组相互帮忙。

4. 四人一组轮流问答。

A:East/six.

B:What does this sign mean?

A:It means "No littering".

A:Where can we put it?

B:We can put it in the shop.

A:Great.

(由无锡市育红小学陈筱华老师提供)

汇报环节中,由于有深厚的生活经验积累,小先生们积极踊跃地展示学习成果,出现了许多书本上没有的标志,有些是孩子们在地铁和其他公共场所看见的,有些是在学校里看见了不良行为后自己设计的。学生们通过对标志的问答不仅巩固了英文表达,还对在公众场合应该具备的文明素养有了更深的认识。这个大面积的群体操作活动设计,调动了学生学习的积极性,充分发挥了学生的主体作用,课堂里人人都是小先生,人人都在经历操作，人人都在分享作品，人人都在传授知识，大大提高了教学效率。

【教学案例28】

《土壤的保护》教学节录

（苏教版小学科学三年级下册）

　　土壤看起来很平凡，却有着很大的作用。土壤的作用，学生知道的比较片面，一般只能意识到土壤对植物的作用，对植物对土壤的作用了解得不多、不深。老师通过做水土流失的模拟实验，让学生体会植物对土壤起到的保护作用。

　　师：通过刚才的观察，同学们猜想黄河流域水土流失可能和植被、地势、降雨、土质有关。这些因素真的会导致水土流失吗？下面我们选择其中"植被的多少"这一因素来进行研究。

　　师：那这个实验该如何来做呢？下面我们以小组为单位来讨论一下实验方案。

　　小组讨论（设计实验方案验证猜想），老师巡视指导。

　　汇报交流实验设计方案。

　　师：为了让实验现象更明显，老师给大家准备了小木块，垫在托盘下面可以使托盘倾斜。我把两个木块这样摆放可以吗？公平吗？（老师将两个木块摆放在不同的位置）

　　生：不行。

　　师：应该怎样改？哪位小先生上台来帮我改正？

　　小先生1上台操作。

　　师：这位小先生改得对吗？

　　生：对！

　　师：如果我这样放置木块可以吗？（老师将两个木块的不同面对齐托盘）

　　生：不可以。

　　师：那怎么办呢？还有小先生上来帮帮我吗？

　　小先生2上台操作。

　　师：这样解决问题了吗？

生：解决了。

师：用洒水壶模拟降雨的时候，该如何操作才能保证公平呢？谁可以到讲台上来一边操作一边讲解，教教我呢？

小先生3边操作边讲解：用洒水壶浇水的时候要保证两个洒水壶在同一个高度，不能一个高一个低，倒水的时候洒水壶倾斜的角度要一样，这样才公平。

师：原来要这样操作才可以啊，我看懂了，其他同学们看懂了吗？

生：懂了。

师：通过三位小先生上台指导，这个实验该如何操作已经很清晰了。

学生分组实验，老师巡视。

汇报交流实验现象。

师总结：植被不仅能防止水土流失，还能阻止土壤沙化。

（由无锡市育红小学何珊老师提供）

在设计水土流失实验环节中，教师先让全体同学参与猜想实验方案。通过交流讨论，每位同学都发表了自己的意见，同学们在倾听他人发表意见时，还要提出自己的看法和建议，这样每位同学都是小先生，生生互为小先生。实验为了让学生明白如何做到公平，用洒水壶这个生活中常见的器具模拟演示人工降雨的场景。课堂呈现了两条线，明线是教师变成了一个什么都不懂的学生，频频犯错，需要小先生们不停地指导；暗线是教师一再用自己的"错误"，引导学生进行更细致的探讨、更入微的学习、更努力的寻找。一次次指点老师的过程，一次次倾听的过程就是一次次学习的过程。身边的同学做小先生了，他的见解我听懂了吗？他的见解有没有道理？我的见解是不是比他更好？学生在议论中思考，在思考中学习，在学习中进步。学生不仅能教同学，还能教老师呢！多荣耀的一件事情啊！学生的成就感瞬间提升，积极性被完全调动起来了，都争先恐后地要做小先生，没有当上小先生的同学也听得格外仔细。实验操作过程中容易出错的地方就这样轻松地破解了。小先生制的课堂正是这样，学生把自己在学习过程中的获得和大家及时分享，多向交叉互动。学生经过多次评议，进行知识内化，提高学习能力。

第五节 互动型小先生作评议教与学

"21世纪核心素养5C模型"提出了21世纪人才培养目标,即文化理解与传承(Culture Competency)、审辩思维(Critical Thinking)、创新(Creativity)、沟通(Communication)、合作(Collaboration)。其中审辩思维素养包含质疑批判、分析论证、综合生成、反思评估四项内容。审辩思维作为核心素养模型的提出,说明未来人才培养中,需要人们具备能独立、理性地分析、思考、表达、评判的能力。而这种审辩思维素养需要人们在过程中经历、感知、体悟。

美国教育家布卢姆在《认知领域教育目标分类》中,将认知目标划分为"知道、理解、应用、分析、综合、评价"六个类别,其中"分析、综合、评价"是发生在较高认知水平层次上的心智活动或认知能力,处于思维的较高水平,因而被认为"高阶思维"。见图4-1。

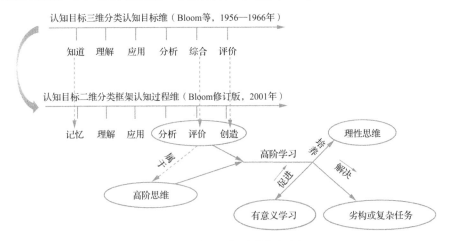

图4-1 认知目标分类框架图

随后,布卢姆的学生安德森与克拉斯沃等近10位专家开始对布卢姆的认知目标分类进行重新修订。它将原来的一维的目标分类改为两维,一个是"知识"的维度,另一个是"认知过程"的维度。其中,"知识"维度分为事实性知识、概念性知识、程序性知识和元认知知识;"认知过程"维度包括记忆、理解、应用、分析、评价和创造六个方面,把原来的"评价"下降一级,"创造"上升至最高级。从"知识"和"认知过程"两个维度的较高层次来界定高阶思维,即知识维度的"程序性知识、元认知知识"与认知过程维度的"分析、评价、创造",在二维矩阵中,高阶思维表现为它们形成的交叉点,即指学生在特定的认知领域学习目标下,面对有关程序性知识和元认知知识的学习任务时,进行有关分析、评价、创造等认知学习活动所表现出来的思维。

郭华教授在《深度学习及其意义》一文中指出,深度学习"就是指在教师引领下,学生围绕着具有挑战性的学习主题,全身心积极参与、体验成功、获得发展的有意义的学习过程。在这个过程中,学生掌握学科的核心知识,理解学习的过程,把握学科的本质及思想方法,形成积极的内在学习动机、高级的社会性情感、积极的态度、正确的价值观,成为既具独立性、批判性、创造性又有合作精神、基础扎实的优秀的学习者,成为未来社会历史实践的主人"[1]。他指出,深度学习的目标不仅是学习知识,培养高阶思维,更是培养人,实现人的全面发展,是核心素养培育与发展的基本途径。他强调,要实现深度学习,需要实现经验与知识的相互转化,真正让学生成为教学主体,帮助学生通过深度加工把握知识的本质,在教学活动中模拟社会实践,引导学生对知识及知识的发现、发展过程进行评价。

评价是评价者对评价对象所进行的价值判断,其实质也是对评价对象的认识过程。[2] 当学生成为课堂学习的评议者,能积极地、主动地评议学习过程,能独立、自主地评议他人的观点,能合理流畅地质疑、分析、补充,则学生既是一个真实的学习者,真实地、思辨地参与到课堂学习中,又是课堂中的教授者,借助自己的质疑、分析、补充,帮助集体将学习模糊的地方变得清晰,使思路浅显的地方变得深入,使学习不当之处得以修正,在评议中拓展高阶思维,提升核心素养。值得注意的是,评议不是随意进行的,往往是基于一定标准展开的。这个标准可以是共同的学习目标,也可以是评议者个体的认知水平。

在传统课堂上,评议的权利一般是属于教师的。教师基于对学科标准的理解,基于自己对他人的认知,基于个人的情感展开评议。因此,课堂

---

[1] 郭华. 深度学习及其意义[J]. 课程·教材·教法,2016(11).
[2] 史晓燕. 教师教学评价:主体·标准·模式·方法[M]. 北京:北京师范大学出版社,2018:11.

中我们会看到标准化的学科测试,教师对学生的激励性评价等形成性评价。评价主体的单一性使师生对话、生生对话的空间被压缩,学生学习的主动性、积极性、重要性受到限制。

现代小先生制课堂中,呈现出一种"以教促学,以评促学"的学习新样态。学生既是小先生,也是学习者,被赋予"评论"的权利,可以通过评价甚至是质疑的方式,阐述自己对刚刚所学内容的理解、赞同、不解或反对。评议的内容可以是课堂上的学习、教学、管理。"能评""会学"的小先生让课堂学习回归到真实的师生、生生交往,回归到真实的现实生活,也回归到真实的个性发展。在互教互学、互评互议的循环往复过程中,每一位学生都可以成为小先生,每一位学生同时又是参与评议的学习者。为此,我们提出互动型小先生的学习样态,主要通过转述、追问、补充、纠正等方式作评议教与学。通过广泛参与、主动建构、迁移实践,现代小先生制课堂完成了深度学习,学生共同提升,全面发展。

一、转述中评与学

转述是人们在日常交际中常见的一种语言现象。当人们想要告诉他人在某个时间,自己或者他人所说、所写或者所想的话,那么他们就必须用到转述。转述不但包括了对他人或自我话语、观点、心理活动等方面的再次表达,还可能对被转述的话语进行解释、补充、说明、判断和评价等。

在课堂上,一般而言,教师或学生都会扮演转述他人话语的角色,在转述的过程中展开师生、生生多主体之间的对话分享、分析推理、质疑批判、探究创新、评价反馈。在现代小先生制课堂中,学生围绕所学内容进行主动探究,开展深入对话,积极表达、展示并分享自己的思维过程和学习成果,勇于在质疑与辨析中加深对深层知识和复杂概念的理解;善于运用原有的知识对新的问题进行分析、推理,将新问题与已知知识联系起来,主动地对新知识做出理解、判断、审视、反思和评价,形成对知识的深层理解,发展高阶思维,培育核心素养。

1. 转述中对话与分享

课堂教学公共生活是师生共在的生活世界,是师生共同构建的存在方式。课堂教学公共生活要求回归交往,即回到师生作为平等主体进行沟通、对话的真实交往。① 这里的"对话"指向的并不只是师生在课堂上简单的问与答,而是师生围绕学习目标、学习方法、学习管理等全过程展开的真实的对话交流,并在对话、交流中实现学习目标的同一理解,学习方法的相互分享,学习过程的协同经历,学习管理的共同参与。

课堂学习的转述中,教师、学生能够围绕着真实的问题情境展开对话,共同完成学习任务、达成学习目标。这是教师启迪学生思维、实现学生知识构建、提升学生核心素养、提高课堂教学质量的重要过程。这一过程中,提问和回答不断交替,师生之间形成具有合作性质的学习共同体中的伙伴关系,他们对话交流的目的,并不是彼此之间要相互征服,或是相互反对,也不是想要分出个孰优孰劣,而是相互交流、相互分享学习的体验以及通过学习获得的学习成果。

【教学案例29】

《今天是你的生日》教学节录
(人教版小学音乐六年级上册)

师:同学们,仔细听一听这首歌曲,再说说歌曲的旋律有什么特点。

小先生1:我觉得这歌曲的旋律委婉流畅。

小先生2:我感受到这首歌曲的旋律是跌宕起伏的。

小先生3:我也觉得这首歌旋律跌宕起伏、深情优美。

师:来,让我们随琴声轻声试唱歌谱。你发现了怎样的特点?作者用了怎样的创作手法?

小先生4:我发现有些句子是重复的,有些是变化重复的。

师:这在创作中被称为重复与变化重复。你认为这样的创作手法对歌曲的情感表现有怎样的作用?

小先生5:这样的手法让情感表达更加深厚。

小先生6:我觉得重复就是强调,能让情感表达更加深厚,也更加浓烈。

师:重复能起到强调音乐素材、突出主题思想、加深音乐形象的作用。

(由无锡市育红小学徐丽丽老师提供)

---

① 王龙龙. 课堂教学公共生活重构的理性思考[J]. 教育观察,2019(8).

音乐学习中，需要在学唱的过程中深化乐理的学习。案例借助学生乐曲旋律的直观感受，深化学生对乐曲的理解。在表述中，小先生有的直接表述自己的感受，有的在表达时对他人的观点进行肯定、强调、补充。这样，通过层层递进的对话和分享，学生们对于"重复"这个音乐创作技巧有了深刻的认识，还放飞自己的思绪，获得了情感上的共鸣。

2. 转述中分析与推理

分析与推理是学生认知发展的重要过程。在布卢姆的认知目标分类中，分析属于高阶思维范畴。培养学生的推理能力已成为学生核心素养发展的重要内容，课程标准也明确指出应将推理能力的培养贯穿于学生学习的整个过程。课堂学习中的分析与推理，能够帮助学生找到思考的方法，寻找到问题解决的路径，使学生成为课堂中教与学的小先生。在课堂学习的集体中，学生可以借助转述的方式，分析他人的观点、思路，推导出合理、优化的方法，帮助自己和集体在学习中去伪存真，解决问题，发展高阶思维。

【教学案例30】

《常见的数量关系》教学节录
（苏教版小学数学四年级下册）

一辆汽车行驶的速度是90千米/时，试填写下面空格中的行驶路程，并说一说你发现了什么。

时间：小时　　1　　2　　3　　4　　5　　6
路程：千米　　90　180　270　（　）（　）（　）

生：路程的数字越来越大了。

小先生1：我同意你的看法。你的意思是，时间越长，路程越长。路程随着时间的增加而不断增加。

师：你们是怎样计算出括号中的路程的？

小先生2：用时间和速度相乘，得出$4 \times 90 = 360$，$5 \times 90 = 450$，$6 \times 90 = 540$。

小先生3：是用公式"路程＝时间×速度"来计算的路程。计算速度的时候，是否也可以用公式"速度＝路程÷时间"？

小先生4：由于90×1=90，180÷2=90，270÷3=90，所以是可以用公式"速度=路程÷时间"的。

师：你们还有其他发现吗？

生：时间=路程÷速度。

小先生5：我明白了，时间=路程÷速度。也就是说，只要给我们速度、时间、路程里面的任意两个量，就可以得出第三个量。

（由无锡市育红小学曹锡珍老师提供）

课堂交流中，小先生1在表达想法时，转述了前者的观点，并在转述中进一步分析，直观地描述出路程与时间的变化现象。小先生3也在转述路程计算公式时，进一步推导出路程公式的变式。生生之间的转述，进一步加深了学生对正比例关系的了解，为学生后续的学习做了铺垫，有效培养了学生的推理能力，也激发了他们进一步学习的兴趣。

【教学案例31】

《小数的意义和性质》教学节录
（苏教版小学数学五年级上册）

师：请大家回想一下，如果对1米进行平均分配，分成十份，其中的一份或几份可以用哪些数来表示？

生：我认为可以用小数或者用分数来表示。

小先生1：如果是分成十份，可以用十分之几和一位小数来表示。

小先生2：没错，分十份用十分之几和一位小数表示；如果是分成一百份，可以用百分之几和两位小数表示；如果是分成一千份，则可以用千分之几和三位小数表示，对吧？

小先生3：我觉得是对的。但是，我不知道如果再分下去，分成一万份、一百万份乃至更多，其中的几份我们还能用这样的方式表达吗？

师：他的这个问题谁来回答？你们能据此发现小数与谁有着密切的联系？

（由无锡市育红小学杨清芬老师提供）

认识小数的意义和性质时，面对同样的问题情境，小先生们踊跃表达出自己的思路。小先生1转述时，使前面的答案更具体。小先生2依据前面的想法，分析、推理出如果是分成一百份，可以用百分之几和两位小数表示；如果是分成一千份，则可以用千分之几和三位小数表示。几位小先生的思路步步深入，前后印证。在这样转述的过程中，学生既是学习的评议者，也以自己的思路教会他人，让课堂呈现出师生共同参与、积极探究的真实学习氛围。

3. 转述中质疑与批判

课程标准指出，应让学生敢于怀疑，勇于提出批判性、发展性意见，发展实践能力与创新精神。小学生都有很强的探求知识的欲望，这是使学生产生质疑能力的诱发剂。但总体来说，小学生的抽象思维能力普遍比较弱，而各门学科的概念大多是抽象严密的。当学生遇到学科中的核心概念时，可能会产生认知上的差异，形成学习争议。现代小先生制课堂鼓励学生人人成为小先生，面对学习争议时，能够主动思考、发现问题，成为勇于存疑、追疑、思疑、释疑的学习者，能流畅表达思路，敢于质疑他人思路。转述中评与学，即要求学生能够在转述中，表达对他人观点的理解或质疑，在理解中深化自己的思路，在质疑中厘清学习的认知。

【教学案例32】

《认识平行线》教学节录

（苏教版小学数学四年级上册）

师：（用两只手臂简单比画，表示不在同一平面且不同方向的两条直线）这样的两条直线，它们的位置关系是怎么样的？

生：相交！相交！

师：为什么呢？

小先生1：它们延长后就相交了。我们学过，两条直线如果不平行就相交。

师：你们都这么理解吗？

小先生2：我认为这两条直线一上一下根本不会相交。从中间看它们还有很宽的距离，它们没有交点，所以是不会相交的。

小先生3：是的，这两条线距离太远了，怎么延长都不会相交的。

小先生4：（指向教室日光灯）我来举个例子。大家看看，我们教室的日光灯，它们是东西方向的，和左侧面墙南北方向的地脚线，这样的两条直线延长会相交吗？

小先生5：延长了也不会！它们不可能有交点。

师：它们不可能有交点就不可能相交，不相交那为什么不平行啊？

（此时，学生进入另一个疑惑的思维情境）

小先生6：位置关系就只有两种情况，不是相交当然就是互相平行了。

小先生7：它们也不会互相平行！

小先生8：不相交的两条直线要平行，必须符合哪些条件？这两条直线符合平行线的条件吗？

师：（引导总结）原来这种情况既不相交也不互相平行，因为这两条直线没有在同一个平面内。

（由无锡市育红小学赵磊老师提供）

什么样的两条直线才是平行线呢？面对教师提出的问题情境，有人大胆给出结论，显然结论是错误的。有人对结论给出了肯定，有人提出了质疑，有人为质疑提供了依据，有人虽然无法说明理论依据，但是以真实生活情境做出了例证。在学生的共同思考、质疑中，集体对于"平行线"的理解进一步深化。在转述中小先生深入思考，互相评议分享，在交流对话中厘清了认知的疑难，锻炼了学习的思辨品质。

4. 转述中探究与创新

深度学习是以培养学生的学习能力、实践能力、批判能力、创新能力等为目标的学习方式，要求学生在理解知识的基础上，灵活运用所学知识创造性地解决有挑战的实际问题。可以说，深度学习强调要让学生学会自主学习、学会主动探究、培养创新思维。小学阶段，学生具有学习的积极探究性，具有主动求知、自我发展的愿望。转述中探究与创新，是要求现代小先生保持独立的思维品质，经历对话分享、分析推理、质疑评判，实现探究创新。

【教学案例33】

《三角形的内角和》教学节录
（苏教版小学数学四年级下册）

师：刚才，我们已经验证了直角三角形的内角和是180°。那么，对于钝角三角形和锐角三角形的内角和,大家有办法验证吗?

小先生1:我有个方法,把三角形的三个角剪开,然后拼在一起。180°是个平角,是一条直线。所以,剪开拼一下,是一条直线就是180°。

小先生2:注意了,我们以前学过平角,同学们,平角是一条线吗?

生:平角不是直线。

小先生3:对,平角不是直线。平角是个角,是角就要有顶点,有两条射线。

师:同学们,一条射线绕着顶点旋转,旋转多少度得到平角呢?

小先生4:180°,我们曾经做过这样的习题:L1=40°,L2=80°,求L3的度数。口算就可以了。

小先生5:对,可以用40°+80°=120°,然后再用180°-120°=60°。

师:大家对于他所说的办法,听明白了吗?受这个启发,有没有好办法验证钝角和锐角的内角和呢?大家都动手操作一下。

(学生操作)

师:同学们,我们通过刚才的剪和拼,可以得出什么结论呢?

生:三角形的内角和是180°。

小先生6:无论是直角还是钝角或是锐角三角形,它们的内角和都是180°。

师:对。我们可以再看一下这个拼的过程,把这个三角形的三个角,不论是剪下来还是撕下来,都可以拼成一个平角。由此,验证了三角形的内角和是180°。

(由无锡市育红小学张黎老师提供)

三角形的内角和是180°,这是一条公认的定理。这个定理怎样推理得到呢?面对这一问题情境,学生互相交流、分享,对他人的观点展开评议。小先生1最先提出了验证思路,但是表述中对180°的平角概念认知出错。立刻有小先生提出了质疑:"平角是一条直线吗?"显然不是,在学生不断地转述中,平角的概念学习也在不断深化,为后续的探究活动打下了良好的基础。最终通过正确的验证方式,小先生发现了,三角形的内角和是180°,小先生6立刻在转述中补充强调"无论是直角还是钝角或是锐角三角形,它们的内角和都是180°"。小先生带领同学们探索三角形内角和,成功地验证出"三角形内角和是180°"的猜想。学生们在探究活动过程中增长了知识，积累了经验，提高了自主学习、主动探究的意识，并进一步培养了创新思维。

5. 转述中评价与反馈

评价是一个为了改善学生表现和促进学生学习，提高学生的学习能力、实践能力和创新能力的过程，是深度学习中重要的组成部分。评价的实施应该贯穿于整个教与学的全过程，渗透在教学过程的各个环节，渗透在每一个反馈的时机中。

王北生先生提出，在课堂教学中，要利用及时评价进行课堂调控，及时评价实际上是一种反馈信息，对于学生来说，及时评价可使他们强化正确、改正错误，找出差距、促进努力、自我调控、不断进取。及时评价的主体不仅仅是教师，更应该是学生。传统课堂中我们经常会听到教师的提问"你是怎样想的？"现代小先生制的课堂学习中，我们更能听到"我是这样想的……""他的想法是这样的……，但是我认为……"学生借助转述或质疑或评价或反馈。这种同学之间的评论和建议能够有效解决教师评价的短板问题，对互相评价的双方学生均具有启发意义。

【教学案例34】

《蘑菇该奖给谁》教学节录
（苏教版小学语文一年级下册）

师：小黑兔得了第一名，他当时的心情怎么样？

小先生1：小黑兔一定很高兴、很开心啊。

小先生2：小黑兔认为自己得了第一名，可以得到奖励了，很高兴的。

师：除了高兴，还有什么心情吗？

小先生3：应该还觉得骄傲。

师：嗯，你怎么知道的呢？课文里是怎样说的呢？

小先生4：课文里说"小黑兔得意地说"，他很得意啊。

小先生5：对，小黑兔得意地说，"得意"两个字可以看出小黑兔感到很骄傲。

（由无锡市育红小学倪莹老师提供）

瞧！在课堂学习中，学生能够主动表达自己的思路，其他学生也能够在转述时,对他人的观点进行及时的肯定和补充,在转述中实现学习的评价和反馈。小先生在同学回答问题的时候,与之进行对话,不停进行引导,激发同学的发散性思维,把同学的思维不断引向深入。小先生转述他人的观点时,也表达了自己的观点,提出了自己的意见。转述可以帮助学生对所学知识表达赞同或反对的观点等,推动课堂朝着课堂目标前进。在转述中,学生围绕所学内容进行主动探究,开展深入对话,积极表达、展示并分享自己的思维过程和学习成果;在质疑与辨析中加深对深层知识和复杂概念的理解;运用原有的知识对新的问题进行分析、推理;对新知识做出理解、判断、审视、反思和评价,最终形成对知识的深层理解,发展高阶思维,提高核心素养。

二、追问中评与学

追问是课堂教学的重要环节,是师生对话、生生对话的有效手段,是在学生有了一定理解的基础上进行补充、深化的提问。蒲绪凤提出,旨在让学生的思维走向深入的追问是学生在教师或小先生引导下的一个"再创造"的过程,可以及时地启发和激发学生的思维,拓宽思维的广度,增进思维的深度,锻造批判思维的强度。[①] 当"追问"成为知识建构的"助跑器"和思维症结的"溶解器",促进学生的学习由被动接受走向主动思考,自然就能实现传统学习向自主学习的转变。

当前课堂学习中,往往是教师在课堂学习中进行追问,帮助学生弄懂学习中的疑难处。学生主动自发的追问很少见到。现代小先生制课堂学习中,追问同属于教师和学生。学生可以在学习理解粗浅处追问、矛盾处追问、偏差处追问、意外处追问、抽象处追问,借助追问的方式评价他人的学习,通过追问使自己和他人学得深入。

追问的问题要具有关联性,所有问题都要围绕核心问题展开。追问问题要具有启发性,当学生对某个问题想弄明白而又弄不明白,想说而又说不出来的时候,就要通过一系列的追问作为暗示启迪他的思维,以使其思维进行下去,开导他的表述,使之明白且表达出来,并学会举一反三,最终实现知识的内化。追问问题要具有灵活性,课堂核心问题是教师或小先

---

① 蒲绪凤,李友银. 化学课堂教学中的追问艺术 [J]. 中学化学教学参考,2009(7).

生备课时根据教学内容，联系学生的实际预设的。但是，由于学生在知识水平、学习兴趣、学习方法与思维方式、认知方式、表达能力、生活经验等方面存在很大的差异，在课堂追问过程中会产生很多不可预知的问题和回答，这使得教师在追问时必须根据学生实际回答的情况，结合教学内容，在较短的时间内巧妙地做出相应的调整，灵活机智地生成恰当的追问，实现问题预设与生成的统一，将学生的思维引入更深层次。此外，追问问题还要具有发散性，围绕核心问题多点发问，问题间相互联系，如类比关联、递进关联、因果关联、补充关联、拓展关联等，从而培养学生从不同角度、采用不同思路解决问题的发散性思维方法。

在课堂追问中，把握合适的追问时机很重要，无论是教师课前预设的追问还是课堂生成的追问，都必须把握住时机，在最合适的情况下进行，这样才能及时激发学生的思维，引导学生积极主动地学习，促进其更好地理解教学内容，促进知识内化。此处结合课堂教学案例，从以下几个方面来分析教师如何把握合适的追问时机，"追"出思路、"追"出本质、"追"出精彩，让学生在追问中把握知识本质，深化理解。

1. 粗浅处追问

小学阶段，学生认知发展正处在直观思维向抽象思维过渡的阶段，对问题的认知、理解水平不一。学习中，很多时候学生对核心问题的认识还停留在表面，缺乏深度。此时教师或小先生进行适时追问，能够帮助学生加深对学习粗浅之处的理解，实现深入学习。尤其是学生自主地追问，不仅能看出学生对学习内容的掌握程度，还能让学习的过程可见。借助教师、学生的适时追问，为集体学习搭建思维的阶梯，指导学生掌握思考的方法，运用概念、假设等进行抽象思维活动，去分析问题、解决问题，发现事物的规律，层层深入把握问题的本质，帮助学生学会由表及里、由浅入深地看问题。

【教学案例35】

《孔繁森》教学节录
（苏教版小学语文二年级上册）

师：课文中，孔繁森去献血了，那么大家知道孔繁森为什么要献血吗？

生：我想可能是孔繁森没有钱用了，用献血来换营养费吧。

小先生：不是的，你知道他把献血换来的营养费用来做什么了吗？

生：他用献血换来的营养费去帮助孤儿交学费了。

小先生：孔繁森献血换来营养费，帮助孤儿去上学。现在，你认为孔繁森是一个怎样的人？

生：我觉得孔繁森是一个乐于助人的人。

（由无锡市育红小学杨凌云老师提供）

这个案例中，学生需要从对课文的阅读理解中挖掘出孔繁森可贵的品质。面对第一个学生粗浅的回答，小先生展开适时追问。老师和小先生借助一系列问题的追问，帮助集体通过表面的文字感受孔繁森可贵的品质，从而把握全文的立意。粗浅处的适时追问，实现了追问中的评与学。

2. 矛盾处追问

随着学生社会生活的不断拓展，课堂教学过程中常会遇到与学生自身原有认知产生冲突的内容，这时他们的思维就会遇到障碍或产生矛盾，导致认知失衡。此时，教师或小先生应针对学生的思维矛盾冲突及时追问，调动学生积极主动思考。在反思和整理新旧知识的基础上，在交流与碰撞中，学生可以澄清自身的认识，最终实现认知平衡，自主构建新的知识结构。

【教学案例36】

《军神》教学节录

（苏教版小学语文三年级上册）

师：同学们，你们认为在《军神》这篇课文中刘伯承是一个什么样的人？

生：我认为他是一个很谦虚的人。虽然他身为十大元帅之一，但是他没有和医生说自己是元帅，要优先给自己看病，而只是说自己是一个邮局职员。

小先生：哦？你怎么知道他是十大元帅的？

生：我听说过的。

小先生：那么，你知道刘伯承是什么时候被评上元帅的吗？

生：这个我还不知道。

小先生：刘伯承是1955年才评的元帅。你再看看课文中说是的什么时候呀？

生：课文中说的是1916年。

小先生：对呀，早在1916年的时候，刘伯承还不是元帅呢，那时候，他还只是一个普通的军人。所以，结合当时的背景来分析，我们说他是个谦虚的人不够准确。

（由无锡市育红小学孙青老师提供）

在本教学案例中，根据课文《军神》内容可推断出，刘伯承是一个非常坚强的人，而一位学生却回答他是一个谦虚的人。这个答案显然跟课文中所给出的信息不相符。在这个学生说明原因后，小先生明白了他是根据"刘伯承是元帅之一"才给出这样的答案的。对于这个学生给出的错误答案，小先生没有直接加以否定，而是继续追问他"刘伯承是什么时候被评上元帅的？"从他的解释中，可以推断出刘伯承被评上元帅的时间与课文里故事发生的时间是明显相矛盾的。这样，学生最终明白自己的答案是不合理的。

3. 偏差处追问

小学生由于身心发展不够成熟，社会经历较少，知识储备也十分有限，所以他们的思维水平、分析判断和评价能力都非常有限，他们对某些问题的认识、判断和评价难免出现偏差，甚至会产生一些错误认识。学生是处于发展中的人，他们需要教师的教育和引导。错误是正确的先导，在某种意义上说，有时错误比正确更具有教育价值，尤其是一些在学生中普遍存在的很有指导意义的错误或者蕴含创新思维的错误。在课堂教学中，面对学生的错误认识，教师不能一味地否定，也不能采取故意忽视或回避的做法，而应抓住这一宝贵教学资源，通过错误了解学生真实的情况，对症下药，挖掘错误中的潜在教育价值，把握机遇及时追问，引导学生进行自我反思、互相评价，在自主探究与选择中，全面深化认识，培养批评思维，提高核心素养。

【教学案例37】

《昼夜交替》教学节录

(苏教版小学科学五年级上册)

师：你们知道什么叫"昼夜"吗？

生1："昼夜"是晚上。

生2：老师，他的意思是说"昼夜"是指晚上，但是我觉得"昼夜"应该是一整晚。

生3：我也觉得应该是一整晚吧。

小先生1：我觉得他们说的应该都不对，"昼"的意思是白天，"夜"的意思是晚上，所以说，"昼夜"就应该是指白天和晚上。

小先生2：是的，"昼夜"应该是白天和晚上一起，一整天，24小时。如果"昼夜"是晚上的话，白天又该怎么说呢？

师：非常好，他说得很对。"昼"的意思是白天，"夜"的意思是晚上，所以昼夜就是……？

生（齐答）：一整天。

(由无锡市育红小学何珊老师提供)

一整天包含白天和黑夜，一共24小时。这一知识学生都知道。但是对于"昼夜"的理解，学生出现了不同的认知。小先生2在表述了自己的对"昼夜"的理解后，通过一个反问"如果昼夜是晚上的话，白天又该怎么说呢？"让同学们理解原来"昼夜"就是一整天，24小时。

在前述关于平行线的教学案例中，面对真实的问题情境，学生们显示了对于"平行线"概念的理解。有的只以相交或者不相交来判断平行线，忽视了"同一平面内"的前提。面对认知的偏差，小先生们认真追问，通过举例子论证等方式，引导同学们发现这两条直线不在同一个平面内，所以它们既不相交也不平行，最终帮助自己和他人厘清了"平行线"这一教学核心概念。

4. 意外处追问

在课堂教学中，教师一般都会积极备课，注重课堂的预设，同时也重视生成性资源，及时发现它们的价值所在，鼓励学生表达真实想法，从而找到教育的切入点，使教育更贴合学生的实际，使教育更具现实指导意义。教学意外指在课堂教学中，因教师、学生及教学环境等因素的影响而产生超越教师课前预设的新问题，是课堂教学的生成性资源。能灵活且正确处理教学意外的情况，就能及时化解教学中的"危机"，利用教学意外呈现精彩课堂。教师要运用敏锐的感觉和准确的判断，捕捉有价值的"意外"及时进行追问，及时了解学生们的真实想法和内心对于求知求解的迫切需要，因势利导，激发学生强烈的探究欲望，引导学生思考并表达自己的观点，在交流中逐渐形成自己的认识，生成自己新的感受和体验。

【教学案例38】

《动物——人类的朋友》教学节录
（苏教版小学科学三年级下册）

师：同学们，你们知道海龟有什么本领吗？

小先生1：我知道，我知道。海龟会想念自己的故乡。我在电视里看到的，小海龟一出生就爬进大海里，等它们长大了要产卵的时候，又回到出生的地方。

小先生2：不对。小海龟回到出生的海滩产卵，不是因为它们想念家乡，而是想把自己的小宝宝生在它们以前的海滩上。因为它们觉得它们出生的地方最好。

小先生3：那它不可以把宝宝生在其他美丽的海滩上吗？为什么非要回到自己出生的海滩呢？

小先生4：它就是思念故乡呀。就像我们一样，不管走到哪里，都会回到自己的家里去和自己的爸爸妈妈在一起。

师：好的，老师觉得刚才他分析得非常好。他把海龟的生活习性归纳成一种特别的感情、特别的本领。海龟因为想念家乡，所以它会回到它曾经出生的地方去产卵。

（由无锡市育红小学张梦岩老师提供）

本案例中，老师提问"海龟有什么本领？"小先生给出了大家意想不到的答案：思念家乡、回到家乡产卵。对此答案，小先生产生了疑问和追问："为什么非要回到自己出生的海滩呢？"学习中的一句追问，同时联系学生的生活实际,使学生由最初的不理解海龟"思念家乡"到后面明白了海龟回到自己出生的海滩产卵就是"思念家乡",实现了问题预设与生成的统一。

5. 抽象处追问

小学生的认知学习是建立在自己的生活经验基础之上的。小学阶段,学生的思维水平比较低,虽然他们已经处在从具体思维逐步向抽象思维过渡的时期,但是,他们此时的思维还是主要以具体思维为主。因此,教师可以加强直观式的教学,把问题具体化,引导学生发现问题的本质,并归纳概括出问题的本质,从而使问题抽象化,形成概念。

【教学案例39】

《认识吨》教学节录

(苏教版小学数学三年级下册)

师:同学们,从哪里我们可以看出鲸鱼的重量呢?

小先生1:它说"当我还是婴儿的时候就有了3吨重"。

小先生2:你知道3吨有多重吗?

小先生1:不知道。

小先生3:1吨等于1000千克。

小先生4:对,那3吨就是多少千克呢?

小先生2:3吨就是3000千克。

小先生3:3000千克有多重,我们三年级学生平均体重是30千克,它是体重为30千克同学的多少倍?

小先生1:是100倍。就是说1头小鲸鱼有100位同学这么重啦。

(由无锡市育红小学卞可可老师提供)

"吨"是一个比较大的重量单位,小学生接触得比较少,对于三年级的孩子来说有些抽象,很难理解。小先生通过追问,引导学生将"吨"与学过的"千克"互换单位,但三年级的学生还是很难理解3000千克到底是多少。小先生让学生找出描写幼年鲸鱼重量的句子,学生回答后,小先生接着追问"3吨有多重"。此时,小先生联系学生的实际,三年级学生的体重大约是30千克,追问"3000千克是30千克同学的几倍",这时,学生们理解了3000千克相当于100位30千克学生的体重。这样,通过相互关联的追问,学生更加直观、形象地感知到了幼年鲸鱼3吨的重量。

【教学案例40】

《科学是……》教学节录

(苏教版小学科学三年级上册)

师:同学们,原子弹、指南针、定位仪、机器人、电灯、电脑、宇宙飞船这些东西都有什么共同点呢?

小先生1:我知道,这些东西全部都是人用"科学"造出来的,不是大自然里原来就有的。

小先生2:那么人们把它们造出来干什么?

小先生3:造出来的这些东西都使我们的生活变得很方便,变好了。

小先生4:噢,是吗?这些都是使生活变方便、变好的吗?

小先生5:不对,原子弹就是杀伤性很强的武器。

小先生6:嗯,日本就被原子弹杀死好多人呢。

小先生7:还有火药,可以造枪炮杀人。

小先生8:可是,难道火药不是也可以用来做美丽的烟花爆竹吗?

师:那可以得到一个什么结论?(启发学生总结概括)

小先生9:科学可以帮助人们做好事,也可以让人们做坏事。

小先生10:放在好人手上就做好事,放在坏人手上就做坏事。

小先生11:所以我们要成为好人,用科学做好事。

(由无锡市育红小学何珊老师提供)

科学是什么?这是一个非常抽象的概念,对于小学生们来讲,难以理解。教师从人类运用科学技术创造出来的而且小学生们也知道的具体的东西引导学生逐步了解"科学"这个概念。这段教学对话中一共提问了四次,其中三次是学生针对问题情境展开的追问。在一个个追问中,小先生共同思考,最终得到一个相对合理的总结性概括:科学具有两面性。

"学起于思,思起于疑,疑形于问。"追问是现代小先生制课堂重要的教学方式。在课堂教学过程中,教师应根据学生的回答,了解学生当前的思维状况,然后选择恰当的追问方式对学生的思维进行即时的引导与点拨,以促进学生思维能力的发展,帮助学生深入思考与探究问题,更加全面透彻地理解教学内容,更好地进行深度学习。只有这样,学生在课堂学习中才会真正做到在疑问中思考、在质疑中追问、在评价中教学,才能真正成长为课堂上"会教、爱学、能评"的学习小主人。

三、补充中评与学

和传统课堂不同,在现代小先生制课堂上,生生互评是课堂深度学习的"助推器"。在教学实践中,学生们的学习活动在生生互评、以评促学中螺旋向前、向上发展。除了前文已经讨论过的学生们在转述中互评以及在追问中互评外,学生们还会在补充中互评,最后达到掌握知识和内化知识的目标。

补充中评与学就是借助补充他人想法的方式,对他人观点进行评议。补充不仅是课堂学习的重要方式,也是课堂参与、交流互动的重要方式。补充中的评与学是学习者在同一学习目标下,对同一问题的不同程度的思考。能对他人的想法进行补充,说明对他人的思路有了自己的理解、分析、判断。在现代小先生制的课堂中,学生人人具有补充的职责,听到不完善的回答,就要及时补充。补充中评与学也是学习中对学生的实在要求。

1. 基于标准的补充中评与学

补充中评与学是学习者基于同一学习目标下,因个人不同程度的思考而产生的对他人、小组、集体的补充,以补充的方式实现着以评促学。怎样使学生产生同一的学习目标呢?崔允漷认为,学生应当参与学习目标的设定。学生必须学会将教师清晰呈现的教学目标转化成学习目标,形成关于学习成果的清晰的愿景,明确学习目标所要求的成果或产品的质量,并以此为努力的方向和监控自己学习的标准。① 为此,补充中评与学注重师生就学习目标的交流,让学生充分参与到学习目标的认知、评议要求的定制过程,从而敦促学生能够积极地作评议。

在不同的学科学习中,学习目标、评议标准都会有所不同,需要根据课堂学习的实际情况、学生的实际学情进行必要的修改,使小先生的课堂学习样态中处处展现着学生补充中的评与学。

---

① 崔允漷. 促进学习:学业评价的新范式 [J]. 教育科学研究,2010(3).

【教学案例41】

新编对话在英语课堂教学中的运用

(译林版小学英语四年级下册)

那是四年级的下学期，当天课堂学习的内容是第4单元的"故事时间"，那是一节新授课。具体内容是这样的：

Let's draw some pictures here.

Good idea.

What can you see over there?

I can see a tree and some flowers.

Can you draw them?

Sure. It's easy.

This is the tree and these are the flowers.

Well done.

Can you see the boat over there?

Yes.

Can you draw it?

It's difficult, but I can try.

Is this a boat?

学完书上"故事时间"文本之后，就到了学生们表演对话、新编对话环节了。小学生活泼好动，喜欢模仿，小学英语教学过程中，让学生表演课本内容是常见的教学方法。但是，如果仅仅局限于表演课本内容，则对于语言的学习、掌握和运用是远远不够的。因此，老师在教学过程中，还提出了更高的要求：让学生们根据学过的对话编出新的对话。有教学就会有评价。在这一环节中，老师一般都是先和学生们一起制定评价标准：

1. 如果在新编的对话中能正确地运用所学对话里的核心句型就是掌握了最基本的知识，该小组可以得到一颗星。

2. 如果在新编的对话中不仅正确地运用了所学对话里的核心句型，还有符合对话情境的开头和结尾，该小组可以得到两颗星。

3. 如果在新编的对话中既正确地运用了对话里的核心句型，也有符合对话情境的开头和结尾，还在核心句型的基础上有相关的拓展，该小组可以得到三颗星。

4. 能认真听别的同学发言、纪律好，另外加一颗星。

然后在黑板上写出每组的序号，再根据学生所新编的对话情况用打星的方式进行评价，打几颗星由学生说了算。

之前按照这样的评价标准，编对话环节推进得很顺畅。没想到，那天课上在评价一组学生该得几颗星时几组学生吵了起来。其中刚表演完的那组学生认为自己完全按照评价要求做了，应该得4颗星，但是其他组学生不同意。有的同学认为他们的对话虽然符合上面四条要求，但是在表演的过程中有句子说错了；有的同学他们认为他们这一组有个同学说话的声音太小，别人不太能听清楚。总之他们不能得4颗星。当时因为课堂时间有限，教师建议给他们3.5颗星。虽然大多数学生们勉强接受了，但有的学生还是愤愤不平地小声嘀嘀咕咕。

学生们通过补充评价指出了新的问题。这件事使教师认识到，在以学生为评价主体的课堂上，互评互学的过程中评价标准的合理性、全面性非常重要。

于是，老师跟学生一起重新讨论，根据学生们的补充评价建议，对评价标准进行了调整。

1. 如果在新编的对话中能正确地运用所学对话里的核心句型就是掌握了最基本的知识，该小组可以得到一颗星。

2. 如果在新编的对话中不仅正确地运用了所学对话里的核心句型，还有符合对话情境的开头和结尾，该小组可以得到两颗星。

3. 如果在新编的对话中既正确地运用了对话里的核心句型，也有符合对话情境的开头和结尾，还在核心句型的基础上有相关的拓展，该小组可以得到三颗星。

4. 语言中没有错误加一颗星。

5. 语音语调标准加一颗星。

6. 声音响亮加一颗星。

7. 能认真听别的同学发言、纪律好，加一颗星。

（由无锡市育红小学张晓晴老师提供）

被学生认可的同一的学习目标能激发学生学习的积极性，使学生参照学习目标不断地提高自己的学习。对于复杂任务的评价标准应该根据该项任务可能涉及的每个方面都给出适当的评价标准。之前的评价标准过于偏重鼓励学生通过补充相关内容达到在语言运用中思路的拓展、能力的提高，而对语言表达过程中的正确性和交际性有所忽略。

从上面的教学实例不难看出，在课堂教学过程中，学生们对学习内容的补充不一定局限于补充知识点，也不一定就是关于方法的补充，有时候甚至是对评价标准本身的补充。这就需要教师在学习过程中，注重学生对学习目标的同一理解，根据班级学生的具体情况，对评价标准及时做出符合学生实际学习特点的调整。评价标准在补充完善后，不仅保留了原先的重视补充相关内容的要求，还增加了语言运用中的正确性和交际性要求。在基于同一标准的学习中，学生能够注重对核心语句的理解与拓展，能够注意语境的契合，还能关照到语法、语音语调的认知，同时英语学习中的自信表达、倾听的积极情态也得到了充分的关注。

在课堂上，教学不是教师的独角戏，学生具有教、评、学的品质和能力，借助对学习标准的补充，实现着对学习目标的把握，对学习过程的有效协同，实现着补充中的评与学。

2. 基于预习的补充中评与学

学习是需要学生积极参与、主动建构的。小先生制课堂学习中，课前预约的组织形式是小先生生成的重要方式之一。小先生借助课前的预学，做好学习中交流、分享的准备。小先生制的课堂学习样态中，基于预习的补充中评与学也是重要的内容之一。

【教学案例42】

《秋天的雨》预习教学
(苏教版语文三年级上册)

在布置第6课《秋天的雨》预习时，老师做了一个尝试：老师没有直接告诉学生必须理解哪几个词语的意思，而是让学生自己先读读课文，圈画出不理解的词语。同时要求孩子们思考：除了用查工具书的方法理解词语外，还可以用什么方法呢？学生一听，就有好多只小手举了出来。小Y说："可以找近义词来代替。"老师点头："不错。"小Z说："可以联系上下文来解释。"老师表示赞许:"真棒!"老师接着又问:"孩子们,你们还能想出别的方法吗?"这些刚三年级的孩子有点犹豫了。于是老师提醒他们,可以联系生活经验。这时,小 X 大声说:"可以看看书上的插图,还可以请教周围的人。"

(由无锡市育红小学吴东霞老师提供)

课堂学习中,我们往往关注学生对学习内容的理解、对学习过程的思考,那对学习方法的掌握情况呢?是的,小先生制的课堂学习样态中,小先生不仅仅是学习内容的分享者、思考过程的分享者,更是学习方法的交流者。掌握了学习方法,小先生能够去学习更多的知识与内容,能够成为更棒的教学者、评议者、学习者。三年级的学生已经掌握了一定的学习方法,但是,独立学习的能力并不强。虽然预习一般都是课前学生在家里完成的学习任务,但教师还是需要指导学生怎样进行预习。在这个案例中,老师在布置预习任务时,没有直接教给学生预习生字词的方法,而是引导学生通过不断补充,找出了在预习过程中碰到问题时应该怎么办的多种方法。老师虽然没有直接教给学生方法,学生们却在老师的引导下不断思考,不断补充,学会了怎样预习。

3. 基于内容的补充中评与学

每个学生的学习能力、已有知识基础都是不一样的,这就导致他们在学习新的知识时会有不同的感悟,会产生不同的认知。这些客观上存在的事实就形成了小先生制课堂上相互评、相互学的基础。不同的课堂上,补充评价的内容也是不一样的。

《池上》是三年级语文教材上的一首诗。这首古诗的意思浅显易懂,用质朴的语言,白描的手法,把小娃娃天真无邪的形象刻画得栩栩如生,呼之欲出。在理解诗意环节,对于"偷"字含义的正确理解,在五人小组里,学生们结合字典和生活实际来进行探索。

在第二章案例 1 里,学生们需要学习"偷"字在《小池》这首古诗里的含义。在上课之前,老师把学生们按照不同的学习能力、已有知识基础以及生活经验等分成五人小组,学习就是在五人小组的新组学习者共同体里进行的。在新组的学习共同体中,生 1 通过读诗,发现了有一个字比较特别,但是,有可能一时之间没有把握,所以没能说出是哪个字。生 2 在前面同学提出那个见解的基础上补充出了那个字是"偷"。学生的补充有两个心理活动过程：首先，生 2 在读这首古诗时，也意识到有一个字显得很特别，所以生 2 赞同生 1 的看法。其次，生 2 听到生 1 的表达之后进一步补充出自己的看法，这时的生 2 还有一点儿不太确定，所以用了一个问句来表达自己的认识。既然大家明确了"偷"这个字是特别的，那么它在这首诗里到底是什么意思呢？小先生 1 就通过查字典的办法来进行求证。字典里关于"偷"这个字有两种意思，到底哪个才是正确的？学生们又根据自己已有的学识和生活经验，互相补充自己的理解和看法，对"偷"字进行了推测并找出符合诗意的正确解释。接着老师的适时插话点评和其他学习共同体的参与进一步确认了"偷"这个字在这首古诗里的含义。

整个教学案例中虽然没有明显地出现评价类语言，但是，从学生们对话的上下文中可以看出，他们都互相给出了肯定的评价，同时也对同伴认识中的不足做出了补充。从提出评论性看法到补充观点，到借助学习工具进一步探索，再到结合自己的已有学识和生活经验进行推测，最后在老师的点评和别的同学的补充下最终确认正确的含义，从而深刻体会到"偷"这个字在这首古诗里的用法。通过这样的互相补充、互相学习，学生们的思维能力得到了提升，完成了对这一部分内容的深度学习。

【教学案例 43】

《圆圆的世界》教学节录
（苏教版美术一年级上册）

师：（在黑板上出示圆形卡通）今天老师给你们带来一个新朋友，认识它吗？

生：圆。

师：它是一个圆形的宝宝，它的名字叫圆圆。

师：你们会画它吗？会画圆的小朋友举手。（学生纷纷举手）你们可别小看了他哦，谁来教我们一口气画个滴溜圆？请你像个小老师一样，为我们讲讲，怎么样才能把圆画得漂亮呢？

小先生 1：要画得圆一点，不能太椭圆。

师：画得快一点还是慢一点？

小先生 2：慢一点。（黑板上示范画一个圆）

师：我学会了，可以从左向右画，也可以从右向左画，要想让你的画笔听话呀，就要慢一点。

你们学会了吗？想不想也来试一试？拿出勾线笔，在纸上练习画一个圆吧，记住要画大胆的圆哦。

刚才的小先生可以到同学们中间看一看，评一评，谁已经学会了，谁还有点困难，你也可以手把手教教他。

（学生第一次练习）

小先生3：他的圆画得很大。

师：再找找有没有存在困难的。

小先生4：他画得不太好。

师：你发现他用一笔还是画不好圆，你还能想出其他画圆的方法吗？

小先生5：先画一个方形，再把尖尖的角画得圆一点。

师：说得很好，再想想，一下画不好，分成两步呢？

小先生6：先画上半个圆，再画下半个圆。

师：请你再来当个小先生，到黑板上来画，教教我们。（学生示范）

师：还有其他方法吗？

小先生7：用三根弯线来画。（边示范边讲解）先画一根短的弯线，再画一根短的弯线，最后画一根长一点的弯线。

师：我们再来试试吧，用不同的方法再画一个圆。

（学生第二次练习）

（由无锡市育红小学沈灵老师提供）

对于一年级的小学生来说，在生活中他们有着对"圆"这一形状的感性认知。他们见过皮球是圆的，车轮是圆的，太阳是圆的，月亮是圆的，还见过圆形的脸盆，圆形的盘子，圆形的锅，圆形的碗，各种各样圆形的水果，等等。但是，要亲自动手画出一个漂亮的圆，并不是一件容易做到的事情。

学生们开始说明怎么样画圆的时候只是一种很笼统的说法，"要画得圆一点，不能太椭圆"。在老师的追问和引导之下，学生们积极开动脑筋，思路越来越明晰，一个学生的补充又给另一个学生的思维带来启发。就在这样的互相补充中，学生们一步步得出"圆"的具体画法：① 画的时候要慢一点；② 可以先画一个方形，再把四个尖角画圆；③ 分两笔画：先画上半圆，再画下半圆；④ 用三根弯线来画：先画一根短的弯线，再画一根短的弯线，最后画一根长一点的弯线。

此后，学生们第二次再练习画圆时明显比第一次画得更快、更好。学生们在学习画圆的过程中，通过互相补充观点和方法，圆满地解决了"怎样画圆"这个问题。

由于学生和学生之间年龄接近，思维方式和心理活动也有相似之处，具有不同特长的学生可以发挥自身的优势，自然地在某个教学过程中让学生承担部分"教"的责任，让学生们在小先生的引领下，互相启发、互相补充、互相学习。

《国家中长期教育改革和发展规划纲要（2010—2020）》明确提出，要重视学生的能力培养，着力提高学生的学习能力、实践能力和创新能力，注重激发学生的学习兴趣，培养良好习惯，使学生能够主动地适应社会。在现代小先生制课堂上，通过学习过程的互相补充，学生们拓宽了获取知识的途径，补充了自己生活中的欠缺，吸收了学习伙伴的经验，发展了自己思维的宽度和广度，逐步提高了学习的能力。并且，学生们在互相激发思维的过程中进一步体会到学习和成功所带来的乐趣，既增进了学习伙伴之间的友情，又进一步强化了学习的兴趣。

四、纠正中评与学

纠正中评与学是以纠正的方式，对自己、他人的观点展开评议。纠正自己、他人的观点与否定反馈有着相同的作用，主要有显性纠正和隐性纠正两种。显性纠正是直接指出出错之处，并提供正确的答案。隐性纠正是指并不直接说明出错之处，而是告知存在错误，借助诱导的方式，帮助被纠正者找出错误，得到正确的答案。此外，纠正最终指向的是提优，帮助学习者发现问题、解决问题，优化学习思路和方法。合理采用纠正的方式，可以使被纠错的学生及时发现自己出错之处，获得新知，提高能力。

在传统课堂上，纠错的执行者通常是教师。在现代小先生制课堂上，学生需要成为课堂学习中合理的纠正者，在纠正中指出自己、他人的缺点和不足，帮助自己、他人在纠正中得到提升。由于同学的年龄相似、心理感受也相近，所以在纠错的过程中更能以同伴容易接受的方式和语言进行纠错。这也正是小先生制课堂上学生互评互教的天然优势。

佐藤学通过研究，得出这样的结论：所有的学生，无论是学习优异的学生，还是学习上有困难的学生，在以往的学习中都积累了一定的学习经验，在合作学习中这种经验被很好地关联起来了，"合作学习"也保障了困难学生平等参与学习的机会，保障他们积累丰富的、有意义的经验的机会，即使一时不理解，有意义经验也为日后参与学习挑战准备了条件。① 任何一个学生都有可能会犯错，有错便会有纠正；同时，任何一个学生也都有可能帮助学习同伴纠正。不过，在纠正的过程中，要根据不同的情况选择合适的方法。

1. 直接纠错的纠正中评与学

直接纠错的纠正中评与学，就是直接指出自己、他人的错误，并给出正确的解答。这种方式能给予学习者最直接的帮助，同时也给予了纠正者分享、交流自己思路的机会，在直接纠错中实现评与学。

【教学案例44】

《厘米的认识》教学节录
（苏教版小学数学二年级上册）

师：同学们，我们认识了厘米，并且会测量线段了，那你们能不能画出指定长度的线段呢？现在请你们画一条长4厘米的线段。

（学生画指定长度的线段；指名板演；老师点评。）

师：老师想知道小朋友们都画得对不对，你有什么办法呢？

小先生1：可以再量一量，看看对不对。

小先生2：可以让同学帮他量一量，看看对不对。

师：很好。那我们采取2号小先生的好方法。请帮你的同桌量一量，看看他画对了吗。发现错误，一定要教他改正哦。

小先生3：我同桌画得不直。我告诉他：画的时候手要把尺子压住了，尺子不能移动。

小先生4：我同桌画得长了。他从尺子的顶头一开始就画了，要从"0"刻度开始画才对。

（由无锡市育红小学赵岷老师提供）

---

① 刘倩. 基于学习共同体的中学化学课堂文化研究［D］. 扬州大学，2017：27.

上面的学习中，二年级的学生正在练习画出指定长度的线段。在画直线的过程中，有的学生画得不对。这个错误如果不及时纠正的话就会影响下一步的学习，所以需要明确指出学生的错误并且让那些出了错的学生立即改正。在同桌互相检查时，学生不仅发现了同桌的错误，而且还找出了错误的原因，并根据小伙伴出现错误的原因帮助小伙伴纠正了错误。这样的纠正干脆直接，迅速达到解决问题的目标，为接下来的进一步学习扫清了障碍。同桌之间直接纠错，既可以检查彼此学习中存在的问题，又可以增进对画线段这一学习内容的掌握，真正实现了学生在纠正中的评与学。

2. 隐性诱导的纠正中评与学

面对不同的学习情境，有时需要直接纠错，有时则需要隐性诱导的纠正方式。隐性诱导的纠正中评与学可以是对出错之处的重复检查、步步追问，可以是就出错之处的不断讨论，旨在使出错的学生发现自己的错误，进行改正。

【教学案例45】

《认识含有万级和个级的数》教学节录

（苏教版小学数学四年级下册）

小先生：我们应用今天所学的知识一起来玩一个"估价大战"的游戏。（课件出示一辆宝马敞篷车的图片）猜一猜，这辆车的人民币价格可能是几位数？

生1：六位数。

小先生：不对。

生2：七位数。

小先生：对了，的确是七位数，价格最少要达到多少？

生：一百多万。

小先生：这辆车的价格的确要一百多万。究竟是多少呢？给大家一些提示：这个七位数是由0、0、0、0、1、2、3这七个数字组成的，而且只读一个零。（出示条件）你能猜出这个数是多少吗？

生1：1023000。

小先生：小了。

生2：1032000。

小先生：小了。

生3：1300200。

小先生：大了。

生4：1200300。

小先生：（出示实物图片，呈现背后的标价）对了！我要把这辆"车"奖给你。

（由无锡市育红小学宋慧老师提供）

在这个例子里，学生们需要学习四年级下册"认识多位数"单元中的《认识含有万级和个级的数》这一课。教师先是帮助学生们复习了一下已经认识的万以内的数，让学生们明白写数时，只要按照数位顺序表，从高位到低位依次写出每一位上的数字即可。读数时，要从高位到低位一位一位往下读，不仅要读出每一位上的数字，而且要读出每一位的计数单位。然后学习认读万级和个级每一位都不含0的数。学生明白写数时，仍然只要按照数位顺序表，从高位到低位依次写出每一位上的数字，读数时，要先分级，再从高位起一级一级往下读。之后，再学习认读万级和个级某一位或几位含0的数。在这节课的新授内容结束之后，教师设计了一课末游戏：估价游戏，以帮助学生巩固本节课所学知识，并且拓展学生们的思维。在玩这个游戏时，教师退居到幕后，请了一位小先生来主持这个游戏，其实，此时这个小先生就扮演着评价者的角色。

评价者在接收到学习小伙伴错误的猜测答案之后，并没有直接说"错"并给出正确答案，而是通过"大了""小了"这样的评价，诱导同学进一步思考。

小学生认识自然数的过程就是一个逐步积累的过程。在认识含有万级和个级的数之前，学生已经认识了万以内的数和整万数，已经能够结合数位顺序表理解多位数的含义并初步掌握了多位数的读写方法，这是本节课学生学习新知的现实起点。因为有了良好的知识储备，所以本节课的课末游戏由学生来担当小先生对同学的估价行为进行评价就成为可能。在评价的过程中，对于同学的错误答案，小先生的纠正方法不是直接给出正确的答案，而是评价为"小了""大了"。这样一次次对小伙伴答案做出具有启发性的否定性评价，促进了同学的进一步思考，并最终得出正确的答案。

3. 提优导向的纠正中评与学

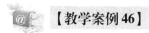【教学案例46】

从以纠错为主改为以提优为主

（译林版小学英语四年级下册）

在实验的开始，为了鼓励听的学生能够认真听，同时也为了帮助说的学生改正说话中的错误，我要求听的学生听完后指出说的学生说话中的错误或不足之处并帮助纠正。每当一个或一组学生说话完毕之后，总有一些学生会指出其错误或不足，并且帮助他们改正。我不仅让出了错的学生改正错误，同时还提醒其他学生，以免再犯同样的错误。

一段时间之后，主动举手要求说话的学生越来越少，有时即使指定几个学生来说话，他们往往也是声若蚊蚋，惜话如金。例如，在学过牛津英语四年级下册第一单元"A new student"之后，我让学生们编对话，结果不少学生编出的是类似这样的对话：Who's that boy? He's Li Lei. 这样的对话虽然没有错误，但如此简单、机械的模仿对于学生们听说能力的提高几乎是没有帮助的。

究其原因，学生们是被纠错纠怕了。一个班级里的学生本来就有层次性，即使同一个学生在不同的学习阶段其学习状态也可能有所不同，如果教师总是用要求达到完美无缺这同一把尺子去衡量，那么，量来量去的结果只能是使学生看到的总是自己的短处与不足，因而越来越失去说好英语的信心和学习英语的热情。

让学生纠错的办法不仅没能帮助说者提高说的能力，而且听者也未必真的有多大的收益。因为，听者总是把注意力放在捕捉别人的错误上，而失去了欣赏和学习别人优点的机会。久而久之，还会使学生不知不觉中养成专爱挑别人刺的毛病，不利于树立互帮互助、合作学习、共同提高的良好学风。

接下来我改变了评价方法：请听的学生听完之后提出说话者的优点。这样一来，哪怕是说得再不好的学生也会被同学们找出一些优点来，而本来就说得不错的同学被提出的优点就更多了。

以提出学生说话中的优点为主的评价方式至少带来了两个方面的变化。

第一个方面，班级中每个学生看到的更多的是自己的优点和进步，不断地受到鼓励，因而学习英语的兴趣和说好英语的信心都增强了，主动开口说话的学生越来越多，说话的内容也越来越丰富。例如，学完牛津英语四年级下册第六单元"Let's go by taxi"之后，有学生编出了这样的对话：

A：I'm hungry. Let's go to the supermarket buy something to eat.

B：OK. Shall we go to there on foot?

A：No. I'm tired, too. Let's go by taxi.

B：All right. Taxi!

C：Yes. Where?

A：The supermarket.

B：How much is it?

C：Ten yuan, please.

B：Here you are.

A：Thank you.

这段对话赢得了同学们热烈的掌声。它虽然也有错误，却丝毫不影响语言的交际功能。可以看出，学生们已不仅局限于尝试使用本单元所学内容，还试图运用以前所学的内容。以往课堂上那种战战兢兢、诚惶诚恐、"千万别叫到我"的表情再也不见了，更多的是欣赏与被欣赏的满足，尊重与被尊重的和谐以及跃跃欲试的神情，同学之间、师生之间的关系也更加融洽。

第二个方面，由于需要提出优点，听者自然而然将注意力放在了说者的优点上，他们在听的过程中也就不知不觉地学到了别人的优点，在练习听力的同时也提高了自己说的能力。因此，班级里逐渐形成了良好的学习风气。

(由无锡市育红小学张晓晴老师提供)

从以纠错为主转变为以提优为主，实际上是一种评价方法的转变。以挑出错误为主的评价方法是一种消极的评价方法，因为这种评价总是着眼于学生的错误和缺点。这种消极的评价方法导致的结果就是让更多学生感到：我出了那么多的错，我不行。而以提优为主的评价方法则恰恰相反，它总是着眼于学生的优点和长处，是一种积极的评价方法，其评价的结果是让更多的学生得到这样的暗示：我能行。如果我改掉了那些错误，下次会做得更加好。

提优看似跟纠错无关,实则是纠错的另一种方式,即隐性的纠正方式:强化优点,弱化缺点,间接否定错误。提出优点这一积极的评价方法不仅鼓励了学生,为学生指明了努力的方向,也有助于学生在互评互学的过程中形成积极的情感态度、主动思维和大胆实践的良好学习习惯,同时也增进了学生之间的感情,学生与学生之间的关系更加友好,更加愿意互相帮助。

班级学习时,学生与学生之间很多时候是一种合作的关系,要提高学习的效率和效果,需要学生具有合作的意识和责任,积极主动地参与到合作学习中,更需要注意营造民主平等的学习氛围,鼓励学生积极思考、勇敢表达。因此,对于错误的纠正必须关注班级的学习氛围和学生的心理感受。

纠正过程中提出优点的评价方法对学生的学习虽然有着正面激励作用,也注意到了学生的接纳心理以及学生之间的关系,但是,这种方法也有着它的不足之处:缺少对错误的明确纠正。所以,在纠正的过程中需要针对不同的情况采用不同的纠正方法。对于非本质性错误可以采用隐性纠正法,而对于本质性错误则需要采用显性纠正法才能达到纠错的目标。

伊恩·史密斯也提出这样的建议:"一些教师以三明治方式,在两个积极评价之间插入学生需要改进的内容,给学生既积极又具体的评价。第一个积极评价可以是关于作业中做得好的地方,紧随其后的是需要改进的部分,同时提出如何改进的建议。"[1] 从心理学角度来看,以这样的方式进行纠错更容易被接受。

教育始终是关于"人"这一复杂生命个体的活动,它不仅仅是理性认知的过程,更是体现人文关怀、人性养成的过程。课堂教学过程中,纠正是必须的,但是必须选择合理的、充分关注学生心理和情感的方法。在生生互评互学中,引导学生本着充分尊重个体的原则,友善地进行纠正,营造一种有利于每一个学生参与学习的课堂气氛,使得每一个学生在有着良好氛围的班级里健康成长。同时,在教学过程中,充分关注到学生的生活经验也会对学生的学习产生积极的作用。

---

[1] 伊恩·史密斯. 学习性评价行动建议200条:小学版[M]. 北京:教育科学出版社,2016:111.

第五章

现代小先生制的组织形式

现代小先生的"先生"不是指出生比自己早、年龄比自己大的人，也不是指充当教师或教师助手的角色。现代小先生是指能够先于他人主动探索和主动分享的学习伙伴。现代小先生制的探索与分享，既是为了内化小先生个体的经验，也是为了能够给其他学习者的进一步学习带去启发或反思。现代小先生区别于以往小先生的特质是广泛参与、主动尝试，深度思考、主动建构，乐于分享、迁移实践。因此，现代小先生制的组织运行从本质上来说是一种强调学习者通过分享而内化经验的学习组织方式，是注重利用学习者之间的认知差异和资源差异而进行的学习组织方式，是基于倾听、重在对话的学习组织方式，是通过学习者个体向其他学习伙伴分享学习经验时产生自我反思，进而促进自己深度思考与内化的一种学习组织方式。

本章将具体介绍现代小先生制的组织形式，论述教师如何设计促进小先生学习的组织方式，如何设计和指导小先生的学、评和教。基于现代小先生的学习特质，现代小先生制的组织形式与其他教学的组织形式必然有所不同。现代小先生一定不再只是学知识，一定是通过教师关于情境、问题的设计，让他们能够用已学的知识或有关联的关键知识去解决真实的问题。现代小先生制的课堂教学目标是小先生能真正理解并运用这些知识去解决真实性的问题，他们学到的知识要产生迁移。现代小先生制中学校或教师需要为学生提供持续的、真实的学习机会，要通过综合学习设计，创造"交互"的学习环境，让小先生们都有机会分享和对话，让小先生们能广泛参与、主动尝试，深度思考、主动建构，乐于分享、迁移实践。只有这样才能让小先生们不断成长、发展和创新。

教师促进现代小先生进行学习的组织形式可以分为四种：课前预热式、

课中嵌入式、课堂覆盖式和课后主题式。这四类组织形式也说明现代小先生的学习不仅限于课堂与个人，也不仅限于知识与技能，而是跨时空、跨学科的分享与交流，是不断的经验获取、实践解惑和迁移创新的过程。教师设计和指导小先生的学、评和教的时候必须做好以下四点：提炼驱动型问题；重视情境性教学；突出结构性内容；设计导向性工具。现代小先生的学、评和教是一种以分享为主要手段的学习组织方式。通过分享，小先生就比他人先一步思考并深一层思考。"交互"是小先生学习的必要条件，人人都会分享，那么人人就都能成为小先生，在具有差异性的对话中，将学习与发展推向纵深。

第一节 课前预热式

现代小先生是指能够先于他人主动探索和主动分享的学习伙伴。现代小先生制一定要通过创设情境或问题让学生主动探索和主动分享，让他们成为相互的学习伙伴，成为彼此的小先生。

基于对维果茨基的"最近发展区"理论的教学论的认识，钟启泉曾经提到过儿童的认知里存在既知的和未知的，既知的就是已经习得或者在生活中获得的经验，未知的就是儿童尚不知道的东西。从"不懂"（未知）到"懂"（既知）的过程就是"教学"。教师的责任是帮助每一个儿童在心中内化未知的教学内容，教学的展开就是把客观存在的科学、技术、文化知识（未知）加以内化。换言之，倘若把儿童现今达到的水准视为"既知"水准，而把儿童得到教师支援、同教师一起能够实现的水准视为"未知"水准，那么，教学就是教师在这两个水准之间进行设问，引领儿童走向"最近发展区"的活动。这样在"既知"与"未知"之间的设问，承担着引领学习的作用，是一种面向儿童主体活动的动机激发，同时也是真正求得儿童的思考与理解的一种深化。因而，这样的活动就不仅仅限于课堂上的 40 分钟，这一活动呈现的是无限延续和循环往复的螺旋上升的状态，涉及课前、课中和课后多个阶段。课前准备阶段是激发学生从既知探索未知的起始阶段，这一阶段需要教师通过设问，引导学生从既知开始，探索与未知有关联的既知素材，对之进行分析、归纳和整理，在体验未知的过程中进行初步的试探,进行从既知到未知的过程猜想或联想,尝试初步的联想建构。因此,本节介绍的课前预热式将从三个方面展开:搜集中发现有用素材、体验中提炼已有经验和联想中建构已有经验。教师在这一阶段需要设计多种活动引领学生初探未知。

一、搜集中发现有用素材

为了能激发学生主动探索,主动参与学习与活动,在学习与活动中人人成为现代小先生,良好的课前学习与活动设计不可缺少,这能有效激发学生的探索欲望,促使他们进入主动探索的状态,学习与活动的展示也正是他们互相分享的好平台。课前的学习活动准备从搜集相关素材开始。这些素材包括学生自身的既知,与学习主题相关的生活素材、背景素材等,有抽象的也有物化的。这个准备过程需要教师进行引导,让学生在课前搜集过程中发现与将学的主题相关并可能有用的素材。

【教学案例1】

搜集素材在英语教学中的运用

(译林版小学英语五年级上册)

五年级上册的一堂英语复习课的内容是讨论有关 Family(家庭)的话题,复习如何介绍家庭成员相关信息。老师在课上通过家庭照为孩子们营造了介绍的真实情境,并通过照片介绍激发学生进行以"My Family"为主题的介绍活动。老师还为学生设计了课前准备的学习单:

1. 准备一张全家福照片,或是画一张全家福。
2. 完成家庭调查表:

	name	age	job	hobbies	favourite food	favourite colour	…
I							
Father							
Mother							
…							

学生完成学习单的过程就开启了初步的既知回顾和继续探索。在调查中,学生的准备呈现出不同的层次,这体现了学生不同的既知水平。比如

有些同学只是完成了学习单的准备工作，有些同学则会根据自己的具体情况增加调查表中的项目，人员也会有增加。这些都为学生的家庭介绍做了充分的准备和达成目标的补充，也引导学生自主丰富素材和思考空间，从不同维度去思考如何全面地介绍自己的家庭。

（由无锡市育红小学何轶君老师提供）

在课前搜集和探索与未知学习有关的素材时，教师可以引导小先生们自主分工，相互合作。学生四人一组，共同推选出组长，进行任务认领和有效分配。学生对相关素材进行分类，上课前共同探寻素材，为课上学习做好充分的准备。有用的素材能激发学生主动的求知欲并，学生分享自己搜索的素材，锻炼了自己的能力，使之有可能成为小先生。

二、体验中提炼已有经验

《现代汉语词典》中对"体验"的解释是"通过实践来认识周围的事物"的"亲身经历"。教师需要设计课前准备活动，让学生主动并充分地进行体验实践，这个过程也是现代小先生的培养过程。在这个体验过程中，他们探索如何可以从自己的既知中研究、假设、猜想、思考，自我建构，逐步从未知走向已知。这样的学习特质正是小先生们必须具备的。对于小学生来说，他们的体验形式是多样的，有观察，朗读，背诵，倾听，表演，动手制作，实验，理解，猜想某一个概念或现象，想象，文化或艺术的熏陶，情感上的认同、接受等。他们的体验是知识、技能、方法、情感、价值观等多种方面的体悟、习得的过程。课前的体验是最基础的、最前沿的学生自主体验，这些体验需要教师精心设计，精心设计的体验任务有助于学生在体验中不断探索，尝试用自己的理解或运用既知来进行对未知的初步解析，为课堂的学习做好充分的准备。

【教学案例2】

《清平乐·村居》教学心得
（苏教版小学语文五年级上册）

在学习五年级语文上册课文《清平乐·村居》时，需要学生用自己的语言来描述诗歌的内容。如何能让学生用自己的已有经验来解决这个问题呢？老师想到了利用文包诗的朗读体验来帮助学生总结表达的方法。课前，根据学生的既知来设计体验任务，组织学生回忆、搜集、交流已学过的文包诗范例，鼓励他们合作列一份诗文对照的一览表，共同进行朗读体验，在个人和小组的朗读交流中总结文字的表达特点。在课堂上学习新词《清平乐·村居》时，学生通过总结方法，在完成用自己的语言描述诗歌内容的任务时，调动了已知经验，迁移了表达方法，完成了学习任务。

以下是五人一组的小组文包诗一览表，供小组成员学习前朗读。

《但愿人长久》
诗文
人有悲欢离合，世上本来就是有悲也有欢、有离也有合的，
月有阴晴圆缺，就像天上的月儿有隐也有现、有圆也有缺一样，
此事古难全。哪里会十全十美呢！

《少年王勃》
诗文
落霞与孤鹜齐飞，一只野鸭正披着落日的余晖缓缓地飞翔，
灿烂的云霞在天边轻轻地飘荡。
秋水共长天一色。远处，天连着水，水连着天，水天一色。

《每逢佳节倍思亲》
诗文
独在异乡为异客，一年一度的重阳节又到了。
一大早，大街上便热闹起来了，
人们扶老携幼，兴高采烈地去登高游玩。
每逢佳节倍思亲。（王维）看着家家户户欢度节日的情景，
更加思念家乡的亲人。
遥知兄弟登高处，此时此刻，兄弟们一定也在登高聚会，
遍插茱萸少一人。西望长安，思念着我呢。

《黄鹤楼送别》
诗文
故人西辞黄鹤楼，友人登上了船，
烟花三月下扬州。岸边杨柳依依，江上沙鸥点点。
孤帆远影碧空尽，白帆随着江风渐渐远去，消失在蓝天的尽头。
唯见长江天际流。（李白）依然伫立在江边，凝视着远方，
只见一江春水浩浩荡荡地流向天边。

《李广射虎》
诗文
林暗草惊风，一天夜晚，月色朦胧，李广带兵外出巡逻，路过一片松林。
一阵疾风吹来，树木野草发出"沙沙"的声音。
将军夜引弓。李广想到这一带常有猛虎出没，便用警惕的目光四处搜寻着。猛然间，李广发现前方的草丛中，影影绰绰蹲着一只老虎，便连忙拈弓搭箭，运足气力，拉开硬弓。"嗖"的一声，一支白羽箭射了出去。
平明寻白羽，第二天，天刚蒙蒙亮，李广的随从便去射虎的现场寻找猎物。
没在石棱中。呀！大家全都惊呆了，原来李将军射中的不是老虎，而是一块巨石！那白羽箭深深地扎进了石头里，任将士们怎么拔也拔不出来。

这一组小先生们课前朗读自己找到的文包诗,同时在小组进行交流,互相朗读找到的内容,积累了语言,丰富了表达。然后他们在课堂学习《清平乐·村居》时,通过朗读展示自己寻找的这些资料,向全班同学分享了他们组关于总结描写诗句的方法:

1. 紧扣诗歌内容进行描写。
2. 抓住主要景物和主要人物进行刻画。
3. 合理想象画面,让表达更具体生动。

在这个基础上,全班同学也仔细阅读了他们的材料,从中发现诗与文的联系,在用自己语言描绘《清平乐·村居》这首词所描写的乡村生活时,便迁移这些既有经验,做到有例可循,让语言表达更丰富生动。

(由无锡市育红小学曹珍珍老师提供)

案例中,小组对文包诗的提前回忆与搜集不同材料的朗读体验,让这一小组的每个成员都为新课的学习做好了充分准备,他们的课堂体验分享也引发了更多同学的共鸣和深入思考,引发同学们更多关于诗文表达的思考,促进对本课内容的学习与理解和相关核心能力的培养。

小先生们亲身体验到的东西能让他们感到真实,并在大脑记忆中留下深刻印象,让他们可以随时回想起曾经亲身感受过的生命历程,也因此对未来有所预感。体验经历是多种多样的,可以是朗读体验,也可以是其他体验,小先生在准备阶段进行的各种体验能对未知学习起到积极的作用,也让小先生们为交流分享和提出自己的观点提供有效的实践基础。

三、联想中建构已有经验

现代小先生制运用的是以分享为主要手段的学习方式。要进行分享,小先生就要比他人先一步思考并深一层思考。在分享中,逐步实现人人都成为小先生,成为"善思考、能接纳、乐分享"的学习自我促进者和他人学习者。为了努力让每个学生都能够成为小先生,人人都能独立思辨,能够给他人的学习带去新的思考或启发,我们必须关注他们学习的整个过程,为他们创设充分的条件。课前的学习准备期是他们学习出发的基础阶段,除了指导他们搜集素材、体验解惑外,更应培养他们进行联想预测的能力。学习本身就是一种创新活动,而联想预测或猜测是创新学习的基础。联想是由当前事物或观念想到另外的事物或观念的创造性过程。用于学习中,联想预测就是由既知走向未知的第一步，通过联想、预测、实践、检验和建构等活动最终获取目标中的未知。一项成功的联想任务设计可以为现代小先生的成长加速，他们能在联想中探索、建构自己的预测，为自己在课堂上的学习做好充分的准备。

【教学案例3】

"On the farm" 教学节录

（译林版小学英语三年级下册）

在学习本单元课程之前，老师应该从学生的生活出发，请参观过农场、博物馆、科技馆的同学分享自己的参观经历。为了帮助小先生们更好地理清思路，积累相关经验和知识，老师准备了课前学习单来帮助学生有效地进行学习准备：

1. 你有参观过农场、博物馆或者科技馆的经历吗？

2. 请你想一想：如果去农场参观，你需要解决哪些问题？关于农场你想要知道些什么？可以试着将下列的思维导图补充完整。

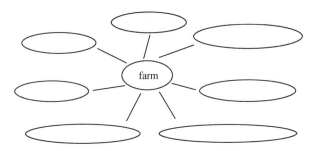

学习单中第一个问题是帮助学生回顾自己的经历，提取与未知相关的既知，为未知的探索做经验上的准备。第二个问题是激发学生进行经验联想或想象，拓宽学生的思路，并激发学生进行发散性思维，丰富自己的多种经验，利用思维导图帮助学生把自己的思维可视化，可再次反思、优化自己的经验。理解概念之间如何关联的能力只有在学生已经掌握了一些与即将学习的新信息相关的先验知识时才能增强。

（由无锡市育红小学钮玉如老师提供）

很多时候，学生解决问题时之所以会"卡壳"，并不是已有的知识掌握得不扎实，而是在特定的学习情境下无法精准提取已有经验而导致探索不出解决问题的公式、语法、思路，或与此相关类型问题的解决方法等。因此，启发小先生展开联想探索的关键在于教师在教学过程中巧妙地设计学习单、任务单等，精心为学生创设出相关的学习情境，从而为小先生插上联想的翅膀，积极调动他们脑海中的相关知识，使小先生们在所要解决的问题中产生出"上下前后左右"的多方位联系，使唾手可得的知识转化成解决问题的法宝，产生由此及彼、由表及里的知识建构，促进小先生获得从探索问题到解决问题的新路径。

课前预热式属于课堂学习准备阶段的学习组织方式，是激发学生从既知探索未知的起始阶段。这一阶段需要教师精心设计问题，引导学生从既知开始，探索与未知有关联的既知素材并进行分析、归纳和整理，激发学生在体验未知的过程中进行初步的试探，培养学生在从既知到未知的过程猜想或联想过程中建构初步的联想。

第二节 课中嵌入式

课堂是小先生成长的摇篮，也是他们施展才华的舞台，更是他们互相对话、分享交流和迁移实践的主阵地。现代小先生制课堂分为两种：一种是嵌入式小先生课堂，一种是覆盖式小先生课堂。

本节重点介绍课中嵌入式现代小先生制的组织形式。课中嵌入式指课中部分环节、步骤或片段由小先生们自己做主进行学习、对话和合作活动的组织形式。小先生们可以通过他们自己的设计来完成某一环节、步骤或片段，进行对话分享学习，而这种组织形式往往可以激发学生的潜能和创造力，促成他们的合作分享、主动建构、反思评价和迁移实践。因此，教师进行课中嵌入式小先生制课堂的组织时，必须基于核心概念或核心问题的解决，精心设计学生间的合作学习方式，让学生积极地分享交流和互评互议。

教师进行课中嵌入式小先生制课堂活动设计时，必须围绕三个问题进行活动设计："学什么""怎样学""学得怎样"。针对第一个问题"学什么"，教师需要准确提出核心问题，可以是学习的某个核心概念或某个问题，这个概念或问题将成为小先生展开学习的核心。针对第二个问题"怎样学",教师需要根据核心问题精准设计学习单任务,给出解决问题的路径供学生参考运用,这些路径能引导学生在课堂上提出疑惑和相互解惑,能提出问题并尝试阐述,能激发学生进行不同理解的演示与判断和评价,实现这样的课堂:学生间会进行对话、协作、分享和评价。针对第三个问题"学得怎样",教师要掌握学生解决问题的达成度以及如何掌握。这就需要教师积极组织学生间的分享评价,在互评互议、分享成果的过程中,教师能对学生的达成度了如指掌,也能根据情况进行后续辅导。因此,课中嵌入式的组织形式凸显了现代小先生课堂的特质:对话、分享、协作和评价,这也正是现代小先生制课堂区别于其他课堂的根本。只有通过这样的课堂,现代小先生的学习才能逐步实现广泛参与、主动建构、迁移实践,并走向深度学习、共同提升、全面发展。

一、准确提出核心问题

确定"学什么"是课中嵌入式小先生课题组织的第一步。一堂课的设计是围绕核心问题展开的,课堂问题可以围绕某一个知识点、某一个难题或学生的疑问等来设计。教师需要准确把握可能出现的问题,也要鼓励小先生积极思考,大胆质疑,让批判进入课堂,让思辨得以展开,让潜在的主体性得以解放。核心问题可以来自教师的精心设计,也可以来源于学生的学习或活动。核心问题的提炼和准确提出能促进学生在课堂中主动质疑和解惑,让平等开放、自由对话成为可能,并继而形成有效的学习趋势。好的核心问题能激发学生的思考和探究,也可用来有效达成课堂的内容目标。教师要把知识和技能看作是理解学科中的关键问题的方法,促使学生随着这个核心问题的探讨,参与到解决问题所需要的各种建构性思维中。

【教学案例4】

"Signs"教学节录

(译林版小学英语六年级上册)

六年级上册英语教材中第五单元"Signs"的 Story time 的学习,老师设计了四个问题,引导学生进行互学互教,并引发学生进行深度思考。

1. What signs do you know?

2. What signs do you want to know?

3. Read the story about the signs, ask some questions about it.

小组合作提出问题，全班分享后，老师综合相关问题如下：

（1）What signs are in the story?

（2）Where are the signs?

（3）What do they mean?

4. What else do you want to learn about signs?

（由无锡市育红小学袁莉娅老师提供）

以上案例中，教师精心设计了课堂的核心问题，促进学生自主合作地开展学习和探究。案例中，教师设计了第1、第2两个问题，引导学生从自己的实际情况入手，解答自己已经知道的英语标志和想要知道的英语标志。然后通过第3个问题引导学生在阅读前先小组讨论，提出一些关于 Story 的问题，然后大家再进行课文阅读和思考，解决自己提出的问题，理解文章的内容和意义，并且通过第4个问题"你还想学习些其他与标志相关的内容吗？"引发学生提问，开展后续的学习。整堂课都是围绕着问题的提出和解决而展开的。学生不仅在探索问题中体验，也在不断的自主提问中激发自己对未知的好奇心，通过努力解决自己提出的问题是不一样的学习过程，稳固了学生学习的积极性和持续性。

教师在基于教材的基础上精心设计核心问题，让小先生们通过自己的思考，轻松掌握知识点，推动了小先生学习的主动性。在小先生思考回答完毕后，教师在过程性评价中，也要积极引导他们思考问题的合理性，善于发现小先生的闪光点。同时，教师在创设问题时要与教学情境保持一定的契合性，联系小先生的生活实际进行课堂核心问题设计，而核心问题之间必然也存在一定的逻辑关系，教师在厘清知识点关系之后，要初步引导小先生开展问题的理解与探究，让其通过自己思考或与组内讨论相结合的多种方式，积极解决核心问题。

二、精准设计学习单

反复练习能创造出更多精细的记忆轨迹，也能延长记忆。当孩子们将信息与他们自身以某种方式联系起来时，他们对这些信息的印象就会更加深刻。当准确提出了核心问题后，教师还必须精心设计学习单，把课堂或学习空间还给学生,激励孩子们运用艺术来研究、表现和阐述。这时教师就会发现,学生不仅按老师的学习单逐步深入学习,还会使用他们自己喜爱的方式来表现和阐述自己的学习。这种组织形式下的学习,学生的掌握情况往往好于由教师直接来教学。小先生们进行表现和阐述的方式有很多,如朗读(语言艺术),表演(行为艺术、舞台造型),借用导图或场景图来帮助表达(视觉艺术),也会出现通过问题设计或创作绘本进行探讨(创意写作)的方式等。这些艺术(视觉艺术、行为艺术、创意写作、舞台造型等)使得学生能以多种方式来详细探讨核心问题,并将之与自己的生活联系起来。如何激发学生最大程度地投入学习和研究,让学生能充分互助、合作、交流和分享,最终掌握和理解问题的核心所在,是教师设计学习单的重点。激励学生通过艺术活动来阐述或表现概念或知识,这样的活动产生的信息赋予学生多形式的发散思维,而这些发散思维会引发各种可能的结果或方法。这也进一步证明现代小先生进行的是深度学习和创造性学习。

【教学案例5】

《台湾的蝴蝶谷》教学节录

(苏教版小学语文二年级下册)

(老师和同学们学习了课文后开展蝴蝶谷相关知识的讨论。)

师:小朋友们,台湾的蝴蝶谷可多了!想一想,还可能会有哪些蝴蝶谷呢?

小先生甲:我从科学馆里看到过一种枯叶蝶,台湾有的山谷里也许会有这种蝴蝶,远远望去,就像一片片枯黄的树叶,让人分不清它们到底是蝴蝶还是树叶。

小先生乙:我在公园看到过一种很大的蝴蝶,它的翅膀下端还拖着两条长长的"尾巴",后来妈妈告诉我那叫长尾凤蝶。它飞行起来姿态非常优雅,就像一只美丽的鸟儿。

师:你们把生活中的经验运用到了课堂上,真了不起。

师:蝴蝶谷仅仅就这两个吗?

生:还有很多!

师:是的,蝴蝶谷还有许许多多,老师要大家插上想象的翅膀,开展小组活动，一起去看看更美的蝴蝶谷！请仔细阅读老师的要求。在进行仿写前，大家可以在小组内先练习说一说，小组成员评议、修改后再仿写。

（老师抛出了核心问题：你心中的蝴蝶谷是怎样的？并设计了如下学习单。）

	表述心中的蝴蝶谷步骤	预期达成目标
学习活动任务单	1. 每个人先在心里想一想，用你自己喜欢的形式表达出来。 蝴蝶谷里的景象非常迷人。有的山谷里有一种（　　）蝴蝶，远远望去，就像（　　）；还有的山谷里有一种（　　）蝴蝶，就像（　　）。	根据要求思考想象☆ 尝试连起来说一说☆ 配有其他形式辅助表达☆
	2. 请每个小组的组员按照顺序，在小组里轮流表达自己的想法。	发言☆ 认真倾听他人的描述☆
	3. 组员共同评议、修改，总结并修改自己的作品。	对别人的想法有建议☆ 记录他人对自己的建议☆ 综合各种意见修改自己的作品☆
	4. 组员在本子上写下重点句子。	写下文字准确表达自己心中的蝴蝶谷☆ 配有其他形式辅助表达☆
	5. 推举一位同学把作品有感情地读给全班同学听，或展示相关作品。	在小组展示☆ 在全班展示☆☆

（由无锡市育红小学任宁老师提供）

上述学习单案例中，教师都用心设计了学习单。学习单包含自学、合作、交流、反馈等环节，具有一定的开放性、探究性，赋予小先生学习的主动权，使每位小先生都有机会表达，小先生们通过小组合作积累到更多的知识和经验。在课堂中，教师带领小先生们围绕学习单进行讨论、解决，并展示学习成果，这种学习方式提升了小先生思考问题的能力、解决问题的能力及创新思维的能力。学习单的运用在小学阶段的教学中充分凸显了小先生的主体地位。教师在设计学习单时，兼顾小先生的个性发展，注重分层指导，针对课中某个内容，有计划地分析与探究，调动小先生的参与积极性，从学会转变成自主探究学，使他们养成良好的思考习惯，并能对学习效果有更客观的评价。

【教学案例6】

思维导图在英语学习中的应用

五年级上册第6单元"My e-friends"的 Checkout time 板块设计了如下练习。练习中,老师以思维导图的形式做了一个范例,学生可以模仿进行写写说说。

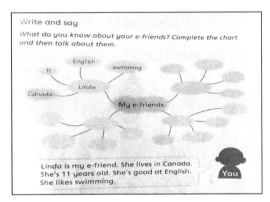

这样的说说写写的练习能减少学生对论和写的恐惧感,能激发学生以此展开思考,逐步做到有话可说,最后能随口就说。一旦孩子们的大脑中存下了这样一张网状思维导图,他们就能从容不迫地将自己网友的相关情况娓娓道来,不会出现无从开口的情况。

后来在一次口语比赛中,口语题目为"I have …"。许多同学都想到了这个方法,他们用思维导图边思考边创作,一篇篇精彩的小文章就此诞生,虽然文章还有不足,但对于五年级的学生来说已算不错了。以下是一篇代表作。

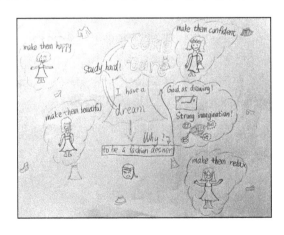

Hello everyone! I have a dream. My dream is to be a fashion designer. Do you know why? Because I am good at drawing! My imagination is strong. I like to imagine. So I naturally design a lot of clothes. These clothes are very nice and practical. Some can make people happy, some can make them beautiful, some can make them relax, and some can make them confident. Of course, this is just my dream. I have to study hard to make my dream come true.

从案例6中可以看出，思维导图能指导学生有话说，并且能丰富地说、创新地说，学生的文章因此而精彩纷呈。思维导图充分运用左右脑的机能，利用记忆、阅读、思维的规律，协助人们在科学与艺术、逻辑与想象之间平衡发展，从而开启人类大脑的无限潜能。在小学学习中引入思维导图，可以由易而难地逐步学习运用，刚开始可以带领学生从要点图做起，渐渐学会使用比较复杂有效的思维导图。利用思维导图不仅能拓展学生的思维，还能提高学生的记忆、阅读、总结归纳和写作能力，从而让学生能在小学阶段就不断形成这种良好的学习策略，提高自己的自主学习能力，为其终身学习服务。

三、积极组织分享评价

教师进行课中嵌入式活动设计时，经过问题的准确确定、学习单的精准设计后，还须积极组织学生进行分享评价，让学生明确自己学得如何，学到了什么。教师应鼓励学生利用丰富的学习资源进行学习、思考和尝试，及时分享自己的学习，热情主动地进行学习思路的演示交流或者是对他人学习的演绎评价。教师把分享评价的环节还给学生，给予学生充分的空间进行思考和交流，是利于小先生的深度学习或创造性学习的。小先生们分享学习成果的方式可以是多种多样的，无论是学习前的猜测思路分析、学习中的过程分享，还是学习后的评价交流，都能让学生的发散性思维被最大程度地激发，丰富每个学生的学习体验与学习经验。

在大部分的课堂上，教师授课往往规矩地聚焦于求同思维，学生的回答或发言往往会非常一致，这样的课堂指导将使孩子的创造力干涸。提升创造性思维，或者更广义地教授21世纪技能，都需要教师不仅能够传授知识，而且能够为学生提供很多机会参与学习活动，这些活动能够激发学生的发散性思维，也就是说产生不同方向自由流动的想法。对于教师来说，需要改变课堂上那种对"唯一正确答案"的过度寻求,积极组织分享评价活动是教师可以用来解决这一问题的一种有效的组织形式,也是激发小先生们发散性思维的组织形式。教师不仅需要调整自己的教学实践,丰富学生的学习机会和方式,而且还需要教授学生如何用不是唯一的而是多样、创新的方式去学习,因为学生终将面对的是不存在唯一正确答案的现实世界。

【教学案例7】

古诗教学中的学习评价单设计

(苏教版小学语文六年级上册)

课堂小组分享活动内容:

1. 选择其中的一首古诗熟读成诵。

2. 为其中的一首古诗写上具有审美意境的现代文解释。

课后作业:

快要到冬至节了,跟家人商量一下,我们怎样度过一个有意义的冬至节。

现代小先生制课堂学习评价单——语文

班级:　　　姓名:　　　课题:冬至组诗　　　日期:12月20日

我的交流分享方式	内容或建议表述	自我评价(☆☆☆、☆☆、☆)
我会读给你听		
我会讲给你听		
我会演(做)给你看		
我会评价你回答中的合理之处		
我会补充你回答中的不足之处		
我会纠正你回答中的错误之处		
我会转述你的回答		
组内其他小先生,我觉得:最好;有进步;继续加油。		

(由无锡市育红小学尤吉老师提供)

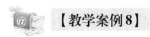
【教学案例8】

《各式各样的椅子》中的学习评价单设计

（苏教版小学美术二年级下册）

在进行二年级下册《各式各样的椅子》这一课的作业展示与评价环节时，学生在展示自己的作品后，可进行自评，讲一讲自己作品的设计灵感和闪光点，说一说自己在绘画过程中用了哪些技巧（尤其是色彩搭配与使用的优秀技巧），并简单示范，让其他同学直观学习、学以致用。同时，学生们也可进行互评、他评，找一找自己在他人作品中发现的优点，进而完善自己的作品；也可以为他人的作品提出好建议、好想法，帮助他人的同时也激发着自己的想象和创造力。

现代小先生制课堂学习评价单——美术

班级：　　　姓名：　　　课题：各式各样的椅子　　　日期：12月20日

我的交流分享方式	内容或建议表述	自我评价（☆☆☆、☆☆、☆）
我的灵感来源		
我为谁设计了这把椅子？为什么？		
我设计的椅子有哪些造型亮点？		
我设计的椅子有哪些强大的功能？		
分享我在涂色过程的好方法		
分享我在色彩搭配上的小心得		
我在你的作品中发现了哪些优点？		
我觉得还可以这样改进你的设计		
我可以这样升级我的椅子，让它变得更美观、更实用		
对组内其他小先生的作品和互评，我觉得：最好；有进步；继续加油。		

这样的交流评价模式体现了孩子在学习中的"主体性"，给予孩子自主、自信，能让孩子们相互学习到更多的绘画小方法，并且不断地相互激发着想象力和创造力。有时从孩子的回答中还能渲染出爱心、孝心、乐于助人这些暖心的品德氛围，让孩子收获颇丰。

（由无锡市育红小学顾思瑶老师提供）

【教学案例9】

"The king's new clothes" 中的学习评价单设计

(译林版小学英语六年级上册)

学完六年级上册第一单元"The king's new clothes"这篇课文后,老师给学生布置了创作中国故事的活动任务。课前小组完成初稿,课上修改定稿。小组成员首先商量出最喜爱的故事,然后分工找资料、配画、配英文、涂色、书写等,在组内自查、修改的基础上组织全班交流,适时引入中国民间故事、成语故事、神话故事的介绍以及动词"过去式"的讨论,最后互改故事,并引导学生进行三明治评价。见图1、图2。

图1　　　　　　　　　图2

现代小先生制课堂学习评价单——英语

班级：　　　姓名：　　　课题：The king's new clothes　　　日期：9月18日

我的交流分享方式	内容名称或要点、建议简述	自我评价（☆☆☆、☆☆、☆）
I can share my story. 我会分享我的故事（朗读或讲述）。		
I can write a Chinese story in English. 我会用英语创作一个中国故事。		
I can make an English picture book. 我会做一本英语绘本。		
I enjoyed these stories: 我欣赏到的故事有：		
I signed the new words for these stories: 我为以下故事画出了生字,便于作者写注释：		
How many suggestions have I give for the stories? 我为其他作品共提出了几条建议？		

续表

我的交流分享方式	内容名称或要点、建议简述	自我评价（☆☆☆、☆☆、☆）
I can use Sandwich evaluation for the stories. How many stories? 我会用三明治评价方式评价，共评价了几部作品？		
How many comments have I received? 我的作品收到几份评价？		
I can make these changes for my work: 我的作品可以做这些修改：		
对组内其他小先生的作品和互评，我觉得：最好；有进步；继续加油。		

这一英语创作分享交流活动项目让"合作学习"能融会基础性和发展性的教学内容，研究激发了全组学生的兴趣，确保了每个学生的学习权，学生便能在互帮互学中既完成学习项目，又实现"互惠互利"。分享活动后老师把创作的故事编成班级故事书，阅读班级的英语故事书，孩子们更是各有所得，获得的学习经验、学习品质与学习能力远远高于教材的要求。

（由无锡市育红小学袁莉娅老师提供）

以上案例中老师们组织学生进行分享评价的过程中，都精心设计了相关的分享评价学习单，促使学生在分享交流环节主动思考和评议，不仅反思自己的学习，也评价他人的学习，在互相交流中互相学习，达成学习的共同进步。

教师进行课中嵌入式小先生课堂活动设计时，必须围绕三个问题进行活动设计："学什么""怎样学""学得怎样"。教师对学生的学习所起的促进作用至关重要，需要对学生的学习做好指导。教师解决好这三个问题的活动设计，能大大促进学生进行自主探究，对学习内容寻根问底。在解决这三大问题时，学习单的设计起着对学生学习的引领作用。教师设计时必须目标明确、内容清晰、图文并茂，注重分层练习的落实。学习评价单的生成要凸显小先生特有的学习过程与表现，通过有效的教学评价，不断改进小先生课堂学习模式，提高学生的课堂学习实效。教师要为学生提供一个合作的平台，让学生在团队中更乐于参与学习活动，提高学习兴趣，促进学生综合素养的培养。同时，教师也应为学生的学习指引方向，提供有效方法和资源等，以激发每一位学生的学习主动性与参与性，使学生在达成学习目标的过程中提高学习兴趣,在小组合作中提升学习和交往能力,使课堂能够有效转型。

第三节 课堂覆盖式

课堂覆盖式小先生课堂是指学生在教师的指导下,独立完成学习内容和学习材料的设计、制作,整节课都由学生自主组织、学习、讲解和管理。

美国学者埃德加·戴尔于1946年提出的"学习金字塔"理论认为,"参与教授他人"是提升自己学习效率最有效的方式,是学生不断成长的过程。所以,要给予学生更多机会主动参与教与学,以提高其学习效率,促进其进行有价值、有意义的深度学习。给学生权利让他们能自主选择学习的内容和学习的进程,并通过他们的方式进行课堂的组织、讲解和管理,这种做法的益处就像给学生提供了对学习结果的一种代理权或控制感,自然会提高学生的动机水平。课堂覆盖式的现代小先生制组织形式正是教师推动学生进行自主学习的又一重要课堂组织形式。

需要指出的一点是,我们的学生是小学生,他们还处于学习的初级阶段,较年龄大的学习者来说,他们的学习经验还不足,学习处在不断发展成熟的阶段,这个阶段的学生更需要老师指引。因此,在小学阶段,教师应给予学生必要的引导与学习建议。我们通过实践发现,通常在学习或活动发展到某一阶段,在进行总结、回顾、反思和改进的过程中,更适合运用课堂覆盖式小先生课堂组织形式。教师需要做基于阶段学习的引领,鼓励学生全程开展小先生课堂学习,激发学生全程参与小先生课堂,并倡导人人进行成果展评。教师可以从知识点巩固、策略指导、习惯养成和价值观引领等多方面多层次地选择合适的、利于学生发展的内容给学生,让他们自主参与、交流并分享。课堂覆盖式小先生课堂体现最多的学习机会、最广的学习参与度和最深的学习思考。在这样的课堂中,学生进一步达成学习能力提升的目的。

一、巩固知识点,让概念更清晰

适合采用课堂覆盖式的知识点巩固须满足几个条件:学生的相关知识

储备或相关经验已经比较丰富，学生的学习体现出各自不同的个性特点或是对学习内容有各自不同的理解，学生需要在覆盖式课堂上通过分享和交流获取更多的学习经验，丰富自己的学习体验。

学生对于知识点的巩固不仅仅限于做练习题，许多用来探索或操练目标知识与技能的学习形式或者某些情感、文化的艺术体验都是可用于知识点巩固的。学生对于知识点掌握得如何，巩固得怎样，只有通过学生表达出来，相互倾听和交流，或者变成可视的思维分享给大家，才能显示出来。因此，对于知识点巩固的课堂覆盖式小先生制课堂的组织，教师应及时做好指导，放手让学生自主进行整理阶段课程的知识要点，并进行相互分享、交流和思考。同样，教师仍应以三个基本问题"巩固什么""怎样巩固""巩固得怎样"为抓手，指导学生开展课堂覆盖式小先生制课堂学习。

【教学案例10】

《分数、百分数的认识整理与复习》活动设计

（苏教版小学数学六年级下册）

核心问题：分数、百分数有何意义、联系和用途？

学习单设计：

学习过程	预期达成目标
学习前： 1. 用自己喜欢的方式整理一下分数、百分数的知识。 2. 编写1~2道和分数、百分数相关的题目。	我会用方式表现分数、百分数☆ 我出的题如下……☆
学习中： 1. 用自己喜欢的方式自由介绍分数、百分数的意义。	每种表现方式☆ 能准确表达分数、百分数的知识☆ 能准确表达分数、百分数的意义☆
2. 你能说出以下各个3/4的"意义"吗？ （1）一堆煤，已经用去了3/4。 （2）一堆煤，已经用去的是剩下的3/4。 （3）一堆煤，用去了3/4吨。 3. 你编写的题目和分数的意义有关吗？	准确说出分数的意义☆ 认真倾听他人的思路☆ 对他人的发言有补充或纠正☆ 分享自己与分数有关的题目☆

学习过程	预期达成目标
4. 百分数的意义是什么呢？ 5. 你能结合百分数的意义，把这几个百分数填入合适的括号中吗？完成《数学》教材第71页第三题。	准确说出百分数的意义☆ 认真倾听他人的思路☆ 对他人的发言有补充或纠正☆ 分享自己的解答☆
小组活动： 6. 分数、百分数有什么区别与联系？ 7. 解决问题：$3\div 5=\dfrac{(\ )}{(\ )}=\dfrac{15}{(\ )}=(\ )$（小数）$=(\ )\%$，并说一说你用到了哪些知识。	准确说出分数与百分数的区别与联系☆ 准确说出小数、分数与百分数的"性质"☆ 准确说出小数、分数与百分数的"互化"☆ 倾听他人发言，及时评论☆ 在小组中充分表达意见或代表小组汇报☆
探讨生活中的分数、百分数的问题： 8. 春暖花开，鹅湖玫瑰园的花都绽放了。（欣赏图片）哪块花圃的面积最大？ ① ② ③ ④ ⑤	能说说分数、百分数的用途☆ 读一读，想一想，在组内表达意见☆ 在小组中充分表达意见或代表小组汇报☆
趣味数学探讨： 最后让我们来看两组有趣的数。 (1) 0.9，0.99，0.999，(　)，(　)… (2) $\dfrac{1}{2}$，$\dfrac{1}{4}$，$\dfrac{1}{8}$，(　)，(　)…	读一读，说一说，在组内表达意见☆ 在小组中充分表达意见或代表小组汇报☆
学习后： 关于分数、百分数，你还有什么不明白或想知道的内容？	口头说一说☆ 书面写一写☆ 配有其他形式的辅助表达☆

在本节课的教学中，老师力求做到了以下两点：一是让学生自主参与整理过程。学生从实际出发，通过知识的整理，发现分数与百分数的几个相同点，如它们都可以表示一个数与另一个数的关系。还发现了一些不同点，如它们的书写形式不一，分数还可以表示一个具体的量，有时可以带上单位名称，而百分数则不可以等。学生在知识的整理、交流中理清了思路，提高了能力，唤醒了尘封已久的知识。二是加强知识间的联系。在教学中，通过查漏补缺，学生进一步掌握分数、百分数、小数、除法之间的关系。这些知识的内在联系，有利于学生整体把握知识，提高解题能力。

（由无锡市育红小学戴家靓老师提供）

【教学案例11】

复习课"一般过去时态"活动设计

(译林版小学英语六年级下册)

时态对于学生的英语学习来说是一个难以跨越的知识点,如何让学生巩固好一般现在时知识点,需要从核心问题入手引导学生进行深入探索。

核心问题:怎样正确使用一般现在时?

学习活动任务单:

学习过程	预期达成目标
学习前: 课外寻找一份运用到一般现在时的材料(绘本、文章、歌曲、视频等)。	学会搜集一般现在时的各种资料☆ 表述自己的材料时用一般现在时表述哪一领域的话题☆
学习中: 1. 我们组的资料有哪些? 小组展示一般现在时的资料: 我们小组共搜集到的哪些材料具体是用一般现在时表述的?	理清本组资料,分类汇总一般现在时表述的领域☆ 分享并说明自己的资料☆ 能介绍小组的资料☆ 将其他组的有效信息进行汇总并记录☆
围绕教材和同学们搜集的资料开展探究活动: 2. 用一般现在时的领域或话题有哪些?	用思维导图归纳☆ 明确一般现在时使用的领域、话题☆ 认真倾听他人的建议☆
3. 一般现在时的关键词有哪些?	小组学习,寻找答案,小组交流☆ 用思维导图归纳☆ 代表小组向班级汇报☆
4. 一般现在时的动词形式是什么?	列一列,说一说一般现在时动词的变化☆ 用思维导图归纳☆ 倾听他人回答,及时评论☆
5. 一般现在时的句型结构是什么?	读一读,想一想,在组内表达意见☆ 用思维导图归纳☆ 综合意见优化自己或小组的表述☆
6. 选一个自己感兴趣的话题,用一般现在时表述。	组内表述自己的话题☆ 综合意见,优化自己或小组的表述☆
7. 小组讨论,综合表述:怎样正确使用一般现在时?	利用思维导图或其他方式在小组展示☆ 利用思维导图或其他方式在全班展示☆

(由无锡市育红小学袁莉娅老师提供)

知识点的巩固学习是非常重要的学习阶段。通过教师引导小先生开展的课堂覆盖式课堂是当前知识点巩固的有效方式之一。在设计课堂覆盖式的小先生制课堂时，教师要注重科学性，也要追求一定的艺术性。在复习、巩固知识点的过程中，教师不仅要引导学生深度回忆之前所学知识点，使学生产生更多的认知体验，还要积极引导小先生课前搜集资料，在课中向其他同学呈现知识点的学习单或核心问题。这一学习过程，实现了小先生对知识的再现与迁移，有利于小先生实现知识的融会贯通。教师帮助学生建立认知结构，从而让小先生在巩固知识点的过程中掌握相关教学内容的重要概念，提炼出具有个性化的学习方法分享给大家。

二、运用学习策略，让学习更有方向

北京师范大学中国教育创新研究院提出的中国21世纪人才核心素养包括文化理解与传承、审辩思维、创新、沟通、合作五种。现代小先生制课堂学习的核心特点是广泛参与、主动建构和迁移实践，这些学习核心特点正是21世纪人才核心素养养成所需要的。因此，改变传统课堂的组织形式，形成现代小先生制特有的组织形式是现代小先生成长的需求，也是21世纪人才培养的需要。在现代小先生制的课堂上，教师需要给予学生更多广泛参与、主动建构和迁移实践的时间与空间，课堂覆盖式组织形式可以给予学生更大的对话学习、分享交流、建构迁移的时空。而覆盖式课堂并不是让教师完全不管，而是教师应给予学生更多的指导与帮助，创设民主的氛围、自由的环境和平等的人际关系，促进学生实现真正意义上的学习。教师需要给予学生必要的学习支架，活动设计时关注对学生的策略指导，让他们开启自主而有方向的学习之旅。

【教学案例12】

"Road safety" 活动设计

（译林版小学英语六年级下册）

六年级下册第四单元"Road safety"中Story time的学习，核心问题是：How do you follow the traffic rules?（你是如何遵守交通规则的？）

针对这个问题，教师设计了学习活动任务单：

学习过程	预期达成目标
学习前：填写完成 KWL Chart 前两列内容。明确已知和想知的内容。	明确自己已知的交通方面的经验☆ 提出自己想要知道的交通安全的问题☆
学习中： 1. How can we cross the busy road safely?	能准确朗读新词汇和句子☆ 认真看动画，寻找信息说一说☆ 能按步骤逐一进行交流学习☆
2. Why must we do these?	能准确表达安全过马路必须怎么做☆ 认真听录音，准确回答☆ 认真倾听他人的思路☆
3. Without a zebra crossing, how many ways can you cross the road safely?	能准确表达没有斑马线时，安全过马路的几种方式☆ 小组学习，寻找答案，小组交流☆ 代表小组向班级汇报☆
4. How can we cross the busy road safely without a zebra crossing?	能准确表达没有斑马线时，如何安全过马路☆ 倾听他人回答，及时评论☆
5. What must you not do on the road?	能准确表达马路上不该做的事☆ 读一读，想一想，在组内表达意见☆ 综合意见，优化自己或小组的表述☆
6. Why mustn't we do them on the road?	读一读，说一说，在组内表达意见☆ 综合意见，优化自己或小组的表述☆
7. Can you read beautifully?	能认真跟读课文☆ 在小组展示☆ 在全班展示☆
学习后： 1. 用英语概括说说如何安全过马路。	口头说一说☆ 书面写一写☆ 配有其他形式的辅助表达☆
2. 填写完成 KWL Chart 第三列内容。以此检验自己学会了哪些内容。	学会英语表达在斑马线上过马路☆ 学会英语表达非斑马线上过马路☆ 学会英语表达马路安全注意事项☆ 日常生活中遵守交通规则过马路☆

这里用到的 KWL 表格是一种有效的学习策略，也是一种知识探究的思维模式。学习单的精心设计从一开始就帮助学生设立了清晰的学习目标，建立了相关背景知识，整理组织了学生已有的记忆信息，为学生学习新信

息搭建了框架，让学习的坡度变缓。它还引导学生学会提问题，自主参与、实践和探索，互相交流与合作，一起解决问题。这对激发孩子主动学习的兴趣，使其成为主动学习者去探索未知知识领域，起到了积极的作用。

（由无锡市育红小学袁莉娅老师提供）

【教学案例13】

《鸟的纹样》活动设计

（苏教版小学美术四年级下册）

老师将让学生在美术课上一起来分享如何画美丽的鸟花纹。小学生大多非常喜爱画画，特别是喜爱画小动物，班上的学生在这方面的体验还是挺丰富的。所以，老师希望学生自己来开展相关的策略指导活动。课前，老师把愿意分享的五位小朋友请到办公室，给他们美术书和教师收集的关于鸟的资料，有鸟的图片，有以各种方式画出来的鸟，还有许多鸟类的品种图等。老师告诉他们，课上可以根据自己的经验先讨论"怎样指导同学画出美丽的鸟的纹样"，再从"外形设计、图案设计、色彩设计"三大方面选择一个自己最擅长的方面重点分享，然后这五位小朋友进行分工，回家分头准备。老师在班里也对其他学生布置了任务：找找各式各样的关于鸟的图画，仔细观察这些图，看看想想这些图在"外形设计、图案设计、色彩设计"三个方面有什么特色。

课堂上，五位小先生轮流上台分享，老师给他们佩戴了小先生宣讲胸牌。小先生们意气风发，他们先用PPT讲解，又到黑板上边画边讲，有模有样。第一、第二位小先生讲了鸟的纹样的外形设计，一位以现代卡通纹样为例教大家用概括、简练的线条画鸟的外形，另一位以古代鸟的纹样为例指导学生用夸张、变形的方式画鸟的外形。接着第三、第四位小先生分别在刚才画好的外形上添画纹样，一位讲解用点线面组合画出现代纹样，另一位讲解用古代云纹、如意纹画纹样。第五位小先生讲解使用色彩搭配、色调完成纹样绘制。老师惊喜地发现，小先生们能先抛出问题，让大家多发表意见，也能抓住要点，言语简练，还能沉着示范作画，不急不怕。而台下学生也特别积极，他们会结合自己找到的图，踊跃发言——"这个纹样很有神秘感，可能代表了某种寓意。大家看看我这张图中鸟的纹样，你们认为代表了什么寓意?""点线面里也要讲求黑白灰的层次。你看我找到的图就是这一类的。""纹样设计有些地方需要简洁概括,有些地方又需要添加得复杂华丽。""这些方法和设计鱼的纹样差不多。"……

这堂课上有对鸟的纹样这一主题的多种练习,这些练习是在孩子们的演示、对话与分享中逐步展开的,最终落到大家进行鸟的纹样的创作上,并进行创作成果的交流。在课堂上,每个学生都关注到了鸟的纹样,通过多种练习,很多学过的本领在这里融会贯通了!

(由无锡市育红小学袁聪翔老师提供)

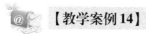

【教学案例14】

《分数、小数和百分数的互化》活动设计
(苏教版小学数学六年级上册)

《分数、小数和百分数的互化》一课中,老师设计了以下问题供小组讨论:

小组随机从小组成员例举的数字中抽取6个数,分数、小数和百分数这三种数都必须有,然后按由小到大的顺序排好,最后请小组成员分工汇报这一任务的结果。汇报说清四个问题:

(1)我们小组抽取了以下6个数,其中哪几个是小数,哪几个是分数,哪几个是百分数。

(2)我们是通过什么方法比大小的。

(3)我们怎样互化这些数,最终得出的结果是什么。

(4)我们为什么选用这种方法来比大小,优势是什么。

根据这些问题,老师进一步精确设计了如下学习单,寻求解决问题的策略:

	三种数的比大小（互化）步骤	预期达成目标
学习活动任务单	1. 每人在本子上例举小数、分数、百分数各一个。由组长按要求随机抽取6个数，三种数必须都有。 6个数记录如下：……	根据要求例举三种数☆ 小组抽取6个数☆ 能讲清小组的6个数属于哪种数☆
	2. 我们小组（我）通过把这6个数都化成……后再进行比较大小。	说出自己的思路☆ 认真倾听他人的思路☆
	3. 我们小组（我）是这样互化这些数的：……（每人轮流说） 把……化成……，得出的结果是……。 这一步用到了数和数的互化规则。	自己对数的互化的表述☆ 对别人的互化表达有评论☆ 综合意见，优化自己或小组的表述☆
	4. 我们小组（我）通过把这6个数都化成……后再进行比较大小，是因为_____。	用文字准确表达小组解题策略☆ 配有其他形式的辅助表达☆
	5. 展示思路，归纳揭示小数、分数、百分数互化的规则及关系。	在小组展示☆ 在全班展示☆☆

随着这些问题的研究，学生最终会揭示出分数、小数和百分数三者间的互化关系。

（由无锡市育红小学赵岷老师提供）

引导小先生掌握并运用适切的学习策略，是课程标准的要求，对提升学生学科核心素养和学习思考能力有着重要意义。教师应该积极引导小先生掌握必要的学习策略，促进小先生学会计划和安排、整理和归纳、选择性获取知识，并能在学习中积极思考，吸收他人的经验，转换为适合自己或能为他人服务的策略结构。上述案例中，教师都能精准把握学情，以问题为导向，在日常学习中不断丰富对小先生学习策略的指导形式，培养小先生主动运用和改进学习策略的意识，从而提高学生善于发现问题和解决问题的能力，高效地完成学习任务。

三、引导习惯养成，让成长更主动

针对小学生特有的年龄、心理等特点和学习规律，教师特别需要对学生进行习惯养成教育，因为好的生活、学习和活动等习惯能促进学生的素养提升，因此针对习惯养成设计丰富多彩的学习活动是非常必要的。人的心理、意识是在活动中形成和发展起来的。通过活动，人认识周围世界，形成人的各种个性品质。学生的学习活动具有特殊性，并须经一定的阶段才能形成，好的习惯也是在这个过程中逐渐养成的。现代小先生的覆盖式课堂活动可以针对学生的习惯养成而精心设计。

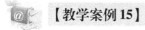
【教学案例15】

美术习惯养成活动设计

课堂中，不乏有很多学生因为懒惰，把画面画得很糟糕：随便画几个圈圈，就当作业交了；颜色涂到一半，就没耐心了……这不仅与兴趣有关，还与学生的学习态度有关。

怎样克服学生绘画中的惰性呢？

首先，平时教师要改变自己的态度，以自己的态度去影响学生的学习态度。他们画得很糟糕时，不是当众指责批评，而是私下沟通交流，用教师的用心关注来激发学生对绘画的重视。当这些学生得到老师特别的关注后，他们的学习态度就会慢慢地发生转变，当然不可能一次奏效，因为惰性已经变成这些孩子的习惯，教师需要更多的耐心去关注他们。教师不断地强化这种关注，也许会取得意想不到的效果。

其次，教师用覆盖式小先生课堂组织形式，促进学生进行成果的交流分享。

在课堂中，分享交流的形式是"交换改画"。教师把班级里或班与班之间的学生作品交换一下，让他们相互为师，互为小先生。改画要求如下：

1. 请同学们给交换的作品批阅等第；
2. 思考他为什么这样画，按照他的思维继续画下去，画到你不会画为止。
3. 用你的新角度帮他画到最好！
4. 写出改画感受。
5. 同学们交换回自己的作品，给自己被改的画批阅等第。
6. 在班级进行展示，同学们进行贴条评价。
7. 教师批阅。

在这次改画体验中，许多同学看到了他人画作中的可学习之处，也会充分发表自己的意见，并用继续作画表现出来。如果觉得没有需要改的，还会很诚恳地点赞。班级展示和进行贴条评价的活动更是拓宽了学生的视野，在欣赏画作的过程中，学生们充满了快乐和满足。而那些惰性重的学生们，也很喜欢这种形式的"交换改画"，成为别人的小先生去指导别人绘画，很有成就感，同时也希望得到别人的肯定，于是就更有责任感了。半学期下来，他们绘画态度的改变非常明显。

惰性比较强的学生，不能一朝一夕让他们变得勤快，我们只有尝试用新的方法来激发他们的新鲜感。让他们换个思维去画画，用画来交换思考、碰撞思想，提高他们绘画的热情和兴趣。也许，这会让孩子感受不同的绘画思路，给他带来一些新的视野。克服惰性对我们每个人来说都很困难，成果的分享交流促使学生积极地参与绘画，点燃他们的兴趣，逐步赶走懒惰！

（由无锡市育红小学袁聪翔老师提供）

【教学案例16】

体育习惯养成活动设计

年级：　　　班：　　　学期记录员（体育小先生）：

姓名	课次/周次 评价内容	第×周星期×	第×周星期×	第×周星期×	……	总分
张某某	态度与参与	★⃝ • ◆ △ ×	★⃝ • ◆ △ ×	★ ⊙ ◆ △ ×	……	……
	情意与合作	★⃝ • ◆ △ ×	★⃝ • ◆ △ ×	★⃝ • ◆ △ ×	……	……
	态度与参与	★ ● ◆ △ ×	★ ● ◆ △ ×	★ ● ◆ △ ×	……	……
	情意与合作	★ ● ◆ △ ×	★ ● ◆ △ ×	★ ● ◆ △ ×	……	……
	态度与参与	★ ● ◆ △ ×	★ ● ◆ △ ×	★ ● ◆ △ ×	……	……
	情意与合作	★ ● ◆ △ ×	★ ● ◆ △ ×	★ ● ◆ △ ×	……	……
	态度与参与	★ ● ◆ △ ×	★ ● ◆ △ ×	★ ● ◆ △ ×	……	……
	情意与合作	★ ● ◆ △ ×	★ ● ◆ △ ×	★ ● ◆ △ ×	……	……

续表

姓名 \ 课次/周次 \ 评价内容		第×周星期×	第×周星期×	第×周星期×	……	总分
评分标准	态度与参与	★ 积极参与课内外体育与健康活动，并认真接受老师指导。 ● 较积极参与课内外体育与健康活动，并较认真地接受老师指导。 ◆ 能够参与课内外体育与健康活动，并及时向老师请病假、事假。 △ 极少参与课内外体育与健康活动，并且有迟到早退现象。 × 无故缺席。				
评分标准	情意与合作	★ 乐于助人，勇敢展示和挑战自我，克服困难，坚持不懈。 ● 较好地表现出愿意帮助他人、展示和挑战自我、克服困难、坚持不懈等品质，能为了团队的成功配合同伴。 ◆ 有帮助他人、展示和挑战自我、克服困难、团结合作等表现。 △ 缺乏帮助他人、展示和挑战自我、克服困难、团结合作等表现。 × 不参与集体活动。				

说明：

1. 本评价表针对学生的体育与健康学习过程行为，用于每节课对学生的态度与参与、情意与合作进行记录和评价。可由小先生操作，评价本组同学的课堂行为表现；也可用于教师对全班学生课内外体育与健康活动行为的评价。

2. 评价方法：教师可以根据教学需要给予★、●、◆、△、×各种符号相应的分数，如分别为5、4、3、2、1分，以便于总分计算。

$$各项评价内容总分 = \frac{各节课分值之和}{总课时数}$$

本评价表中的相应内容可以为教师在学期（或者学年）结束时，对学生的态度与参与、情意与合作方面的成绩进行评价以及撰写评语提供翔实的数据和参考依据。

(由无锡市育红小学陈依方老师提供)

在课堂中，教师认真锤炼评价机制，建构各学科的小组评价体系，是促进学生习惯养成过程中的重要一环，更能帮助教师促进小先生们自主进行良好习惯的养成，也能促使小先生在帮助其他同伴时，分享自己的良好习惯，相互影响，促进良好习惯的共同养成。上述案例中，教师针对各年级学生的心理特点，积极构建班级的课堂文化，并利用自身的目标示范去引领小先生学习行为的养成。教师促进小先生之间的相互帮助，同伴之间的信息交互，对小先生理解和掌握知识、学习行为有着重要作用。教师能够在学习中引导小先生有意识地互相观察同伴间的学习习惯，既能发现自己的不良习惯，又能及时提醒、帮助他人，由同伴指出不良习惯会比教师指出更有实效。

四、重视价值观引领，让发展更自觉

教师在教育教学中必须关注学生情感态度的培养和价值观的引领。良好的情感态度与价值观有利于兴趣、动机、自信、意志和合作精神等因素对于学习过程和学习效果的影响，以及在学习过程中国家意识和国际视野的逐步形成。课程标准明确指明了对小学生情感态度与价值观的引领目标，情感不仅指学习兴趣、学习责任，更重要的是生活的态度、求实的科学态度、宽容的人生态度。价值观不仅强调个人的价值，更强调个人价值与社会价值的统一，不仅强调科学的价值，还强调人文的价值等，是基于文化、社会、国家和生态愿景等多方面的价值观。因此，覆盖式小先生课堂组织形式的另一适用领域就是对学生的积极情感态度的培养和价值观的引领。通常教师会以一个主题为线索设计主题活动，激发学生围绕主题进行活动与交流。这种类型的覆盖式课堂组织形式包括确定主题、建构设计、实践操作、成果发布、交流反馈等环节。学习过程中，教师是学生学习的协助者，主要为学生提供方向的辅导，帮助学生顺利完成主题探索。

【教学案例17】

线上小先生们的"战疫"队课

[核心问题]

2020新年是这样特别，这一切都和"新冠肺炎"有关。一场危机也是一堂真实的人生课，少先队员置身其中，可以怎样学会成长呢？

[活动设计]

前期线下活动：

第一节阶段：疫情日渐受重视，辅导员在班级群中向队员们发布了课题研究的动员——大家一起用文字记录疫情发展情况。

研究课题一发布，队员和家长们纷纷响应，用自己的文字记录着、思考着。

第二阶段：一周后，队员们的自行研究告一段落，通过各种渠道，大家对于这个话题有了一定的认知，针对一个小主题进行更深入的研究思考，表达自己的观点和感悟。

第二阶段的学习步骤指导：确定主题—搜集资料—调查研究—筛选信息—自主思考—形成结果。

第二阶段孩子们的探讨过程：队员们有的对逆行的白衣天使充满敬佩，想诉说他们的故事；有的对病毒的传播和预防进行了一些科普知识的学习，想和大家分享；有的采访了身边的人，观察了身边的事，发现变化就在我们身边，想讲述自己身边的故事；有的对"火神山""雷神山"的中国速度进行了研究……队员们呈现并交流了如下多种研究报告：

研究一：新冠状病毒怎么来的？我们如何进行科学防护呢？

研究二：谣言和真相你分得清吗？面对信息我们该如何思考？

研究三：白衣天使，只不过是一群年轻人学着前辈的样子穿上白大褂和死神抢人罢了；科研人员，日夜不休，只为早日用科技的力量打赢战斗；勇敢志愿者，也是一群普通人，却选择用自己的力量为这场战斗注入温暖；热心群众，面对名利的更多选择，却毅然决然地坚守自己的初心……伟大的平凡人，向你们致敬！

研究四：人和动物，人与自然应该如何相处呢？我们是不是可以从这一次的事件中吸取教训呢？敬畏生命！尊重自然！

研究五：没有人是一座孤岛，每个人都身处这场没有硝烟的战争中，变化就在你我身边，记录最真实的一刻。

研究六：疫情中伟大的平凡人；战疫斗争中的英雄。

研究七：预防"情绪疫情"同样重要。

研究八：当前医用物资情况（防护服、口罩等）调查报告。

线上课堂活动：

线上交流分享和评价，用自己的表现形式交流自己研究疫情的成果，并谈论你的感悟，对别人的分享进行互评互学。

引导学生通过阅读、辨别、整理、思考、经历，在抗疫的特殊时期获得更多的成长。引导学生感恩每一个付出的人，纪念每一个逝去的生命。

通过交流，学生相信一定会取得斗争的胜利，在阴霾散去之后，笑着拥抱自己的亲朋，和好友进行面对面的交流，爱身边的每一个人，爱生活的每一天，爱一切的一切……学生深刻认识到在这场没有硝烟的战争中，上阵的不仅是白衣天使、最美逆行者，还有我们每一个普通人。善待每一个生命，珍惜每一寸时光，想他人之想，不断自我成长。众志成城，一定能打赢这场战斗！同学们还共同发出了写给医务人员的慰问信。

后期线下创作活动：

鼓励学生在课后整理课堂交流分享的研究成果和心得感悟，创作抗疫作品，为抗疫做出自己的一份贡献。通过微信展示学生的作品。

这堂以小先生们为主角的在线特殊队活动课，是孩子们在成长过程中的人生功课。教育不仅仅发生在校园，生活处处是课堂。面对这样一场疫情，我们除了让孩子知道如何做好个人防护外，还应当传递有价值的理念和认知。真实的生活场景就是课堂。

（由无锡市育红小学王怡老师提供）

【教学案例18】

小先生如何巧当家

2020年居家学习阶段，综合劳动学科为学生设计了"小先生如何巧当家"的活动，鼓励孩子们认真上网课之余，体验劳动的快乐，做一个德智体美劳全面发展的好孩子。可以从下列活动任务单中至少选择三项任务完成，并分享在班级群。

	小先生如何巧当家？	预期达成目标
学习活动任务单	1. 防疫小卫士 行动记录如下：	明确防疫小卫士的职责有哪些☆ 能用不同形式表达☆ 分享给同学们☆ 学习他人经验，加入此行动☆
	2. 巧手小当家 行动记录如下：	明确巧手小当家的本领有哪些☆ 能露一手自己的本领☆ 分享给同学们☆ 学习他人经验，加入此行动☆

续表

小先生如何巧当家?	预期达成目标
3. 妙手小厨师 行动记录如下:	明确妙手小厨师的本领有哪些☆ 能露一手自己的本领☆ 分享给同学们☆ 学习他人经验,加入此行动☆
4. 保洁小能手 行动记录如下:	明确保洁小能手的本领有哪些☆ 能露一手自己的本领☆ 分享给同学们☆ 学习他人经验,加入此行动☆
5. 勤劳小园丁 行动记录如下:	明确养好花的要点有哪些☆ 能露一手自己的园艺本领☆ 分享给同学们☆ 学习他人经验,加入此行动☆
6. 贴心小棉袄 行动记录如下:	明确怎样用行动感恩家人☆ 能用不同形式表达☆ 分享给同学们☆ 学习他人经验,加入此行动☆

"小先生如何巧当家"的活动设计,使学生接受劳动观念、尊敬长辈、懂得感恩和创新精神的熏陶,培养了学生的劳动及技术学习的兴趣,帮助学生养成良好的劳动行为习惯,初步建立技术价值观,形成乐于交流、善于提问和不断进取的创新精神,激发学生作为家庭成员所应负有的责任感及振兴中华、服务人类的使命感和责任感。

(由无锡市育红小学冯曙光老师提供)

培养儿童养成良好的品德是小学道德与法治课程的基本目标,面对突如其来的疫情,教师前期通过"云"端,引导孩子学习之余将更多的目光投向公共事件,共同参与这场全民抗疫的阻击战,引导小先生了解新冠病毒,分辨真假谣言,对人与动物的关系等进行探究,从而认识到无数人在背后的默默付出,产生正确的人生价值追求。上述案例通过居家防疫活动单的形式,帮助小先生从公共视角进行认知,让小先生的价值感悟在班级群中播散。同时,教师积极引导小先生对网络世界的思辨能力,在共同参与中提升小公民责任感与公共智慧。

第四节 课后主题式

前几节介绍的课前预热式现代小先生的组织形式促进了学生学习活动的准备，使学生的学习活动建立在已有认知上。课中嵌入式和课堂覆盖式的现代小先生的组织形式，有利于学生在独立思考与分享互动中形成对学习内容的准确理解，以及独立思考的审辨思维能力。

本节将继续介绍课后主题式的现代小先生的组织形式，这是小先生课堂学习的延续、拓展与应用。这种样式的组织形式基于学生个性化发展的需求，将学科内容应用到真实世界，同时纳入每个学习单元，通过主题式新项目、作业或操作性任务，让学生有各种拓展知识和展示创造性思维的机会。在进行课后主题式小先生学习活动设计前，教师必须通过各种途径确定学生的真正需求，基于学生的需求来设计相关学习活动，并鼓励每一个学生认领自己在活动中的角色，促进学生开展真正的学习和活动，并通过学生间、师生间的分享互评将学生的学习成果可视化，通过比较与讨论引发学生进一步主动改进学习。

这样的主题式项目活动组织形式以培育学生的主体意识、完善学生的认知结构、提高学生的自我规划和自主选择能力为宗旨，着眼于培养、激发和发展学生的兴趣爱好，提升学生的文化学习能力、生活技能和人际交往能力，以此开发学生的潜能，促进学生个性的发展和学校办学特色的形成，是一种体现不同基础要求、具有一定开放性的项目活动组织形式。因此，课后主题式小先生课题组织形式适用于学生的四个基本层面：兴趣爱好、文化学习、生活技能和人际交往。由此可见，课后主题式小先生课堂同样指向学生核心素养的培养。

一、兴趣爱好主题

主题式活动主要为了延伸学科课程内容和满足学生个性发展的需要，是学生自主选择修习的课程活动。引导学生掌握知识的主题并能以传统或非传统的方式诠释出来，是教学的重要部分。课后主题式组织形式就是通过项目活动设计让学生将所学通过多种方式诠释出来。教师应聚焦于学科的知识和技能主题，指向学生的兴趣爱好，为学生提供更多参与学习的活动。教师应鼓励学生拓展所学的知识，超越知识内容本身，通过活动或项目锻炼创造性和批判性思维。

【教学案例19】

"Fun with English, Fun with life" 英语拓展研学活动

居家学习让师生有了不一样的学习和生活体验。各英语备课组的老师们发现学生对学英语有很多自己感兴趣的方式和方法，比如趣配音、做绘本、画导图等。兴趣是学习的原动力，既然发现他们在许多方面有着不同的兴趣，何不为他们设计一个英语研学活动，不仅可以让他们展示自己的英语学习成果，也能让他们在活动中互学。于是英语组积极开展主题活动设计，让学生根据自己的兴趣来展示自己的英语学习成果。老师从学生的兴趣点入手，鼓励学生根据各年级设计的主题内容和研究指南开展研究活动。具体活动设计学习单如下：

年级	活动主题	活动要求和指导	活动记录（可以尝试多种方式）	预期达到目标
三年级	Make a new chant or a song	请小朋友们以"Rules"为主题，一起来创编这样的童谣和儿歌。别忘了选择一首喜欢的进行成果分享哦！	英语趣配音☆ 亲子阅读英语绘本☆ 绘制规则海报☆☆ 创编歌谣☆☆	能将Don't ... 句型运用在合适的公共场所☆ 能准确说出或拓展相关地点、动词等词汇☆ 能创编有关规则的chant。☆
四年级	Design a timetable	第一单元的Miss Li给我们展示了课程表，处于特殊假期中的你是不是有点心动，也想设计一张宅家战"疫"作息表呢？	绘制作息表☆ 演唱歌曲☆ My day英文介绍☆☆	能用英文介绍自己设计的作息表☆ 能适当拓展时间的表达法☆ 通过歌曲演唱熟练地运用关于星期的英文表达☆

续表

年级	活动主题	活动要求和指导	活动记录（可以尝试多种方式）	预期达到目标
五年级	Draw a map or tell a story	1. 同学们喜欢童话故事吗？可以跟着音频读一读，相信你们一定可以成为优秀的配音演员。当然，你们还可以阅读其他英文版的寓言故事或成语故事，用配音或海报的形式分享你的故事。 2. 我们的家乡风景美如画，待到疫情结束，相约一起踏青如何？请以"Showing the way"为主题画一画你最喜欢的景点线路图，试着用英文介绍一下吧，注意选择合适的交通工具哦!	绘制景点线路图☆ 童话故事配音☆ 亲子阅读英语绘本☆ 英语趣配音☆ 创编绘本故事☆☆ 中国成语故事英文版介绍☆☆ 英文小导游☆☆	通过用英文介绍自己绘制的路线图，巩固问路和指路的日常交际用语☆ 在老师的指导下拓展运用问路和指路句型☆ 热爱中国传统文化，并在绘本创作中发展自己的思维能力☆
六年级	Create works about "habits"	良好的生活、饮食、作息和运动习惯能使我们更健康、强壮。具体怎样做呢？让我们以"Habits"为主题，设计并创编关于生活、学习、运动等多种习惯的英语绘本、英语小故事、英语歌曲或儿歌。	归纳思维导图☆ 创作绘本故事☆☆ 设计关于习惯的海报☆☆ 制作关于习惯或战"疫"的视频☆☆	能够自己总结、归纳单元相关主题知识点☆ 能拓展说说食品类词汇、疫情防护的措施等☆ 用多种形式对好习惯进行宣传☆

Topic: Fun with English

What I can (已知) Show	What I (学到) Learned	What I (想知) Want to know
我能为同学们展示： 我特别喜欢的作品：	我从同学们的展示中学到了：	我还想知道，我不明白的问题：

同学们通过自己感兴趣的作品创作深入主题学习，分享自己的学习成果，并对其他作品进行互评和学习。这些活动不仅激发了学生的兴趣，开阔了学生的视野，引发了学生的思考，而且培养了学生解决问题的综合能力。

（由无锡市育红小学袁莉娅老师提供）

课后的兴趣拓展是教学中重要的一个环节，针对各学科的内容特点，教师设计菜单式的选择框架，促进小先生能将课中学到的知识点在课后有效延伸。其间，同伴的交流分享对小先生学习方面的可持续发展起到了决定性作用，也为小先生进一步主动地、创造性地开展各种活动，提供了更大的可能空间，使小先生在课后感兴趣的内容学习中，积极开发潜能，培养同伴间的合作力、创造力，完善人格。

二、文化学习主题

课后主题式活动是课堂的延续和拓展，这样的活动必然也是指向文化学习的。不管哪一门学科，课后主题式互动的设计都应将学生置身真实情景，解决真实问题，都应基于教材、基于主题、基于生活，可以是学科内学习，也可以是跨学科学习，让知识不再单一。主题式活动能培养孩子的观察能力和动手能力，激发学生兴趣，培养学生的动手能力和团队协作能力，激发学生的学习求知欲。主题式活动设计对于教师素质要求更高，需要教师能将分散的事实、经验、知识联结成整体，帮助学生形成持续性理解。

文化学习主题式活动的设计要满足四个条件：一是学生感兴趣；二是课程标准的要求；三是主题丰富，共同关注；四是有效链接，可以让学生置身于真实情境。

【教学案例20】

我爱这样学诗歌

学完《池上》这一节课后，有位学生找到老师，跟老师说："老师，我有个想法，在学完课文后，我们可以选择自己喜欢的方法来做作业吗？"老师眼前一亮，这是个好主意！于是，老师找来本堂课的四位小先生一起交

流讨论,一番头脑风暴后最终确定了一份课后作业(主题活动)清单:

活动主题	活动要求和指导	活动记录(可以尝试多主题和多种方式)	预期达到目标
诗歌朗诵	有感情地背诵诗歌,用自己喜欢的调子唱出来。	朗诵视频☆ 朗诵音频☆ ……	充分感受诗的韵律☆ 深入理解诗的寓意☆
诗情画意	《池上》为我们描绘了一幅生动美丽的画面,你能把它画下来吗?记得在你的大作上工整地抄下整首诗!如果你觉得你的书法能诠释这首诗,就请留下你的书法大作吧。	书法作品☆ 诗画作品☆ 诗画创作小视频☆ ……	对诗有自己的理解☆ 用自己的方式表现心目中的这首诗☆
美文创作	理解诗意,加上想象,把这首诗用自己的话变成一篇优美有趣的文章。	绘本创作☆ 海报创作☆ ……	赋予诗歌自己的理解与想象☆ 创作新诗或新文☆

对小先生的作品,我觉得……作品可以做如下修改:＿＿＿＿＿＿
我在同学们的作品中可以学习的地方:＿＿＿＿＿＿＿＿＿＿

(由无锡市育红小学杭丽丽老师提供)

诗歌的广阔意境给学生留下了自由开掘的空间,设计这样的作业清单,让学生选择自己喜欢的一两种作业形式来重现诗歌意境,考虑到了学生的个体差异和不同的兴趣特征,不同水平的学生都能在轻松活泼的作业设计中入情入境。这样的设计不仅使他们掌握了知识,培养了想象能力和创新思维,也让他们在自主选择、主动参与、多元展示中体验到成功的乐趣。

【教学案例21】

线上答疑解惑活动

抗疫期间,线上学完1—3单元,这样的学习形式不同于学校学习,同学们会有许多疑惑。有些同学不敢提问,有些同学能及时线上提问,但老师一人难以及时回复,因此,老师根据学生的需求开展了线上师生共同的答疑解惑活动,进行1—3单元的自主综合复习,请同学们结合自己的英语学习思考一下,在多年来的英语学习中或者在1—3单元的学习中,存在什么疑惑或困难,然后向同学们和老师提一个问题,寻求解惑帮助,让大家帮着出金点子。先由同学们相互答疑解惑,第二天老师再整理并对全班同学反馈。活动要求：

1. 提出自己在英语学习中的一个困惑或难题（学习方法、知识理解、单词记忆等方面的都可以）。

2. 查看同学们的问题或困难，进行能力范围内的解惑和答疑，给出自己的建议。

3. 完成活动记录和反馈表。

我提出的问题	他人对我的问题的疑惑	我回答的问题	我的解惑要点	预期达到目标
				我的问题已弄懂☆☆ 解决他人问题____个 □☆ □☆☆ □☆☆☆
对整理后的班级答疑解惑报告，我还有以下不明白：_____ 对整理后的班级答疑解惑报告，我还有以下补充：_____				

（由无锡市育红小学袁莉娅老师提供）

案例中，教师为学生开辟了一片天地，把学习空间让给了学生，鼓励学生主动提出疑惑，也激励学生主动参与到解惑的行动中。每个学生都能成为小先生，小先生们也收获了不一样的精彩。因此，教师应善于构建学习共同体，让学生在学习共同体中提出自己的疑问，这也是撬动现代小先生制学习方式产生的必要前提！

教师根据学科学习内容的特点，展开主题式的学习活动，根据主题设计学习任务，将任务量化、细化，小先生学习目的更明确，更易激活，他们能根据任务指引，梳理头脑中的知识点，开展多种方式的学习，同时与已有的知识体系有效链接起来，进行内容重组。教师需要促进小先生在自主合作学习中，多角度辨析、观察、吸收、整合不同学科的相关知识，突破学科局限性。在活动中，教师积极发展小先生的创新思维，激发其知识迁移应用能力，从而引发出小先生更深入的拓展学习，不断生成新的知识。

三、生活技能主题

课后主题式活动另一指向的领域是综合实践学习领域的学校文化活动与班团队活动、自我服务与公益劳动、社区服务与社会实践等各类活动，以及国家规定的各类专题教育活动。课后主题式项目学习就是要教会学生运用所学来才能解决真实的问题。这就指向了学生生活技能的培养。生活技能主题活动的目的是希望学生能学会在需要时,运用并综合各种学科的思维解决现实中的问题,获得一定的生活技能。我们最终需要培养的是具有文化理解与传承、审辩思维、创新、沟通、合作五大素养的21世纪人才,他们应是具有超学科素养的人才。

【教学案例22】

"我眼中的花儿"手账本设计

活动设计基于学科且跨越学科,培养学生的学习能力和生活技能,以引导学生绘制创作手账为任务驱动,协同相关学科,指导学生运用在各学科中对花儿形成的各种认知,综合表达对花的自我认知与感受体验,进一步提升学生勤于探究、敢于表现、乐于创造等学习品质,并激发学生探索植物养护生活技能。

学习主题	主要板块	学习任务	指导和要求	学习目标达成及学习成果展示安排
"我眼中的花儿"手账绘本创作	我的设计	学习手账本的几种设计形式: (1) 文字式; (2) 图画式; (3) 表格式; (4) 融合式; (5) 立体式; …………	科学组设计栽花的记录量表,用二年级学生的语言量化学生的学习评价:时间、地点、植株形态变化数据(高度,叶片数量等)、养护方式、浇水次数和浇水量……语文老师指导栽种感悟写作。美术老师指导绘画记录技巧。班主任老师注意帮助学生及时进行活动过程反思,改进活动效果。	从栽花的观察记录中获得某种花成长的一般规律,并能分享表达给他人。 在与他人的交流中合作探寻花儿成长的一般规律,猜想植物的成长过程。从中也感受到要珍爱生命,并保持探索规律的兴趣。
	我的记录	学习用不同方式在手账本上记录小花的生长变化,以及自己的发现、疑问或感悟。	科学组、数学组老师指导学生科学测量和记录相关数据,提升活动的科学性,并帮助学生提升数据分析和问题分析能力,记录感悟,同时培养学生的合作汇报能力。	根据自己的数据记录进行小组、班级分享,通过自主分析得出相关结论和感悟,了解花的成长,了解自己的成长。拥有成长自信,并保持探索规律的兴趣。

续表

学习主题	主要板块	学习任务	指导和要求	学习目标达成及学习成果展示安排
	我的探索	探索与花儿有关的诗文、科学知识、艺术创作等,并能够在手账本上以自己喜欢的方式展示出来。可以书写、列表、绘画、剪贴……	引导学生有目的地并能自主自由地进行学科间的协同拓展学习。各科教师在学科拓展学习中做好充分的引导工作和问题设计。	依托花之美文、花之游戏、花之乐声、花之设计和花之创作等手账绘本创作内容,形成对花的全方位感知、探究,体验美学,感受自然之美、艺术之美、运动之美、生命之美、成长之美。

对小先生的手账本作品,我觉得……作品可以做如下修改:_____
_____。
我从同学们的作品中学习到的地方:_____。

(由无锡市育红小学二年级组提供)

【教学案例23】

"我也会养蚕宝宝" 主题活动设计

结合"我养蚕宝宝"这一科学探究的主题,将自己的研究做成报告形式进行班级交流,与同学相互分享,学习和收获不一样的体验。研究报告表现形式可以自主创作,如研究报告、手账、绘本等。

活动阶段	活动收获
第一阶段——交流分享:我从别人的作品中收获了什么?	我从作品中了解到:
	□☆ □☆☆ □☆☆☆
第二阶段:自己制订养蚕计划,与老师和同学们分享,获得修改意见。 (另附计划书)	我的计划需要改进的地方:
	□☆ □☆☆ □☆☆☆

续表

活动阶段	活动收获
第三阶段：按计划开始养蚕，并做好相关记录。 （另附养蚕记录）	我的记录有哪些地方可以优化： □☆　□☆☆　□☆☆☆
第四阶段：形成自己的养蚕研究报告，与大家分享和互评。	我选择以下形式做研究报告： 养蚕书法作品☆☆ 养蚕诗画作品☆☆ 养蚕记录视频☆☆ 养蚕思维导图☆☆ 养蚕绘本故事☆☆ 养蚕技能的海报☆☆ 养蚕手账本☆☆ …………

（由无锡市育红小学科学组、语文组、英语组、美术组等提供）

学校综合实践与班队课程素材都来源于生活，又服务于生活，因此这一类活动的精心设计有利于检验小先生对各学科知识的掌握程度。教师积极推动他们走出课堂，搜集素材，合作交流。每位小先生对活动都有自己的需求，都有自己独特的认知与学习方式。案例中，教师在课堂中创设了宽松的学习氛围，让小先生充当班队课的主角，展示生活技能，锻炼才艺，既培养了小先生的兴趣爱好，又能促使其合理运用各学科的相关知识，形成各种形式的调查研究报告，唤醒小先生的社会责任意识，促进他们思维表达能力的提升。

四、人际交往主题

现代小先生的培养目标指向21世纪人才核心素养，21世纪人才必备的核心素养包含沟通和合作，这也是人际交往必需的素养。沟通是信息交流的过程，有效的沟通基于双方有效的互动，也就是说作为信息发出者，要具备有效的组织和传递信息的能力，而作为信息接收者，要有理解和解释信息的能力；沟通又是一个传递思想、情感和价值观的心理和社会过程，一方面受到沟通者的个性、能力、动机与情感等因素的影响，另一方面又受到沟通者所处的社会文化环境和背景的影响。一个具有良好沟通素养的个体，为了实现特定目标，能够有效地与他人或群体交流信息、思想、情感和价值观，并能够对沟通对象抱有同理心。合作是个体在认同团队或组织共同愿景的基础上，积极主动承担分内职责，并本着互尊互利的原则，通过与团队不同成员间的平等协商，灵活地解决争议，实现共同目标的过程。一个具有合作素养的个体，能够主动与他人或群体有效配合、协同行动，实现共同目标。人际交往能力的积极培养对于达成21世纪人才核心素养要求有着重要的意义，因此人际交往能力的培养也逐渐成为课后主题式活动的重要领域，为孩子们创设真实或模拟真实的情景，精心设计能解决真实问题的主题活动，让学生在活动中促进人际交往能力。

【教学案例24】

校园安全儿童剧场

"陈老师，今天是我执勤。我在楼梯转角处发现许多同学上下楼梯都不好好走，推推搡搡的，互相打闹，不仅影响了大家走路，而且还很容易出现安全事故。我劝说了，有的同学听了就改正了，有的同学不但不理我，还说我多管闲事，要告诉我们班主任，还要告诉您。"小朱委屈地说。

陈老师说拍了拍小朱的肩膀："小朱，你做得很对。大队委是协助老师做好各项工作的。同学们的不良表现我们当然要上去提醒和制止。是啊，我们有许多同学安全意识不强，喜欢追逐打闹，我们要经常提醒他们。那他们不听劝，我们有没有什么好办法来引起他们的重视呢？"

小朱摇着头说："我也不知道用什么好方法。"

陈老师笑了笑，接着说："小朱，要不，我们一起来讨论一下，让大队委员一起来想办法，好吗？"

大队委员会议准时举行，大家就平时检查中出现的问题进行了反馈，发现在老师们的教育之后，同学们还是会出现这样那样的不安全行为，如：在楼梯上打闹，在校园内奔跑追逐，上下楼梯时推推搡搡，传递物品时乱扔，开关教室的前后门时撞人，等等。

陈老师说："大家的发言十分热烈，也是有些同学的真实表现，这些不安全的行为会给同学们带来伤害。我们怎么办，才能不让这些行为发生呢?"

大队委员小阚说:"我们除了制止,还可以告诉他们班主任老师,让班主任老师批评他们。"

"还可以记下学生姓名和班级,扣他们班的纪律分,扣发小先生成长币。"大队委员小薛说。

"我觉得这些惩罚不一定有用,我们还是要想办法让同学们有一种'安全第一'的意识。只有让他们明白这些行为的严重后果,他们才能不去做。"大队长的建议让大家觉得很有道理。

可是,用什么方法让他们知道"安全不重视,后果很严重"这个道理呢?小朱举手发言:"同学们都喜欢看视频,看抖音,我们是不是可以用这些形式来教育同学们?"

"可是,这些视频从哪里来呢?"小阚皱着眉头说。

"最好是我们同学们自己演出和拍摄,场景就是我们自己学校,演员就是我们身边的同学,这样同学们肯定喜欢看,肯定能达到教育他们的目的。"

大家七嘴八舌,都说出了自己的看法。陈老师肯定了大家的想法,并给大家布置了任务:大家可以几个人组成一个视频拍摄小组,确定一个主题,想一想如何拍摄。可以挑选自己同学作为视频中的演员来演出,还可以聘请学校的老师作为拍摄小组的导演与技术指导,帮助大家尽快把安全教育视频拍摄出来。

一周后,陈老师收到了好几份视频拍摄方案,包括上下楼梯安全、教室内不打闹、如何传递物品、走廊里不伸脚等主题。陈老师肯定了他们的努力和思考,并鼓励他们可以邀请同学加入自己的拍摄队伍,还可以去邀请校园内你信任的老师加入自己的制作团队。分工后,孩子们分头行动,把曹老师、陈老师、杨老师、潘老师都邀请到他们的拍摄小组中,并根据他们的分管工作安排了任务。

在陈老师的指导下,同学们经过几次修改,终于完成了《校园安全小剧场之教室篇》和《校园安全小剧场之楼道篇》脚本的编写。并在全校发布"招募小演员"的通知,通过自主报名、班主任推荐、大队委挑选等程序成功招募了多名小演员。

拍摄开始了,小演员们都领到了自己的脚本,回家进行认真准备。彩排、拍摄、后期制作，小演员互相配合，终于完成了《校园安全小剧场》微视频的拍摄。

随后，全校同学一起观看了《校园安全小剧场》微视频。"小剧场"针对教室里和楼梯上两个场景的不同安全问题进行深入探讨，通过文明行为方式的情景再现，正确引导、规范学生的行为习惯，呼吁更多学生关注日常行为细节，了解安全自护常识，强化安全自护意识。

（由无锡市育红小学吴东霞老师提供）

【教学案例25】

一场以"小学生需不需要买电子产品"为主题的辩论赛

升入六年级后，班级里有越来越多的同学拥有了手机、iPad等电子产品，课余饭后，三个一群，五个一伙，难免会聊到这些电子产品。小张很是羡慕，也萌生了要买手机的念头，而且这念头越来越强烈。她一连几天向父母提出买手机的要求，可父母始终没有答应。于是，家里弥漫着浓浓的火药味。

老师找了班上几个孩子了解情况，发现这些孩子有的已拥有电子产品，他们在班级里很有优越感，不乏故意炫耀之人；有的像小张一样正在争取；还有的则不以为然。

小学生需不需要买手机等电子产品呢？老师在晨会课提出了这个话题，结果孩子们出现正反两个阵营，教育效果堪忧。由于时间不够讨论，同学们提出开展一次专题辩论解决这个问题的建议。

课后孩子们个个兴致勃勃，自发组队，分头准备，找资料，制作PPT，分析归纳形成自己的观点等，有些同学还找出语文中学到的相关知识点来帮助自己组写作辩论稿。总之，每个人都想趁这个机会一吐为快。

一个星期后，辩论赛如期举行。

"我觉得小学生需要买手机等电子产品！"辩论赛刚刚开始，正方代表就开了腔。

"我们有了电子产品，如果在学校里身体不舒服，可以马上联系父母；放学时，如果父母没有办法及时来接，也可以立即联系我们，不至于因为等不到人而焦急万分。"

现代小先生制：培育爱学会教能评的小主人

"走进校园，有老师在，父母有什么不放心的？我们完全可以请老师帮我们联系，根本用不到电子产品！而且，电子产品毕竟是价格不菲，摔了，丢了，都是有可能的。所以，把电子产品带到学校来势必会给自己增添烦恼。"立即有人反驳。

"网络时代，我们可以用手机上网查资料啊！有不认识的字，不会做的题，网上一搜，马上有答案！"

"学习是思考的过程。思考，能让我们的思维更敏锐！遇到不会做的题，我们就开动脑筋思考，实在想不起来，就听老师讲解，由不会到会的过程，能让我们享受到'豁然开朗'，该是多么美好的事情。如果有不认识的字，我们完全可以请教字典老师！"反方队员滔滔不绝，直逼对方。

正方明显底气不足了，但是他们还在绞尽脑汁，企图说服对方。

"我还是认为小学生必须要有属于自己的电子产品！"一个孩子站了起来，幽幽地说，"现如今是信息社会，一出门，共享单车、费用支付等，为我们的生活提供了便利，而这些都离不开手机等电子产品。QQ、微信等信息交流平台，可以增进同学朋友之间的友情！"

"我没有电子产品，可这丝毫没有影响我和同学、朋友的感情！我们一有时间，就凑在一起分享着快乐，倾诉着烦恼。心，紧紧地贴在了一起。"

"有电子产品的好处就是不出门也能进行线上交流。比如骄阳似火的暑假，我们怕出门，就在线上跟朋友聊天，多方便！"

"什么是真正的好朋友？真正的好朋友，就是哪怕骄阳似火，哪怕大雨滂沱，哪怕雪花纷飞，都要赴约的那种……"

教室里，掌声雷动，反方队员兴奋得涨红了脸，仍然唇枪舌剑，寸步不让。

正方队员也情不自禁地为对手鼓起掌来。

小学生到底要不要买电子产品？通过这次激烈的辩论，最后班级同学达成了共识——现阶段肯定不需要！电子产品虽然有它的许多优势，但同学们还没有很强的自我约束力，很可能会出现一些不良后果。小学生可以在家长和老师的监督下适度使用电子产品，为自己的学习与成长服务。

（由无锡市育红小学周晓红老师提供）

小剧场舞台情景剧表演、微视频和辩论是小先生们商讨学校、班级或学习生活中遇到的问题的不同表现形式，是让孩子们逐步形成共识的好途径。小先生在情景剧表演、视频制作或辩论过程中逐渐发现有效的方法来解决问题，也可以找到有效的论点和论据解决自己的困惑，案例中的安全小剧场微视频的展示更使全体学生受到启发和教育。这种情景剧表演、微视频和辩论的方式也同样适用于课堂学习中对有争论的问题展开讨论。借助主题活动、舞台剧、微视频、辩论赛等的组织或其他有效手段，能促进小先生真实呈现出生活、学习中的收获，并且在整个活动过程中感受合作的乐趣，通过大胆尝试与人交流，提升自己的人际交往能力。在活动中，平时动手能力较差的小先生，借助同伴的力量，弥补了自身的不足。在合作、表演情景剧中，小先生学会了理解对方，共同经历心理体验。在小组展示中，教师引导小先生对各小组进行合理科学的评价，让他们学会正确评价他人的方法，并在评价中取长补短，实现知识、能力、情感的全面交互。

第六章 现代小先生的培育机制

现代小先生制是指在新时期教育背景下，以陶行知小先生制为思想精髓，在课堂教学中，以学生为中心，依据学生不同的知识背景、能力水平和品质特征，在教师发挥适当引导作用的前提下，在自主学习的基础上，充分发挥学生个体特长，通过"互为小先生"的多主体互动合作，促进学生深度学习、全面发展、共同进步的教学制度。现代小先生制提倡以学习者为中心，既关注学生的主体地位，更关注学习真实而深度的发生。

基于此育人原则，学校形成了自下而上的培育模式：现代小先生活动机制为培养小先生创设平台；现代小先生管理制度为培育小先生提供动力支撑；现代小先生学校制度为培育小先生提供制度保障。而学校制度—学校管理—年级平台的培育机制又从上而下保障了培育模式的一以贯之。双线培育结构，互为支撑，互为补充，建构学校空间立体式、可视化、可参与、可实践的小先生培育范式，让学习随时随处发生。

培育过程中，学校不仅关注平台的创设，而且更多地考虑到激发学生成为小先生的觉醒力，学校管理层面不断为小先生成长提供制度保障，小先生宣言书—小先生上岗礼—小先生成长币形成了一套有效的激励成长机制，让学生自觉成为小先生并能保持旺盛的行动力，形成良性循环。为了更好地规范教师的教学行为，为小先生的成长服务，学校制定了一系列的规章制度，不断规范教师课堂教学行为，教师通过"现代小先生制课堂教学自查自评表"来审视自己的课堂教学行为，并不断进行反思调整。在自查的基础上，学校同时做好课堂教学把控，通过"小先生制课堂教学评价表"来评定教师教学行为。

现代小先生的培育机制从教师个体到年级组，再到学校管理，科学而规范，力图让学生在课堂上成为"爱学、会教、能评"的学习小主人，课堂呈现出"以教促学，以评促学"的学习新样态。

第一节　现代小先生的活动机制

如果说教师是小先生的栽培者，那么年级则为小先生培育提供了土壤。首先，年级是学校的下行组织，是连接学校与班级间的桥梁，也是实施学校管理的基层单位。学校的各项工作均要通过各年级组来贯彻落实，可以说年级的小先生制建设落实是学校小先生制建设与发展的缩影。其次，作为学校的基层管理组织，年级组具有小团体性、灵活性、自主创造性，是学校小先生制管理框架的重要组成部分。可以说，年级间的小先生管理相比于班级，拥有更多的整合资源，相比于学校，拥有更高效的实施性。年级是学校制度的实施者，也是本年级班级组织的领头雁。提高小先生制实施的实效性，促进小先生的全面发展，应发挥年级的基层管理优势，依据整体性、统一性、可行性、针对性原则建立起以"征集—预约—共学—展示—延伸"为主线的可循环、可持续的小先生活动机制。

一、小先生活动征集

1. 发起征集

小先生制的实施不仅仅局限于课堂，更应来源于小先生的生活世界，扎根于真实情景的发生，使小先生能够走出课堂，实现综合且平衡的个人与团体发展。因此，学校秉承民主化与生活化的理念，以年级组为单位，向全校师生征集小先生活动的意见。

征集形式分为纸质征集及邮箱征集。纸质征集即由各年级组印发纸质征集表，发放到各班，在截止日期前交予班主任，由班主任交至年级组长处。邮箱征集则不限制时间，投稿者可通过邮箱的方式提出自己关于小先生活动的意见与建议。见表6-1。

2. 筛选审核

初步筛选由年级组组织，选择适合本年级活动且有价值的内容进行整合并进行基本的归总分类，如课堂展示类、才艺展示类、年级评比类、校园竞赛类等。

表 6-1 小先生活动征集表

班级		姓名	
建议活动主题			
内容说明			
建议活动方式			
建议活动准备			
备注			

审核由学校各条线负责，进行活动的价值性与可行性的讨论与分析，最后将符合条件的活动提案交由校方。

3. 方案制订

经过筛选审核后，最终选择的提案留档，并组织讨论后，进行活动方案的制订。如生活方面的主题，可采取小品情境式表演形式，更能够引发学生的兴趣。如百科方面的主题，可采取问答交流式的形式，能够引发学生的共鸣。如新闻方面的主题，可采取新闻播报的形式，让学生当一回小主播。

学校对采取的提案设置一定的奖励激励措施，如发放小先生币、校级荣誉设计证以鼓励广大师生继续积极参与小先生制活动的提案与建议。

4. 活动实践

拟订方案后，学校下发通知组织相关年级进行宣传工作，并发放小先生预约表，激励小先生们积极参与。最后各年级组根据本年级的小先生制活动方案，进行活动的组织与开展。见图 6-1。

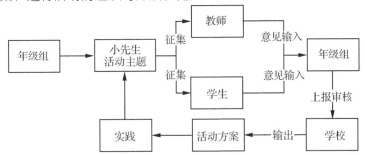

图 6-1 小先生活动主题征集流程图

二、小先生自主预约

小先生诞生制度主要分为自愿申报制、民主竞选制、伙伴推举制和轮流担当制等。年级或班际间的小先生主要采用个人或小组自愿申报预约制的形式。即由一名学生或多名学生组成的合作小组,通过填写预约表的形式,根据学校发布的主题活动,说明预约主题、预约日期等。由年级归总预约表,并根据征集的活动主题进行分类,组织选派小先生以多种形式进行主题分享交流。见表6-2。

表6-2 小先生申报预约表

小先生预约表		班级:	姓名:
预约主题			
预约日期	年 月 日	指导教师	
参与人数	人	参与者姓名	
班主任意见			

三、小先生共学研讨

共学研讨即与学习者共同探究,将主题层层推进。小先生们整理大家在课堂上提出的相关问题,以学习内容为支撑,以准备的资源资料为储备,与其他小先生同伴进行共学,使大家拥有开放的质疑讨论空间,互评互议。一方面,调动大家的主观能动性,捕捉和利用生成性的问题,深化主题;另一方面,在与更多同伴的多维对话中,实现同伴意义的建构,实现自我完善、自我成长。

1. 小先生根据预期主题收集资料阶段

该阶段的主要任务是从原有的知识储备中选出与当前主题相关联的内容,并利用信息化、多媒体等途径检索有关本主题的新内容,积累新经验。预期的主题诞生后,并不一定完全可行,因此需要积累更多的资料来契合主题,完善主题,在此过程中,预期的侧重点可能会随之发生改变。因此,资料收集的过程,也是一个不断筛选内容、查漏补缺、确认主题的过程。

2. 小先生梳理知识点内容联系阶段

该阶段的主要任务是完成已有经验与新经验的整合,形成自己的主题知识体系。资料是静态的,大多以格式化的结论呈现,但各部分间都有着联系。"完成任何创造性作业的质量,首先决定于学生深刻、彻底和牢固地掌握那些在这种作业中必须应用的知识、技能和技巧的情况。"① 为了以更加清晰的思路理解主题,就需要小先生利用思维导图、图例等工具,对所有的内容进行梳理,厘清其中的逻辑关系和体系。

3. 小先生与他人研讨思考问题阶段

该阶段的主要任务是通过与他人,如其他小先生或教师等的合作,将他人的质疑整理成问题串。处在不同认知水平、不同生活体验中的学习主体对事物的理解均有所差别,小先生在解决这些问题和研讨的过程中,一来可以帮助其他小先生开拓视域,促成知识融合,二来能够形成自己独立的见解,加深对主题的理解,提高自身思维水平。

四、小先生活动展示

小先生活动展示是以小先生制理念为指导,以主题内容为主线,以同伴对话为形式,以促进学生知识的迁移应用为目的的动态过程。各年级组依托学校研究与准备,积极探索年级中的小先生制,构建起了以"学校—年级—班级—学生"为主线的有层次的小先生培育系统。小先生们选择契合主题内容的合适的展示形式并加以练习。小先生团队可以发挥自己的创意和思考,运用多种多样的形式进行展示。由此,催生了由分享到共享的小先生走班,开设了由个体到集体的小先生论坛,创建了合作竞争并存的小先生擂台。

1. 由分享到共享的小先生走班

陶行知先生所提倡的小先生制主张"即知即传人",他要求小先生们在"无所不学"的同时做到"无所不教",实则可以理解为以渗透式教学的方式进行知识共享。他认为只有采取这种渗透式的教学方式,才更有利于教育的普及、知识的传播,以及知识的融合和知识体系的架构。年级间走班小先生的产生,能够让学生基于生活中"无所不学"的经验,做到真正的"无所不教",从而在真正意义上实现知识共享。

走班小先生是指在自主学习的基础上,充分发挥学生个体的特长,打破学科内容与教学内容限制,走出课堂,进入年级其他班级进行分享的一

---

① 凯洛夫. 教育学 [M]. 陈侠,等译. 北京:人民教育出版社,1957:190.

种教学展示形式。其特点是由班级内的同伴分享扩散到班际间的学生群体共享，优势是可供选择的教育内容更加丰富，学生的视野能够藉由小先生的交流分享变得更加开阔，学生更加关注现实问题，更广泛的兴趣得以培养起来，更有利于学生实现全面发展。其目标是让每个学生都有机会成为小先生，成为问题的发现者、探索者、研究者，成为主题的新闻发布人、课堂主讲人。小先生在教授他人的同时，获得不一样的体验，并在体验中思考问题、解决问题以优化自身知识技能结构，促进个体全面发展。

感知是学习的起点，是学生全身心参与获得发展的有意义学习的基础。小先生根据准备的主题内容，以多样的形式，如主持、演讲、小品、情景剧、问答、头脑风暴等，走班向其他班级的同伴作初步展示，在"读""导""演""做"中让大家理解主题内容，引起共鸣，激发兴趣，促使其他学生积极、内在的学习动机的发生。

2. 由个体到集体的小先生论坛

小先生论坛是一种以促进小先生发展、增加小先生间的交流、指导小先生课题研究等为主题的论坛，具有知识性、互动性、集体性等特点，参与人员主要是小先生与指导教师。开展小先生论坛有利于小先生了解信息、分享经验、启发思路、自我评估、提高能力，使具有不同智慧水平、知识结构、思维方式、认知风格的小先生可以互补。其主要分为技能培训类与心得交流类，针对每个年级学生的不同的心理年龄特点，各年级组织符合儿童身心发展及个性特点的论坛形式。

（1）技能培训类

小先生技能培训以解决小先生课堂建构实施中的问题为脉络，以提高小先生的知识技能为目标，由指导教师选择有价值性的主题，进行以学期为时间线的培训。具体目标有三：一是使小先生能够最快速了解当前小先生制实施的基本情况和总体要求，掌握小先生制度实施的意义和价值。二是能够让小先生学会必要的知识，掌握必要的技能，如上课时的体态语培训、教学语言培训、表扬的艺术培训等。三是能够评估自身，发挥自己的优势，发现自己的不足，不断完善自我。

图6-3 小先生培训主题流程图

（2）心得交流类

杜威说过，每个孩子都有天生的社会性冲动，"表现在他希望家庭和别人分享他狭小世界的经验……他喜欢给人们讲述各种东西，以分享他的知识……所以，语言本能，儿童社会表达的这一最简单形式，乃是一个巨大的教育资源"①。小先生心得交流会正是分享自身经验，吸取他人优秀成果的重要途径。教室里是不存在"大家"的，存在的只是一个个具有独立意义的学生，每个人都有着不一样的思维。在自我汇报的过程中，小先生可以听取到其他人的建议，明确下一步的方向。在听他人汇报的过程中，小先生们的各种思想会产生碰撞，灵感会被激发，更易于小先生们开阔思路，进而优化自己的想法。

（3）优秀展示类

班杜拉认为行为可以通过观察榜样而习得。"通过观察他人，人们形成了自己的行为准则，而且在将来的某些时候，这些被编码的信息会为行为提供指导。"② 优秀小先生课堂的展示，旨在让每个小先生成为他人的榜样，使"每个孩子都可以在成为别人的榜样的过程中发现潜在的自己"③。因此，展示类论坛是指选拔优秀的小先生，使其他小先生通过旁听榜样小先生的教学，促进自我小先生知识技能发展的一种形式。优秀小先生的示范展示能够为其他小先生提供借鉴的榜样，提供学习和反思的机会。

---

① 梅休，等. 杜威学校［M］. 王承绪，等译. 北京：教育科学出版社，2007：30.

② 班杜拉. 思想和行动的社会基础：社会认知论［M］. 林颖，等译. 上海：华东师范大学出版社，2001：63.

③ 窦桂梅. 成志教育：清华大学附属小学立德树人实践研究［M］. 北京：教育科学出版社，2018：199.

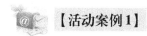【活动案例1】

小先生成长舞台论坛

活动主题：成长留痕暨小先生分享会

活动对象：三、四年级小先生

活动时间：2020年1月8日

活动地点：××教室

活动形式：聚焦小先生分享，为小先生提供展示的舞台。临近期末，每个班推选一名本学期具有实践经验的小先生参与分享。每位小先生准备一个才艺表演节目。

活动环节：

一、教师引领

请小先生的指导教师代表发言，对本学期小先生制的实施情况与收获进行总结，使小先生能够最快速地了解当前小先生制实施的基本情况和总体要求，掌握小先生制度实施的意义和价值。

二、成长故事

小先生1：多请教，多积累。第一次做小先生有很多不懂不会的地方，一定不能因为胆怯或者怕老师觉得自己能力不足而不敢去问。我的老师在各方面都给了我一些指导，让我很有收获。

小先生2：当好小先生要细心、耐心、精心。细心就是要仔细观察老师是怎样为我们讲解的，耐心就是要对其他同学提出的问题一一解答，精心是指作为小先生，需要精心安排，让自己在这堂课中更出彩。

小先生3：原来把一个知识点诠释好是要进行大量前期准备的。在老师的指导下，我学会了绘制思维导图来理清知识点之间的关联，我觉得这个方法可真不错，想在这里与大家一起分享。

……

三、才艺展示

1. 小先生1：民族舞《秦淮景》。

2. 小先生2、3：吉他和陶笛演奏《天空之城》。

3. 小先生4、5：相声表演《杂货故事》。

4. 小先生6：歌曲《青花瓷》。

……

小先生们的精彩展示获得了大家的好评与掌声。

四、颁发荣誉证书

最后由老师向表现突出的小先生颁发荣誉证书。

（由无锡市育红小学三、四年级组提供）

3. 合作与竞争并存的小先生擂台

合作与竞争是相互依存的关系。合作是同伴之间为达到某种共同目标而相互协作的活动形式，其特点是合力实现共同目标。竞争是一种自我提高的激励形式，其特点是超越他人实现目标。对学习而言，有合作就可以使多人思维碰撞，深度讨论，促进深度学习的发生。有竞争就可以不断产生动力，就能激励每个小先生不断取得进步。开展年级间不同班级小先生的良性竞争可以增强班级的凝聚力与合作意识，同时也可以调动小先生的积极性和竞争意识。见图6-4。

图6-4 合作与竞争关系图

（1）学科教学："小先生，大智慧"讲课比赛活动

小先生也有"大智慧"，小先生赛课活动是小先生成长的擂台。一则可以发现小先生制课堂的不足之处与存在的问题，作为研究资料。二则可以使小先生相互借鉴，找到自己与他人之间的距离，对自身有一个更完整的认识和评价。三则小先生们得到了锻炼，得到了大家的指导，能够更上一层楼。小先生们之间的切磋交流，不仅有利于自身素质的提升，也有利于整体素质的提升。可以说，在这个擂台上，每位小先生都是赢家。

为了提高活动的实效性，比赛后的评议要注意以下两点：一要重视课后小先生的自我评价和反思，注重竞争对手间的相互评价，也要注重合作同伴间的评价。不能够为了赛而赛，要真正发挥比赛对小先生成长的促进作用。二是指导教师及评委要用发展的目光去看待小先生，找到小先生们独特的闪光点，充分肯定其成功之处，增添其继续改进的动力。对于其不足之处的评议，要考虑孩子的心理接受能力，以引导其自我反思为主，提建议为辅。

【活动案例2】

《解决问题的策略》教学节录

（苏教版小学数学五年级下册）

1. 出示例1

师：请大家欣赏这两个平面图形，你能一眼看出这两个图形面积的大小吗？

生：不能。

师：为什么不能？困难在哪里？

生：这是不规则图形。

（老师板书：不规则图形）

2. 引导交流

师：你打算怎样比较这两个图形的面积？

师：有的同学已经有想法了，有的同学还在思考，那么请大家前后桌为一组，互相说一说你是怎样想的。

3. 指导验证

师：你们组是怎么想的？（指名回答，课件演示）

生1：数格子。

生2：割补。

师：同学们，你们都想到了解决问题的办法，比较一下你们的方法，你觉得哪个更简便、更好操作？为什么？

生：转化。

师：那么接下来就请同学们打开作业单，认真观察图形的特点，想一想可以怎样转化，自己动手试一试吧！

小先生1：我首先仔细观察这两个图形的特点，发现这两个图形有凹进去的地方，也有凸出来的地方，我就想这两块之间是否有什么联系。先看凹进去的地方，我发现这是一个半圆，半径是3小格的长度，于是我在凸出的地方找到半径 3 小格的半圆,发现将它切割后,平移下来,刚好填补了凹进去的地方,这两个不规则图形变成了一个长方形。

小先生 2:我也是先观察了图形的特征,凹进去的地方是个半圆,半径是两小格,凸出来的地方也是这样的一个半圆,切割后通过旋转,刚好能够将原来的图形转化为一个长方形。经过比较,我发现两个图形面积相等。

4. 明确转化的策略

小先生 2:听了我和刚才×××的讲解,大家还有什么问题吗?那我来考考你们吧。

(1) 刚才解决问题时,我们用了什么策略?

(2) 我们是把什么图形转化成什么图形?(板书:规则图形)

(3) 转化过程中我们使用了哪些数学方法?(板书:平移和旋转)

(4) 转化前后什么变了?什么没变?

小先生 2:是的,你们真棒,这道题目里的图形,转化前后虽然形状变了但是面积不变,因此我们才能直接比较转化后图形的面积。

师:让我们用掌声感谢两位小先生的讲解,请回座位。

(由无锡市育红小学裴艳华老师提供)

4. 百问百答:"一站到底"百科问答活动

主张多元智能理论的加德纳说过,因为每个人的智力都有独特的表现方式,每一种智力都有多种表现方式,所以我们很难找到一个适用于所有人评价标准来评价一个人聪明与否。因此,小先生问答活动其实可以看作小先生展示多元智能的平台。其活动内容广泛,覆盖文学、数学、科学、地理、历史、军事、常识等多个领域,可以有效地帮助孩子们巩固课内知识,丰富课外知识,提高综合知识水平。各年级可根据课程相关内容及儿童生活经验设计各年级的小先生问答活动,包括活动目标、活动地点、活动设计、活动纲要、活动规则等。

【活动案例3】

一站到底——欢乐百科,斗智斗勇(五年级组)

活动主题:欢乐百科,斗智斗勇

活动时间:2019 年 9 月 30 日

活动地点：阶梯教室

活动对象：五年级各班小先生

活动形式：每班推选三名小先生为一组参与活动，以趣味百科问答及团队竞赛的方式进行年级相关课程内容及课外拓展的斗智竞赛。成绩优秀的个人及团队获得奖励证书。

活动流程：

各小组按指定位置就座，测试抢答器。测试完毕后活动正式开始。

一、百科考场

以人文类、百科类为主，在主持人的描述中按抢答器进行题目抢答。

主持人宣读规则：共10题，无人抢答或答错则该题作废，进入下一题，答对加10分，答错扣10分，最后计算总分。

题目1：为什么先看到闪电后听到雷声？

题目2："田园诗人"是谁的称号？

题目3：我国的四大发明分别是什么？

…………

二、欢乐搭档

每组抽选一个类别的题目，包括文学、数学、科学、地理、历史、军事、常识等多个类别，由屏幕出示关联词，队里的两人一人负责比画，一人猜答案，共10题，答对加10分，答错不扣分，限时2分钟。

数学类：扇形、π、分数、旋转……

地理类：地震、指南针、天气预报……

…………

三、成语接龙

按小组顺序进行成语首末字同音接龙，接对加10分，过或接错不扣分。答题限时10秒，总时长5分钟。

小组1：海阔天空

小组2：空空如也

小组3：过

小组4：夜以继日

…………

四、评选优胜组和优秀个人

以总分选出优胜组,一等奖1组,二等奖2组,三等奖3组,优秀奖若干。

以第一轮的问答计分选出优秀个人,一等奖1人,二等奖2人,三等奖3人。

(由无锡市育红小学五年级组提供)

5. 主题辩论:"辩场争锋"辩论比赛活动

何谓"辩论"?《现代汉语词典》的解释为:"彼此用一定的理由来说明自己对事物或问题的见解,揭露对方的矛盾,以便最后得到正确的认识或共同的意见。"在希腊文里,辩论的意义就是"对真理的共同探讨"。辩论具有双方性,单方的表达只能称为议论。辩论中,双方通过观点交锋、智慧碰撞,使知识得以澄清,道理得以彰显,观点得以阐明,价值得以引领。所谓"真理越辩越明"正是此意。组织小先生主题辩论赛一能够开阔小先生的视野,比如在准备过程中,小先生需要认真收集资料,参阅同学提供的资料,根据辩题整理和组织材料,撰写辩词等。二能够在竞争的氛围中,提升小先生们的心理素质、应变能力、沟通能力、合作能力等。

【活动案例4】

辩场争锋——唇枪舌剑,不服来辩

活动主题:唇枪舌剑,不服来辩

活动时间:2020年1月3日、1月6日

活动地点:阶梯教室

活动对象:六年级小先生

活动形式:勤于思考,敢于思辨。每班选出3名小先生辩手参与辩论,以班级为单位抽签,两个班为一组,分别为正方和反方。以评判团分数为依据,单场淘汰,剩余班级队伍则进行再抽签比赛。辩题均以抽签方式决定,准备时间为5分钟。

活动流程:

主持人致开场词,宣读比赛规则,介绍参赛队、评判团成员。各班辩手进行简短的自我介绍。按辩题顺序开始比赛,每次陈词时间为2分钟,交替陈词。最后进行自由辩论时间为6分钟,正反方各3分钟。由评判团打分，按得分高低确定名次。

辩题1：

正方：鼓励对成长更重要

反方：严厉对成长更重要

辩题2：

正方：学习应知足常乐

反方：学习应不知足常乐

辩题3：

正方：网络有利于学习

反方：网络不利于学习

辩题4：

正方：顺境有利于成长

反方：逆境有利于成长

……

主持人宣布本场比赛胜负结果及优秀辩手获得者。

个人评判标准：语言表达（40分），辩论技巧（40分），表情风度（20分）。

团队评判标准：辩题中心（30分），内容资料（30分），整体配合（30分），辩场纪律（10分）。

（由无锡市育红小学六年级组提供）

五、小先生延伸应用

延伸学习即发动大家带着更深层次的问题思考应用和渴望继续探究的过程。延伸可以是小先生事先准备好的问题供大家课后思考，也可以是课堂中生成的未能得到解决的问题让大家课后继续探讨。应用是指根据具体主题的内容，设计一份课后实践方案，让学生能够走出校园，关注社会，学以致用，提升教育的价值性和实践性。

延伸学习包括时空延伸、经验延伸与技能延伸。

1. 时空延伸

时空延伸即时间与空间的延伸。主题活动展示中的小先生，受活动场地及时间制约，主题涵盖范围较生活世界而言相对狭隘。延伸学习则能够突破时空限制，使小先生有充足的时间与空间，将学习的场域由学校拓展到生活。

2. 经验延伸

经验延伸即积极主动地使用小先生主题活动中获得的经验去贴近自己的生活世界，从而达到学以致用的目的。

3. 技能延伸

技能延伸即积极主动地发展自身作为小先生的技能，为接下来的小先生活动做充分准备。

延伸应用环节并不是最终环节，小先生在此环节也能够通过延伸学习，不断地增强自身知识技能与生活世界的联结，从而生成更多贴近小先生生活场域的价值性主题，解决更多与此次主题相关联的问题，进一步形成一个系统化的课题，从而结合再一次的主题征集，为下一轮新的小先生活动做准备。见图6-5。

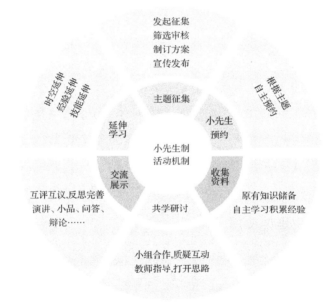

图6-5 小先生制活动机制流程图

综上所述，现代小先生制活动机制是以"征集—预约—共学—展示—延伸"为主线的可循环、可持续的活动机制，为培养小先生创设了平台。年级组则是学校小先生制管理框架的重要组成部分，有着其特殊的优势与职能，即年级组以特有的小团体性、灵活性、自主创造性为小先生的培养提供了生长的平台和土壤。以年级为单位的小先生指导与交流工作的开展，缩短了管理距离，增强了针对性和实效性，提高了反应力和执行力。

第二节 现代小先生的管理机制

管理机制是指管理系统的结构及其运行机理。现代小先生管理机制以年级创设活动平台为基础,在项目研究中不断厘清现代小先生制的理论建构,通过"小先生宣言""小先生成长章""小先生上岗礼"等培育机制,规范小先生的管理系统机构,明晰运行机理,在学校层面不断激发、催生学生成为小先生的可能性,促进了小先生的成长,使现代小先生制成为科学规范、操作性强、便于推广的课堂学习新样态。

一、宣言书催生原动力

学生本身就是资源,儿童本身就具有探究欲与好为人师的本能,儿童内生机制的核心就是在于尽力把儿童身上失落的东西——主体性寻找出来,将其放在社会发展和国家需要的坐标中进行引导。只有当这种本能与教育机制结合在一起,教育的效应才会得到体现,继而催生学生向更高层级发展的原动力。

1. 小先生宣言宗旨

"小先生宣言"是现代小先生制课堂学习实践的动力源。该宣言的研发与研读,旨在帮助学生领悟小先生的角色内涵,理解小先生存在的必要性和重要意义,实现让学生从思想认同到实际践行的跃升,"选择了小先生,就选择了一种责任、担当"。

2. 小先生宣言准备阶段

该阶段,每位教师要将成为小先生的责任、义务向学生一一说明,激励学生寻找自我品质中能成为小先生的闪光点,并将其放大,能够简单地运用语言等形式说明自己成为小先生的可能。教师要尽可能发掘学生的闪光点,鼓励每位学生争做小先生。

3. 小先生宣言制定原则

宣言的特征在于它的鼓动性,它公开地昭示自己的主见。宣言必须公开自己的主张,而且要态度鲜明。小先生宣言制定时首先要昭示自己好学善教的这一优势特征,彰显生生互助互学、实现深度学习的鲜明主张,同时也确定小先生自身的责任、义务。

4. 小先生宣言宣誓内容

下面是育红小学小先生宣言宣誓的内容：

我是育红小学的小先生，我将努力发挥自己的优点与特长，和身边所有的小先生一起，互帮互助，互教互学，共商共议，共享共进，学做学习的小主人，争当课堂的小主人。为此，我将努力做到：

第一，做敢为的小先生。"人人都是小先生"，积极主动参与小先生课堂，争做敢为的小先生，在实践中学会学习、教学与管理。

第二，做善教的小先生。热爱学习，活学活用，正确利用多媒体、网络，学着自己设计教学方案，热情主动地开展小先生教学。善教者善于倾听，善教者善于引导，善教者尊重不同的观点。

第三，做巧学的小先生。博览群书，主动地汲取知识，争取做一个优秀的小先生，更好地服务于同学。成功总是青睐那些准备充分的人。

第四，做会疑的小先生。积极思考，大胆质疑，创新思路，敢于在课堂上提出不同的观点，点燃学习热情。

第五，做乐议的小先生。每位小先生都有自由举手发言的权利，都有评价其他同学学习方式、方法、成效的权利，"我的课堂我做主"，对于老师的教学，乐于提出我的建议。

二、上岗礼锤炼能动力

通过第一阶段的小先生宣言的宣誓，学生自觉担当小先生的觉醒力已被催发。第二阶段的小先生上岗礼，联系学生的个性经验、能力倾向和学习优势等，给学生提供最契合的小先生岗位，让学生从内隐的学习走向外显的实践动力，以学生为中心，通过"人人皆为小先生""互为小先生"的多主体互助合作，培养学生自觉守规、主动参与、勇于承担、善于创新的优秀品质。

1. 自主申请，人人皆为小先生

"上岗"是指通过种种考试，能够被录用并开始履行责任。学生可通过自我申报、同学推荐、民主竞选等形式成为不同岗位的小先生。学生可自主填写"小先生上岗申请表"（表6-3），在申请表中说明自己的优势和可服务的岗位，学校采纳后举行上岗仪式，即可正式上岗。根据小先生递交的申请表，同岗位或多岗位的小先生，可以开展竞选形式来进行选拔。竞选过程中，小先生通过自我展示、才艺表演、能力阐述等形式讲述自己的优势和成为小先生后的所作所为，由同年级学生进行投票，选出最契合岗位的小先生（图6-6）。学生成为小先生后可从多个领域、多个层面履行自己的权利和义务。学生在担任小先生的过程中，不但能学会自我管理，而且能更好地服务他人。

表6-3 小先生上岗申请表

班级：	姓名：
申报形式	
我的特长	
我能做好的示范	
我能提供的服务	
同伴意见和建议	
班主任意见	

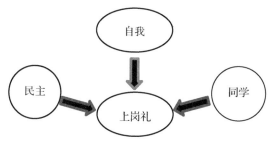

图6-6 小先生上岗礼申报流程图

2. 快乐起航，施行小先生上岗礼

"小先生上岗礼"行动坚持儿童立场，活动设计努力体现儿童化。学校通过学生"自觉发起—自主管理—自信服务"这样的上岗流程，让学生在为他人服务中，不断激发内生机制，从而达成自我价值的实现和自我超越。小先生自我激励、自我管理的同时不断引领同伴成长，形成主动探索、主动分享、共学共进的良性循环，形成 $1+1>2$ 的良性样态。

3. 积淀评价，见证小先生成长

自我激励，带动他人是小先生上岗礼的行动目标，是激发小先生们的主动性和创造性的内因。自我实现的满足感愈大，参与服务的心志就愈坚定。为此学校大力推进"小先生上岗礼"工程，开发、健全一系列小先生服务活动的内容体系、评价机制，采用"积淀型"评价，为他们量身定制了"小先生成长日记""小先生成长章"，小先生用日记记录自己的成长，老师依据学生的日常表现结合日记中的小先生事件的记录来刻印成长章。这样的综合评价形式，将老师的主观评价和学生的自我评价相结合，并用小先生日记本的形式记录，成长记录形成系列化，激发学生的幸福感、成就感，从而使他们产生使命感和责任担当意识。

三、成长章激发行动力

学生领悟小先生的角色内涵，理解小先生存在的必要性和重要意义后，学校就开始全方位的推广小先生制。

现代小先生制在目标定位上，从教育普及转向课堂教学质量的提升、学生积极情态与核心素养的全面发展，在教学方式上，旨在培养"人人都是小先生"的多主体互助合作。为了更好地激励学生人人争当小先生，"小先生章"奖励机制也自然而然出台了。值得一提的是，"小先生章"的奖励机制，其考察不仅仅停留在学习层面，更延伸到学生特长和生活方面，鼓励学生时时事事处处都要成为小先生，更契合了习近平总书记对少年儿童提出的"从小学习做人、从小学习立志、从小学习创造"的要求，强调童年是人的一生中最宝贵的时期，在这个时期就要注意树立正确的人生目标，培养好思想、好品行、好习惯。

1. 成长章的分类

针对儿童在成长阶段不同的品质，"小先生成长章"可分为三大类：学习章（橘色）、生活章（黄色）、特长章（紫色）（图6-7）。三种颜色的"成长章"指向学生的三种不同品质，小先生在成长过程中，在学习、生活、自我特长方面都能学会主动探索、主动分享、共学共进，在学会自我管理的同时还能很好地为他人服务。成长章的采用是对学生全方位的激励，让学生在学习生活中找到认同感、趋向性，形成良性竞争氛围，助力小先生的成长，使得人人皆为小先生成为可能。

图6-7 小先生成长章

2. 成长章评比原则

遵循公平、公正原则，鼓励全员参与。

成长章的评比是立足于人人都是小先生的前提下展开的，鼓励每位学生都能在自己的优势领域成为小先生，激发学生的潜力，实现能力提升，同时带领同伴成长，而这样的互动也是双向的，所有的学生都在此过程中成长自我，服务他人。在此过程中，教师对成长章的刻印一定要做到公平、公正，不仅要看学生在校各方面的表现，还要结合成长日记和家长反馈来及时肯定小先生的积极行为。

多鼓励、多发放，激发小先生潜能。

成长章的发放没有限定，依据学生的表现，符合要求即可发放。在发放过程中，特别要鼓励学生不仅要努力获取学习章，特长章、生活章的获取也值得赞许，鼓励学生争取三类成长章都能获得，全方位地发展自我。

培养学生乐观自信、敢于竞争、勇于创新的品质。

学会学习，学会生活只是最基本的要求，在学会的过程中，我们更乐意看到小先生能学会与他人分享，共学共进。在此过程中，不断地培养小先生乐观自信、敢于竞争、勇于创新的品质。让小先生学会学习、学会分享，有自我的思辨、审辩能力，形成的品质为学生终身发展服务，是我们育人的目标。见图6-8。

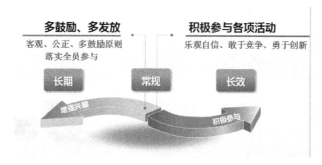

图6-8 小先生章评比原则图

3. 成长章评比要求

小先生章评比要求依据不同的年级，制定不同的评比要求，评比要求循序渐进，让学生既有进步的基础，又有成长的渴望。每个年级在学习、生活、特长方面都做出了明确的规定。低年级要求从自身能力出发，学会做好示范小先生，在各个方面都能找出自我优势为他人示范，从入学的第

一、二学年就能激发学生积极向上的情态，尽快融入学习生活。中年级学生已有了做小先生的基本能力，除了为他人示范，还要学会自我管理和乐于分享，在分享中实现自我和他人的不断进步。高年级的学生除了低、中年级的要求外，更多地要尝试与他人共同进步，互学互进，不断审视自我行为，助力多方面能力的提升。

除了成长章和小先生日记之外，学校还设立了六阶成长评价表，为小先生的成长做加持。每学期得到两个章以上的学生即可参评"六阶成长评价"所有单次称号的评选。将"小先生成长章"作为学生成长阶段的起始评价，更好地诠释了人人都是小先生、人人皆为小先生的理念。见表6-4、表6-5。

表6-4　小先生章评比要求

年级	学习方面	生活方面	特长方面
一、二年级（示范小先生）	每日一师（在整理学习物品、读书、写字、做题等方面做示范）	每日一师（在吃饭、做操、整物、扫地、走路等方面做示范）	每日一师（在艺体类学习、锻炼或活动中做示范）
	每期一换（兑换学校文创产品）		
三、四年级（示范小先生、共享小先生）	每日一师（在读写、创造、审美方面做示范并乐于分享）	每日一师（在身体素质、劳动、纪律、礼仪方面做示范并乐于分享）	每日一师（在参加校内外各项活动、公益服务活动中做示范并乐于分享）
	每月一讲（用图画、照片或文字的方式记录自己当小先生的经历，分享帮助他人的过程，以及自己在做小先生时遇到的困难和解决的方法） 每期一换（兑换学校文创产品）		
五、六年级（示范小先生、分享小先生、共进小先生）	每日一师（在读写、创造、审美方面做示范并乐于分享，促进自身和同伴的进步）	每日一师（在身体素质、劳动、纪律、礼仪方面做示范并乐于分享，促进自身和同伴的进步）	每日一师（在参加校内外各项活动、公益服务活动中做示范并乐于分享，促进自身和同伴的进步）

续表

年级	学习方面	生活方面	特长方面
五、六年级（示范小先生、分享小先生、共进小先生）	每月一讲（用图画、照片或文字的方式记录自己当小先生的经历，分享帮助他人的过程，写出同伴的进步，写出自己在做小先生时的进步和感悟）每期一换（兑换学校文创产品）		

说明：
1. 做到"每日一师"中的任何一点即可获得相应项目的一枚小先生章。
2. 在班级内分享"每月一讲"可获得相应项目的五枚小先生章。
3. 定期兑换成长章，激励学生更好地在学习、生活中做小先生。
4. 小先生成长章的获得数量可作为六阶成长评价的评价标准。

表6-5　六阶成长评价表

培养目标	称号	评价标准		自己评	家长评	小组评	教师评	总评
		基础指标	具体表现					
质朴方正（习惯）	健康之星	吃好饭，做好操	文明用餐，营养全面，坚持锻炼，保护视力，身体健康。					
	劳动之星	整好物，扫好地	自己的事情自己做，有良好的生活习惯，学会简单的家务劳动。班级劳动认真做。					
	守纪之星	走好路，听好课	课间安全行走，文明游戏；课堂准备好学习用品；上课、集会等认真听讲。公共场所不喧哗，不拥挤。					
	礼仪之星	说好话，敬待人	会使用礼貌用语，尊敬老师，孝敬家长，礼让他人。					
	方正学子	以上几项均得★						
求新求异（能力）	好学之星	读好书，写好字	坚持读书，主动积累；写字姿势正确，整洁美观，善于表达；按时完成各项作业。					
	探索之星	兴趣广，爱思考	对科学、数学等有兴趣，爱观察，积极思考，大胆提问，主动回答。					
	才艺之星	唱好歌、爱美术、会运动	在校级以上活动中获将或在班内表现优异（获奖：　　　　）					
	智慧学子	以上几项都得★，学业成绩优秀或学习进步大						

续表

培养目标	称号	评价标准		自己评	家长评	小组评	教师评	总评
		基础指标	具体表现					
放眼世界（道德）	爱国之星	行好礼，明事理	尊重国旗，会唱国歌，会唱队歌，肃立行礼。天天佩戴红领巾，主动参加队活动，以少先队员标准要求自己。					
	诚信之星	晓以理，动以行	犯错时虚心改正，自觉遵守纪律。					
	公益之星	懂责任，乐助人	能坚持在学校小义工岗位上服务他人。					
	大气学子		以上几项均得★					
综合称号		评价说明	每项优秀得"★"，尚须努力为"○"。 评价称号： （1）单项之星：凡能达成某个单项评价标准，即可获得。 （2）榜样之星：方正学子、智慧学子、大气学子，三项中单项综合获得称号。 （3）卓越之星：方正学子、智慧学子、大气学子三项均得。					

第三节 现代小先生的规章制度

　　建立一整套学校制度，可以激发学校的办学活力，促进学校内部及学校与社会和谐发展。现代小先生制关注儿童的核心地位，让儿童站在课堂的中央，尊重儿童的天资与性情，指向理想与抱负，砥砺意志与行动，形成了一套规范的小先生培养制度。学校在深入实践中总结出现代小先生"爱学、会教、能评"的特质，归纳出现代小先生的培养机制：建立小先生诞生制度；确立小先生公约制度；健全小先生分组制度；创新小先生指导制度；升格现代小先生评价制度。

一、现代小先生诞生制度

　　小学课堂小先生诞生制度的拟定，旨在解决小先生如何产生、培养与成长的问题。要解决这一问题，首先需要对现代小先生制学习理念、小先生制师生角色定位有充分的了解。

现代小先生制要求教师将课堂学习的时间、空间和自由还给学生，将学与教的过程"放心"地交给学生，"放下"师长的架子，"放手"让学生在实践中学会学习、学会教学、学会管理，使学生真正成为课堂生活中"教"与"学"的主人。这些都为小先生的诞生提供了政策性支持。

为更好地保障每一位儿童的学习权，规范小先生制学习实践活动，真正实现"人人皆能为小先生，人人都能当好小先生"的实验目标，特拟定以下四大小先生诞生制度：自愿申报制、民主竞选制、伙伴推举制和轮流担当制。

1. 自愿申报制

各科教师在课堂教学中营造积极主动的学习氛围，鼓励学生在个体知识准备、个人能力许可、主观意愿乐于的基础上，自愿申报成为课堂教学中的小先生，分担并完成某一项学习任务、教学板块的教学与管理任务。

2. 民主竞选制

在自愿申报的基础之上，根据参与申报人数，在要求参与小先生活动人数较多的情况下，引进民主竞选机制，通过民主竞选的形式最终确定课堂展示小先生。民主竞选制度旨在给学生更多的锻炼机会，让他们在积极准备、踊跃参与、民主竞选的过程中，培养学习的积极性与主动性。

3. 伙伴推举制

将身边准备充分的小伙伴推荐给课堂，让他成为小先生现身说法、一展风采；将思路独特、标新立异的小伙伴推荐给课堂，不仅成全了他们，也给了自己一次聆听与学习的机会；将默默无闻的他、个性温婉的她推荐给课堂，让老师和同学对他（她）加深了解……我了解伙伴，我推荐伙伴。

4. 轮流担当制

学生按照指定顺序，轮流担当小先生，主动完成或带领学生完成日常的学习、教学、管理任务。班级课堂轮流，小组内同学轮流，保障每一位学生的学习权、体验权、成长权。

现代小先生诞生制度并不局限于以上四项制度，各科教师可以发挥自己的创造性，创新小先生诞生的途径与渠道，小先生可于课前预约诞生，可于课堂推进的过程中自然生成。总之，教师要积极主动地"退一退"，创造机会让学生"进一进"，因小先生的诞生，凭小先生在课堂中的成长，促成现代小先生制的课堂实践转型。

二、现代小先生公约制度

公约,原指各个国家、部门、人员之间共同遵守的约定。公约是参与制定的单位和个人共同信守的行为规范,它具有公众约定性、长期适用性、集体监督性、基本原则性、一致认同性等特征。

现代小先生制课堂学习公约是指在新时期教育背景下,以课堂学习实践为内容,经全体学生参与讨论并最终形成的课堂学习管理制度。公约经全体师生共同参与、民主讨论、自主拟定而成。在公约拟定的过程中,学生学会养成"规则意识",让"谁来教""怎么教""教什么"都成为有章可循的制度,使学习生活变得更加规范、有序。

小先生制课堂学习公约具体内容如下:

(1)"人人来做小先生"。每一位学生都有做小先生的权利和义务,每个人都有自己的优点与特长,每个人都可以为他人的成长奉献自己的才华和智慧,每个人在课堂学习的过程中均可以展示自己的思想与观点,每个人都可以提出自己的疑难与困惑。

(2)"人人会做小先生"。可以和组内同学"合作学习";小先生精心准备,利用PPT等教学资源面向全体同学集中讲授;小先生像模像样,落落大方,言谈有度,举止有方;小先生胸有全局,学习、教学、管理,一切都在心上。

(3)"人人乐做小先生"。学习生活是快乐的,因为在此过程中,我们可以学习到新知;助人成长是快乐的,因为赠人玫瑰,手留余香;合作共享是快乐的,因为众志成城,遇到困难有人与我一起分担;分享交流是快乐的,水激方生涟漪,思想经碰撞方生智慧;和谐的交响乐是快乐的旋律,在自由平等、互帮互助、共识共在的课堂上,从不缺乏民主与科学的气息。

为了保证小先生公约顺利落地,全体教师和学生都应该做"公约"的守护者,实现在课堂这一时空中,责、权、利分配的公开、公平与公正,让自我约定的"公约"真正成为大家共同遵守的最高指令。

三、现代小先生分组制度

现代小先生制的课堂是在生生互教互学、互评互议的循环往复过程中,每一位学生都可以成为小先生；每一位学生同时又是参与评议的学习者，可以对小先生的观点进行转述、追问、补充、纠正。学生通过广泛参与、主动建构、迁移实践，达到深度学习，共同提升，全面发展。

依据此原则，现代小先生分组也考虑到将来要在各活动方面进行竞争的公平性和学习积极性，在各小组的男女生比例、学习成绩差异、兴趣爱好以及各位同学的各项能力等方面进行反复推敲，力求均衡，以确保每个团队的每个人都各有所长，能互为学生，互为小先生。

1. 分组初始

由小组成员自主选出组长、副组长各一名。每个组员必须要有任务分工。教师应按照学生的知识基础、学习能力、兴趣爱好、性格特征、性别等差异进行分组，让不同特质、不同能力、不同知识结构的学生优化组合，确保每个组员都能发挥所长，成为自信的小先生。

2. 让小先生们组成小组合作学习

让小先生们组成小组合作学习，更能引导他们彼此认可，相互信任，相互尊重。小先生们不仅要为自己的学习负责，还要为小组和其他小组同伴负责。这样做可以让学生具有"人人为我，我为人人"的意识，从而建立积极的课堂学习情态。

3. 小先生分组成员在一段时间内是相对稳定的

成员相对稳定有利于学生间建立起互相信任的关系，彼此合作学习，但在分组过程中，出现成员之间学科知识结构的不均衡、组与组之间差异较大、小组成员个性存在较大差异时，组长可提出重新调整小组成员，使其更好地发挥各自小先生的作用，进一步加强学习力的培养。

4. 小先生分组完成后，教师日常的管理和评价不容忽视

在课堂上，应多形式、多频次地开展小组自主学习活动，充分发挥小先生们的学习优势，鼓励小组自主学习，互为小先生，让积极探索、乐为人师的学生们尽展所长。教师要不断给予小先生们及时、必要的辅助，让他们能胜任自己的角色，高效完成学习任务。

现代小先生制的分组制度，倡导的学习方式是自由、和谐、乐学，它能激励学生发挥出自己学习的潜质，能促进学生在学习上互为先生，共同提高；能激发学生学习的积极情态，营造良好的学习氛围，增进学生间的情感交流。而教师在一放一辅中，也构建了一种课堂新样态。

四、现代小先生导育制度

教师教学艺术的最高境界就是唤醒学生对创新表达和学习知识的兴趣,小先生制的实施正是对这句话的诠释。现代小先生制的实施帮助教师更好地理解学习如何发生,识别哪些是最有效的教学方法,帮助学生成为学习的主导者,更好地参与和投入学习。在此过程中,教师的指导相比之前更为重要,教师正确的指导将有助于小先生加速成长。

1. 充分利用学生的认知差异

课堂教学中,教师须活化教材,注意教学内容的重组和整合,将教学内容与学生的生活经验、认知差异相结合。教学内容的呈现要有利于学生的自主、互助与探究,并能有效转化,利用课堂生成资源,将学生的错误转化为学习机会与资源。

2. 能时时利用小先生制

教师教学中将学习、教学与管理的空间让给学生,在授课中积极采用"全课""片段""解题"等教学组织方式,运用自主、合作、讨论等教学方法促进学生学习,尝试让学生主动参与到学习中去并积极与同伴交流。

3. 合理安排学习物理空间

课堂教学中,教师需根据小先生学习活动需要安排合适的课桌形式,给小组合作和学习共同体的学习安排适当的空间,营造师生关系平等、真诚对话,生生互助合作的学习氛围。

4. 鼓励独立思考为先

教学活动能考虑到全体学生,利于学生的合作互助学习。教师积极鼓励学生成为小先生并给予必要的支持和学科知识的帮助,生生之间、组组之间、师生之间自治互助,共同参与。倡导学生独立思考,能形成自己的思维体系。

5. 培养审辩思维能力

课堂中主动学习,合作互助学习随处可见。学生乐议,善于提出问题,敢于质疑,对疑难问题的讨论与探究时间充裕而合理。生生互为小先生,学生和教师互为师生,且教师能做出理性的诊断、恰当的引导与优质的教学服务。见表6-6。

表6-6　现代小先生制课堂教学自查自评表

目标1：为学习营造情绪氛围	
激励性的语言	
策略	效果
教师肯定学生的学习表现	
教师对小先生的具体行为进行肯定和鼓励	
教师尝试让学生主动参与到学习中去并积极与学生交流	
备注	
预期效果	
策略	观察（效果）
小先生课堂教学制度清晰可见	
课堂氛围轻松活泼，课堂中人人争做小先生	
备注	
情绪以及学习氛围的积极作用	
策略	效果
学生的情绪情感被重视，能主动成为小先生	
课堂上有和谐、积极的师生互动关系	
所有的学生都融入课堂学习中，主动参与学习	
教学活动能考虑到全体学生，激发学生的合作互助学习	
一起合作学习的伙伴机会均等，都有成为小先生的可能	
教师积极鼓励学生成为小先生并给予必要的支持和学科知识的帮助	
将小先生的正面消息加以展示和表扬	
备注	
预期效果	
策略	效果
课堂中主动学习，合作互助学习所处可见	
学生们人人争做小先生	
课堂中积极学习的氛围生成	
师生关系和谐，教师能尊重学生独立的思维	
备注	

续表

目标2：小先生学习的物理环境创设	
自由度和可活动性	
策略	效果
教室整洁，有利于小先生开展合作学习	
教室中布置的作品能反映小先生学习的成果	
根据小先生学习活动需要安排合适的课桌形式	
给小组合作和学习共同体的学习安排适当的学习空间	
教室布置活泼生动，随处展示小先生学习成果等	
备注	
运动效应	
策略	效果
在适当的时候学生能够自由组织学习活动	
教室内设有各种学习活动中心，如阅读中心、小先生学习中心	
设立小先生自由展示区域，可自主展示成果	
备注	
预期效果	
策略	效果
教室内有利于小先生自由活动的空间的打造	
教室内多处呈现小先生学习成果	
课桌椅等摆设呈现自由度和有利于学习	
目标3：设计学习体验	
目标计划	
策略	效果
课程计划中有小先生学科内容标准；范围是多学科的；每个年级的课程计划在小先生制实施中逐步推进	
小先生的学习目标明确，能为成为小先生自主制订学习计划	
年级内部和年级之间的小先生协同培养规划是每周的常规安排之一	
有持续的专业发展、辅导和训练来支持小先生课程的开发和决策	
备注	
预期效果	
策略	效果
课程规划中形成小先生科学内容标准	

续表

学生有自主成为小先生的学习计划	
年级中有小先生培养常规规划	
备注	
目标4：掌握内容、技能和概念	
策略	效果
小先生的学习任务多样化，从而保持新异性，激发学生的兴趣	
给小先生创设学习活动经历	
学习信息分解为小的与整体关联的组块，助力小组合作学习	
教师对小先生学习合作呈现的信息给予总结	
允许学生对学习形式做出选择	
测试项目记录小先生制实施后学生对学科内容、技能和概念的掌握	
辅助小先生做好预习和复习，强化小先生学习目标	
备注	
预期效果	
策略	效果
课堂中小组学习和学习共同体在教学活动中随处可见	
教室内和走廊上的学生作品展示了小先生的学习成果，反映了学生对内容的掌握情况	
学生学习情绪大大提升，课堂学习氛围浓厚	
能很好地掌握学习内容和技能	
目标5：知识的扩展和应用	
创造力和创新性	
策略	效果
小先生掌握知识，并以传统和非传统的方式来分享他们的所得	
鼓励学生通过小组合作等活动拓展所学知识，采用那些课本或教师之外的创新的方式来获取和应用知识	
在小组互助学习中采用开放性问题，鼓励小先生带领组员尝试创新性回答	
鼓励小先生合作组成员发散思维，探索多种问题解决策略，促进学生的创造性行为	
备注	
相关的活动形式	
做问卷调查	

续表

产生多种方式来解决一个问题	
讨论开放性问题来探测假设、说明或结果	
小先生合作小组多角度重述一个问题	
在班级和一个更广的学习环境内采用小组合作互助式的学习活动	
预期效果	
策略	效果
课堂活动和项目中学生能大胆思维,勇于表达,鼓励合作	
学生有各种拓展知识和展示创造性思维的机会	
学生们人人有成为小先生的机会和提取信息的机会	
小先生提供支架式反馈,让他们有成为小先生的信心和可能	
目标6:评估学习	
反馈	
策略	效果
教师对小先生的表现给予及时、频繁、相关的反馈	
教师提供辅助式的反馈,解释如何才能更好地进行小组互助合作学习,提高学习效率	
反馈是支架式的,如教师能通过提示让学生自己更好地成为小先生	
小先生担任期间是否能在助力自我学习的同时帮助小组学习	
通过小先生的合作学习,学习过程中有了哪些获益	
备注	
对学习内容积极主动的参与和提取	
策略	效果
教师为小先生提供积极参与和获取信息的机会	
小先生自测掌握知识的程度	
通过积极主动学习,掌握成为小先生的知识技能	
备注	
评估	
策略	效果
采用多种评估方式	
教师结合小先生小组互助学习真实性表现评估	
在小先生完成学习活动前,给予其量规说明	
采用小先生币进行评估和肯定	

	续表
采用小先生学习档案袋记录小先生学习成长过程	
采用组内学习成果进行有效评估	
备注	

五、现代小先生制评价制度

课堂教学评价是教学转型实践的难点和关键。现代小先生评价制度重点解决现代小先生的评价目标、评价主体、评价内容、评价标准以及评价工具的优化等问题。

1. 评价目标

传统的课堂以知识传递为中心，忽视了人的成长与人的价值，背离了教育的本质——对"人"的成长与成全。小先生制课堂学习评价，除了指向知识维度，更指向学生自主学习能力的提升和互助精神的培育，以评价促进学生学习方式的变革，促使教师课堂教学行为的变革。

2. 评价主体

现代小先生制课堂评价制度实现评价主体多元化，将小先生自主评价、组内成员评价、任课教师评价相结合。小先生评价成为课堂评价的重要组成部分，并渐成常态。针对不同年段学生能力水平的差异，学校编制小先生课堂指导语，便于学生评价语言的组织，便于学生更清晰地参与课堂评价。

3. 评价内容

现代小先生制评价内容涵盖学习、教学、管理三个层面，引导评价主体既关注小先生的课堂学习，又注重小先生参与课堂教学与组织管理等多个维度的内容。学生是学习的主人，当学生对课堂学习、课堂教学与管理具备了评价、反思的能力时，学生也在更深层次地感知课堂学习生活。

4. 评价标准

课堂评价标准规范并指引着小先生制课堂学习实践，评价标准对小先生制课堂学习新样态的确立具有指导意义。课堂评价量表具有课堂学习导向功能，课堂评价以小先生制学习制度为核心，将"学生成为学习的主人""学生成为学生教师"等理念作为课堂评价的主要参照指标。表6-7是无锡市育红小学小先生制课堂教学评价表。

表 6-7　现代小先生制课堂教学评价表

校区		班级		上课教师		日期		年　月　日　第　节	
学科		课题			评价人		总分		等第

基本情况	（描述这节课的教学目的、内容和教学设计、课型）	以"正"字标记学生被提问到的次数
		出勤人数：男（　），女（　），总计（　）。 特殊教育需求的学生：有（　），没有（　）。

评价项目	评价内容	评价标准	参考性显性指标	判断与证据
		根据以下评价点，做得好的方面在相应的序号上打"√"，明显不足的在相关序号上打"△"		
教师的教	教学目标	□ 教学目标清晰，对学习结果有具体要求。	□1. 教师讲解时间不得超过10分钟；小先生教学或练习时间不少于15分钟。 □2. 生生互助与合作不少于两次，每次互为小先生时间需2分钟以上。 □3. 教师积极性评价不少于5次，且能针对学习、教学与管理三个方面进行。	
	教学内容	□1. 能活化教材，注意教学内容的重组和整合。 □2. 教学内容与学生的生活经验相结合。 □3. 内容的呈现有利于学生的自主、互助与探究。 □4. 有效转化、利用课堂生成资源，将学生的错误作为学习机会与资源。		
	教学理念	□1. 能将学习、教学与管理的空间让给学生。 □2. 能采用"全课""片段""解题"等教学组织方式。 □3. 能运用自主、合作、讨论等教学方法促进学生学习。 □4. 师生关系平等、真诚对话、教师能做出理性的诊断、适切的引导与优质的教学服务。		
学生的学	参与态度	□1. 学习自主，课堂管理体现自治。 □2. 能独立完成学习任务，也能与同学合作解决问题。 □3. 生生之间、组组之间、师生之间自治互助，共同参与。		

续表

学生的学	参与广度	□ 1. 全员参与，不同层次的学生都能参与进来。 □ 2. 全程参与，学生从始至终全身心投入。 □ 3. 全面参与，能参与学习、教学与管理三项工作。	□ 4. 全员参与讨论环节至少一次，一节课中至少有2名以上学生质疑问难，且能恰当处理。 □ 5. 至少有一种学习方法与习惯得到强化性训练。
	参与深度	□ 1. 学生巧学、敢为、善教，小先生参与度高。 □ 2. 学生乐议，善于提出问题、质疑，对疑难问题的讨论与探究时间充裕而合理。 □ 3. 生生互为小先生，学生和教师互为师生。	
	显性目标达成度	□ 1. 学生获得新的知识与技能。 □ 2. 不同类型的学生都积极参与教学活动并得到进步（包括不同性别的学生、有特殊教育需求的学生、不同学力层次的学生）。	
	隐性目标	□ 1. 掌握一定的学习方法，小先生能解决富有挑战性的问题。 □ 2. 学生显示对学习有兴趣，具有好奇心和求知欲。 □ 3. 在课堂讨论中，能充分尊重他人的不同意见。	

无锡市育红小学现代小先生制理念下的课堂教学实例

语文

松鼠

（部编本小学语文五年级上册）

无锡市育红小学　冯　晓

【教学内容】

部编本五年级上册习作单元第 17 课，教学说明文，要求在学生理解、掌握说明事物特点的基础上，感悟言语范式，积累言语素材，以利迁移运用，形成运用能力。

【教学目标】

1. 通过个人或小组合作学习，完成预习单任务，引导学生通过自主预习任务单大胆质疑，提出问题。

2. 通过小组互教互促互学，质疑比较不同的说明文类型，自主感悟文艺性说明文的文体特征。

3. 引导学生分组学习，明确小组任务并进行分工，在此基础上组织小组互动交流与分享，通过学生评议的方式，总结、梳理文章脉络，并运用思维导图厘清文章脉络。

4. 组织小组互动讨论，在此过程中鼓励学生大胆评议，勇于质疑，并能在小组内通过互促互学尝试释疑，力图完善思维导图。

5. 通过本节课的学习，培养学生积极参与、敢于质疑、学会倾听、有自己的独立思维表达的学习习惯。

【教学过程】

一、课前预习

1. 预习任务布置。

任务	学习方式	评价	质疑
1. 熟读课文，对课文内容有大致的了解	个人	自评单自评	学生自己提出
2. 能给课文正确分段，大致了解课文脉络	个人	自评单自评	学生自己提出
3. 把课文中获取的有关松鼠的信息分条写下来	个人、小组	课堂课后互评	学生自己提出
4. 对获取的信息用简洁的话进行概括	个人、小组	课堂互动分享	小组互动提出
5. 收集不同种类的思维导图模板	个人、小组	课堂互评	小组互动提出

2. 完成预习单，学生自主质疑，提出问题，并进行小组讨论。

（1）获取的信息是否正确？

（2）如何更好地概括获取的信息？

（3）讨论思维导图的最佳模板形式。

【设计说明】本单元为习作单元，习作单元对厘清文章脉络、文章结构尤为重要，在此基础上再进行文本语言特色的感悟。在预习中，通过学习单给学生布置学习任务，每个学生都能明确自己的学习任务——自主获取文章中有关松鼠的信息，在完成任务的同时，每个学生都为独立的小先生。通过任务的达成以培养小先生自主研读的能力，通过个人或小组的形式对收集到的信息进行讨论、概括，在此过程中，彼此的思维相互碰撞，可以互相质疑、互相学习，不断提高学生自主学习、自主探究、不断质疑、思辨的学习能力。

二、比较导入，激发阅读兴趣（组织同桌开展讨论）

1. 出示句段1。（学生读句段进行质疑）

松鼠体长20—28厘米，尾巴长16—24厘米，体重300—400克。

读了这段话你了解到什么？（准确地了解到了松鼠的体长、尾巴长、体重）

2. 出示句段2。（学生读句段进行质疑）

松鼠面容清秀，眼睛闪闪发光，身体矫（jiǎo）健，四肢轻快，非常敏捷，非常机警。玲珑（lóng）的小面孔，衬上一条帽缨（yīng）形的美丽尾巴，显得格外漂亮。尾巴老是翘起来，一直翘到头上，自己就躲在尾巴底下歇凉。它们常常直竖着身子坐着，像人们用手一样，用前爪往嘴里送东西吃。可以说，松鼠最不像四足兽了。

读了这段话你又了解到什么？（对松鼠的样子和生活习性有了进一步了解）

3. 比较句段。（小组互学，质疑比较，解决问题）

这两段都是说明性文字，读了你有什么疑问吗？（组织学生以小组形式展开讨论）

小结：像这种语言活泼，把松鼠当作人来写的是一种特殊的说明文体——文艺性说明文。

4. 我们一起来学习布封写的文艺性说明文《松鼠》。（指读课题，齐读课题）

【设计说明】对于说明文文体，学生在其他学段已接触过，并不陌生，而《松鼠》是比较特殊的一类说明文文体。教学中采用文本对比的手法让小先生自主质疑，在质疑中迅速发现文体之间的异同。统编教材无论是选文内容还是课后练习，都有紧密的联系，导入中出示的第一段文字就是课后练习中的。这样的设计让小先生在整体结构上对知识、理解质疑，并通过同伴研讨自主解决问题，既为之后的教学做好了铺垫，也降低了课后的练习难度，将学习难点在课堂中落实化解。

三、初绘导图，理清文本表达顺序

1. 初步感知说明内容。

（1）请同学们用自己喜欢的方式读课文，读准字音，争取把课文读通顺，读不通顺的地方再读一遍。（计时）

（2）你又了解了松鼠的哪些信息？

（3）根据预习单，学生分享预习收获，研讨信息提取的准确性。（小组互动分享交流）

（4）提取信息并对信息进行概括。（学生分享信息，小组互助，学会简要概括信息）

【设计说明】学习任务分享，一来有助于对小先生学习成果的肯定，二来也易形成全员参与研讨、分享的氛围。在互动分享的过程，不仅是学习能力的提升，更是表达、思维能力的提升。

2. 整理、理解说明顺序。

（1）这么多信息，作者是通过怎样的顺序将松鼠清晰地介绍给我们的？你们有什么好的办法来更好地表达这些信息呢？（组织六人小组展开讨论、交流）

（2）学生以小组为单位出示思维导图模板。（小组代表分享交流）

（3）研讨出最适合表达松鼠信息的思维导图模板。（小先生质疑，释疑，找出最适合表达的思维导图模板）

（4）请小组代表上台说明思维导图的运用。（小组代表交流，学生互动）

① 如果我们的这篇课文像一棵大树，树的主题就相当于树根，本课的主题是什么？（松鼠）

② 这棵树的一级分支，也就是这棵树的主枝干，你觉得是什么？（五个分类）可以填写什么？（学生质疑，互动，交流）

③ 这五个一级分支，下面还有很多小根支，就像我们这五个大类里面还包含了很多松鼠的信息，这就是它的二级分支。（学生自主研讨二级分支的梳理）

④ 在小先生讲解的基础上，指导学生完成一个二级分支和三级分支：外形特点，你看看二级分支是什么？外形特点写了哪几个方面？（面容……），这五个二级分支下，你还获取了哪些信息？这就是三级分支。（通过课堂质疑，找到解决问题的方法，学会梳理三级分支）

【设计说明】互动交流，需要有学习工具作为脚手架，帮助学生更好地达成。以思维导图为"策略"和"工具"可以有效撬动学生的表达，从"言之无序"到"言之有序"，使逻辑关系更为清晰，其他学生更易理解。通过本节课的学习，学生对作者的表达手法已有初步的了解，能基本归纳和概括文中松鼠的主要相关信息。

（5）合作完成思维导图。

① 学生组成五人小组，分工合作完成思维导图，组长进行组员分工，每一个小组成员负责一个一级分支的内容。（五人小组合作完成导图，组长进行任务分工）

② 思维导图完成过程中，需要概括二级分支信息，用最简洁的话填写松鼠相关信息。（小组互动讨论，边绘图边概括，完成任务）

③ 学生上台分享思维导图，老师指导，进一步归纳概括松鼠信息。（互动分享，在分享中完成互促互学）

（6）根据思维导图理解作者这样表达的好处。（老师指导，学生质疑，解决问题）

老师小结：我们在写说明文的时候，会根据所写主题进行信息收集，并对收集到的信息进行归类，这样才能使表达更有序。

【设计说明】教学中，进一步借助思维导图，将课文的信息脉络梳理清晰，在梳理的同时帮助小先生通过小组互动交流学会用简洁概括的文字进一步提炼主要信息，使学生的语文能力得到进一步的提升。

四、续绘导图，感悟语言特色

1. 学习第一段，感悟语言。

（1）读读文章的第一段，哪些文字你特别喜欢？（面容清秀、眼睛闪闪发光、玲珑的小面孔、帽缨似的尾巴……）

（2）作者这样的描绘让你有怎样的感受？（生动、活泼，把松鼠当作人来写）

2. 细读文本，记录语言。

读读其他段落，也有类似的表达吗？（第二段中使用了很多动词，生动地展现了松鼠活动特点）继续完善思维导图。（学生自主感悟，并在互动交流中进一步完善思维导图）

小结：是啊，从这里我们可以感受到作者对松鼠的喜爱，作者就是运用这样生动、活泼的说明文文字来表达自己对松鼠的喜爱的，这就是文艺性说明文的表达特色。

【设计说明】感悟文本的表达特色也是本课的教学难点，作为特殊的说明文——文艺性说明文，最大的特色就在语言表达上，让学生自主感悟这点尤为重要。教学中组织小先生自主发现文本语言特色，结合思维导图，继续以小组为单位，将文本的结构和文本特色都形成清晰的脉络逻辑图。小先生在此过程中，不仅学到了特殊说明文的语言表达，更多学到了学习此类文章的方法。

五、导图策略，自主运用

我们一起学习了文艺性说明文《松鼠》，通过对课文信息的提取和归纳，我们知道了该如何收集信息并按照一定的顺序进行表达。通过思维导图的绘制，我们对说明文的表达手法和表达特色有了更深入的理解。同学们也可以试着画一画其他说明文的思维导图，相信你们会有更大的收获。

《松鼠》学生学习任务活动单

班级_____姓名_____

学习板块	学习目标与学习任务
第一板块	1. 提取有关《松鼠》的信息，厘清文章脉络。 2. 完成思维导图一级、二级内容。 （思维导图：主题→一级分支→二级分支） 3. 参与组内交流分享，自信展示自学成果。 4. 认真倾听组内同学点评，学会听取他人观点。（选择一位同学对任务完成情况进行评议）
第二板块	1. 赏析片段，体会语言风格，小组互动完成上述思维导图的三级分支。 2. 组长组织组内成员质疑、释疑，对三级分支进行正确归纳。 3. 参与组内分享，自信展示学习成果。 4. 组内成员进行任务分工，一位组员先进行观点、评议记录，后进行组内分享。 （1）记录组员对三级分支内容的概括。 （2）对课文片段的赏析、评议。
第三板块	自我评价与反思： 1. 本节课，我完成了（　　　）项学习任务。 2. 本节课，我学到了（　　　）。 3. _____（有或没有）展示交流的机会，展示交流了（　　　）。 4. _____（有或没有）参与评议的机会，评议了（　　　）。

数学

问题解决的策略

（苏教版小学数学三年级上册）

无锡市育红小学　王龙龙

【教学内容】

苏教版小学数学三年级上册第71—73页例1和"想想做做"。

【教学目标】

1. 借助课前预习单，激发学生自主学习、小组合作的积极性，引导学生独立思考、互相分享，在交流中互教互学。

2. 借助核心问题的思考，鼓励学生充分表达，感受从条件出发分析和解决问题策略的价值，发展分析、归纳和简单推理的能力；鼓励学生认真听取他人的汇报，及时展开评议，充分质疑，养成独立思考、质疑的学习习惯。

3. 在解题过程中，以解题小先生的形式，激励个人或小组充分表达解决实际问题的思路、策略，增强解决问题的策略意识，获得解决问题的成功体验，提高学好数学的信心。

4. 借助课前预习单丰富课堂学习资源，激励学生运用所学内容分析其中的实际问题，进一步积累解决问题的经验，发展学生学以致用的数学能力，形成以教促学、以评促学的学习样态。

【教学重点】

用列表等方法解决合适的问题，运用"从条件出发"来分析数量关系。

【教学难点】

正确整理、分析数量关系，运用"策略"来解决实际的相关问题。

【教学过程】

一、课前预习

1. 课前预习任务布置。

任务	学习方式	评价	质疑
1. 用自己喜欢的方式例举一道与实际问题有关的题目,并和组内同学说说解题思路。	个人	自评单自评	学生自己提出
2. 理解组内同学分享的实际问题,学会解题的思路。	个人、小组	组内自评、互评	学生自己提出
3. 比较组内同学的解题思路有什么相同点,有什么不同点。	个人、小组	组内自评、互评	小组互动提出
4. 用简洁的语言概括组内同学例举的实际问题,并说明解题思路。	个人、小组	课堂分享、评议	学生自己提出

2. 完成预习单,学生互相分享。

（1）实际问题的解决思路是否清晰?

（2）解决实际问题时需要注意什么?

【设计说明】本单元要求学生理解、掌握"从条件出发"解决问题的策略。在预习中,通过学习单引导学生自主思考已经学过的实际问题,回顾解决问题的思路,并把个人例举的实际问题在小组内进行分享,成为组内自主学习的小先生和组内互教互学的小先生。通过预习任务,学生需要完成例举—分享—对比—概括等学习过程,在此过程中不断激发学生自主学习,自主探究,不断质疑、思辨的学习能力。

二、呈现问题情境,揭示主题

1. 谈话导入：果园里的桃子熟了,小猴帮妈妈摘桃,他摘桃的本领越来越强。同学们,从中你们知道了些什么?

2. 你知道的这些信息在解答问题时叫什么啊?利用条件可以求什么?根据这些条件,你能提出哪些问题?

3. 看来大家还可以提出更多问题,我们来选2个。（课件出示：小猴第三天摘了多少个桃子? 第五天呢?）

4. 理解数量关系。

要解答数学题,首先要读题目。题目中的意思你们都能理解吗?哪儿比较难理解?

你是怎么理解这句话的?这句话还可以怎么理解?（学生自主思考,充分表达对关键信息的理解。）

其实，任意两天之间都有相差的数量关系，在数学中表示相互关系都可以换一种方式来说。

5. 运用关系解题。

同学们，你们打算怎样解题？（学生在练习本上解答）

6. 解释解题方法。

对比三种不同的解答，请同学们分别解释一下自己的解法。（对比分析，充分表达自己的理解，并能对同伴的回答进行转述、追问、补充、纠正等方式的评议。）

7. 归纳解题策略。

这些不同的解法有什么相同之处？

回头看看这道题的解答过程，你有什么体会？

小结：像这样，从已知条件出发分析和解决问题，是一种常见的解决问题的策略。（板书：解决问题的策略——从条件出发）"策略"一词是什么意思？策略大概就是方法的意思，希望同学们在今后解决问题时能主动运用这种从条件出发的策略。

【设计说明】实际问题的解决学生并不陌生，从条件出发是解决问题的策略之一，教学中直接呈现出问题情境，从理解条件中的关键信息出发，鼓励学生直观理解、自信表达，形成对问题解决的深入理解。在学生充分表达的基础上，对比不同解题方法之间的相同之处，为课题的出现做好铺垫。这样的设计充分尊重学生的已有经验，关注小先生的理解、分享、表达、评议，使他们在对核心问题的交流中深化理解问题解决策略。

三、类比应用，丰富体验

1. 小组合作，优化解题思路。

这是什么？砝码是用来称重量的。从图中你知道了哪些条件？根据这些条件你可以提出什么问题？（1个苹果多少克？1个橙子多少克？1个苹果和1个橙子一共重多少克？）

这些问题应该怎样解决？小组一起讨论，列出算式解答这些问题，并用简洁的语言说清解题思路。

哪个小组来展示解题的方法和思路？听了他们的展示，你有什么想说的？（组内讨论问题解决思路，并展示组内研讨的结论，自信交流。）

小结：1个苹果的重量原来不知道，是要求的问题，它被求出来后可以作为已知条件了,它和"1个橙子比1个苹果重20克"合起来就可以求出1个橙子的重量。同样,求出来的1个橙子的重量也可以作为条件来利用。凡是已经求出来的问题都可以作为条件来利用。

【设计说明】学生是课堂学习的主人,在初步理解"从条件出发"解决问题的策略的基础上,组织小组合作学习,使学生在小组学习的氛围中,做到主动分享,积极建构,归纳、优化解题思路。借助小组合作探究的方式,组织小组的展示交流,鼓励小组之间的互相评议、补充。

2. 类比应用,加深理解。

(1)"想想做做"第2题。

学生读题后,提问:你知道"每次弹起的高度总是它下落高度的一半"这个条件的意思吗?

启发:根据已知条件你能先求出哪些问题?在这些能够求出的问题中,你认为应该先算什么?再算什么?(学生按讨论的思路把题中的表格填写完整。)

进一步追问:求第一次反弹高度时,用到了哪些已知条件?求第二、三、四次反弹高度时呢?

(2)"想想做做"第4题。

学生读题后,各自列式解答。学生解答后,组织讨论:你是从哪些条件想起的?想到了什么?求出白地砖的块数后,再联系哪个条件就能求出花地砖的块数?

【设计说明】上面几道题的数量关系和问题结构都与例题相仿,都适合从条件出发展开分析和思考。通过对这些问题的解答,学生进一步感受了相关策略的运用特点,不断增强主动运用策略解决问题的自觉性。此时,学生独立尝试解决,展示自己对课堂学习内容的真实理解。鼓励学生自信展示,主动分享,成为课堂学习中的"解题小先生"。在集体学习、小组探究之后,寻找学习中可能存在的问题,引导学生积极转述、追问、补充、纠错,展开全体评议,使课堂学习在小先生的评议中逐步深入。

四、自主应用,提升认识

1. 做"想想做做"第3题。

要求:你能根据题意在下面的图中画一画、涂一涂,标出芳芳和兵兵两人的位置吗?

学生操作后,提问:从图上看,芳芳和兵兵之间有几人?

进一步要求:如果列式计算,可以怎样做?(18-8-4)

反思:解决这个问题时,是从哪些条件想起的?你认为画图对解决这个问题有帮助吗?

2. 做"想想做做"第5题。

要求:根据题意,你估计从第几个正方形开始就画不下了?把你估计的结果悄悄写下来。

引导:每人的估计结果可能是不一样的,要想知道哪个同学估计得对,可以怎样做?(动手画一画)

学生操作后组织交流:哪些同学估计的结果是正确的?解决这个问题从哪里想起较合适?还有哪些方法对解决问题是有帮助的?

3. 例举实际问题,自主表达解题思路。(课前预习成果转变为课堂学习资源)

【设计说明】由于上面两个问题具有较强的趣味性和可操作性,大部分学生都能积极主动地投入分析和解决问题的过程之中。一方面,这为他们创造了主动运用策略的机会,也就能够有效提升学生对策略运用过程和特点的认识;另一方面,通过画图帮助理解题意、分析数量关系,则能使解决问题的过程更加丰满,也有助于学生更加灵活地理解和运用从条件出发分析和解决问题的策略。继续鼓励学生自信展示,主动分享,成为课堂学习中的"解题小先生"。邀请课前预习时出题的学生,结合本堂课的学习分享解题的思路,让课前预习的成果成为课堂学习的资源。

五、全课小结(略)

附: **学生学习活动单**

问题	解决问题的策略	
学习活动任务单	学习任务	预期达成目标
学习活动任务单	学习前: 1. 用自己喜欢的方式例举一道与实际相关的问题,并和组内同学说说解题思路。 2. 理解组内同学分享的实际问题,学会解题的思路。 3. 比较组内的解题思路有什么相同点,有什么不同点。 4. 用简洁的语言概括组内同学例举的实际问题,并说明解题思路。	我出的实际问题如下☆ 这道题的解题思路是☆ 我们组例举的实际问题有哪些类型☆ 我们组的解题思路的相同点和不同点☆

续表

问题	解决问题的策略	
	学习中： 1. 小组合作探究。根据题目中的条件可以提出哪些问题？这些问题应该怎样解决？如何列式？ 2. 小组评议。听了他们小组的分享，我还有以下疑问/补充…… 3. 你能结合学习，独立完成《数学》教材第73页第2、4题吗？ 4. 独立完成《数学》教材第73页第3、5题。 5. 出示之前例举的实际问题，邀请出题小先生或小组分享解决问题的思路。	准确说出解决问题的思路☆ 认真倾听他人的思路☆ 对他人意见有补充或纠正☆ 小组活动： 能积极参与小组学习，正确分享解决问题的思路☆ 能认真听取他人的思路，积极代表小组汇报☆ 能独立解决相似情境的实际问题☆ 认真倾听他人的思路☆ 对他人意见有补充或纠正☆ 分享自己的解答☆ 准确说出解决问题的思路☆ 倾听他人回答，及时评议☆ 在小组中充分表达意见或代表小组汇报☆
	学习后： 1. 通过这节课学习，我学到了什么？ 2. 关于解决问题的策略，我还有什么不明白或想知道的内容？	口头说一说☆ 书面写一写☆ 配有其他形式的辅助表达☆

英语

Seeing the doctor（第三课时）

（译林版小学英语五年级下册）

无锡市育红小学　袁莉娅

【学习内容】

译林版小学英语五年级下册第四单元"Seeing the doctor"第三课时。学习本单元三个板块的内容：Cartoon time，Sound time & Culture time。

【学习目标】

尝试促成"人人都是小先生"的多主体互动合作，不同类型小先生间的互教互学、互评互议，让课堂学习主动、深入、互动、全面发生。

基于此，本课时抓住非常贴近学生生活的"看病"问题，设计了多个学习任务，引导学生有序开展小组协作学习，形成多主体互助合作，在学生间实现互学互教、互评互议。其间，引入思维导图、学习活动单等学习工具，促进学生学会通过思维导图整理、归纳、展现自己的已有经验和思维，通过学习活动单，学生能有序有效开展小组协作学习并进行互学互教、互评互议。通过学习工具的使用，学生在学习活动中寻找英语发音规则，感知中外文化差异，最终学会正确表述与"看病"相关的英语生活用语，同时也分享了学习思维。

一、知识目标

1. 复习巩固关于病痛的单词、词组和看病的相关用语。理解 Cartoon time 故事内容并巩固故事中的语言：

What's wrong with …? My … hurts.

What should … do? … should/shouldn't …

2. 能流利地朗读并在老师的引导和小组成员的互相帮助下初步表演 Cartoon time。

3. 掌握 ch 发音［tʃ］，准确熟练地朗读小诗，并比较 ch 的另一种发音［k］。

4. 熟知温度的两种不同表达方式，并能准确地说一说。

二、能力目标

1. 能够熟练运用所学句型表述病人的病症，分析病人病症形成的原因，或给予病人合理的建议。

2. 能流利地朗读并在老师的引导和和小组成员的互相帮助下初步表演 Cartoon time。结合自己看病的经历尝试创编和续演动画。

3. 能够运用所学语音规律读准已学的单词和小诗并朗读新单词，结合语音板块尝试创作小诗。

4. 能够正确使用体温的不同单位合理地表述人们的体温。鼓励学生通过查资料了解中外体温表达的不同之处或中外看病流程的异同。

三、核心素养目标

培养学生主动求知的探索精神和小组协作学习的能力。

促进不同类型小先生间的互学互教、互评互议，让学习主动、深度、互动、全面发生。

【教学重点】

1. 动画板块的整体理解和相关语言知识的学习。
2. 语音板块中 ch 的发音规则的归纳及小诗的理解和朗读。

【教学难点】

1. 一般现在时中动词的变化：三单做主语，动词加"s"，如… hurts。
2. 动画板块中的故事旁白的正确朗读。
3. 表示体温的单位摄氏度与华氏度的正确朗读和表达。

【教学和学习准备】

1. 教师教学准备：PPT、学生活动设计、学生活动用纸及思维导图卡纸。
2. 学生学习准备：课前预习任务布置。

学习任务	合作方式	评价方式	质疑方式
1. "一起作业"App 跟读并朗读本单元动画部分。	个人	App 打分自评	学生自己提出
2. "一起作业"App 跟读并朗读本单元文化部分。	个人	App 打分自评	学生自己提出
3. "一起作业"App 跟读并朗读本单元语音部分。	个人	App 打分自评	学生自己提出
4. 互相交流，完善自己关于本单元 Story time、Grammar time 和 Fun time 的单元复习导图。	个人、小组	课堂及课后分享、相互评价	小组提出
5. 我们在中国怎样看病？用英文流程图表示，英文不会表达的词可以用中文。收集并列出英语看病用语，相互交流朗读。	个人、小组	课堂分享、相互评价	小组提出

【设计说明】本课时是本单元的第三课时，在复习前两课时的基础上拓展运用相关英语语言知识，让学生进一步感受英国的看病用语及就医文化。在预习中，每个学生都通过任务单明确自己的预习任务——自主获取本单元动画、文化和语音部分的信息，在完成1—3 这三个任务的过程中，每个学生都是独立的小先生。通过任务的达成培养小先生自主预习和跟读朗读的能力，并且在朗读中发现自己存在疑惑的内容，以便寻求帮助。同时"一起作业"App 也为老师提供了每个孩子的朗读结果分析和学生的朗读录音，这为老师设计课堂任务提供了有效的学生已知经验数据，便于课堂上针对学生的需求设计学习活动。通过个人或小组成员协作学习的形式进行

本单元已学板块的复习导图设计，并交流完善。根据学生在中国看病就医的经历，让他们尝试用英语流程图表示就医的过程，并就收集到的相关就医英文表达进行讨论、概括和朗读。在两项合作任务的完成过程中，学生的思维相互碰撞，他们互相质疑，互相寻求帮助并互相学习，在此过程中不断激发学生自主学习，自主探究，不断质疑、思辨的学习能力。

【教学过程】

Step 1 Warm up

1. Sing a song. An apple a day keeps a doctor away.

2. Free talk.

Step 2 Report time

1. Share the mind map of Unit 4（P36 – P40）.

课前预习中，小组交流复习导图设计并完善，形成小组成员共同的思维导图。

课堂上，小组选派人员介绍本组的复习导图。（课上交流两组，剩余小组课后贴在教室墙上，全班分享，继续交流。）

导图展示要求：讲述导图的声音要响亮清晰，坚持用英语介绍，突出小组导图的重点和亮点。

评价导图的语言包含以下方面：我喜欢他们组的导图，他们归纳的……值得我们学习。我觉得他们在……方面可以做这样的修改，因为……他们的导图思路清晰，图文展现美观易懂，我很喜欢……

2. How do we see the doctor in China?

小组汇报本组的答案。

班级讨论，形成中外不同文化下的就医流程，同时在小组交流分享过程中朗读相关新词汇，解决小组提出的问题。

register in the hospital   去医院挂号

wait in the waiting room   候诊室候诊

get a checkup   检查，诊疗

look into the mouth   检查口腔

take temperature   量体温

use the stethoscope   使用听诊器

take a blood test   验血

take an X-ray　拍片

do the super-B　做B超

【设计说明】课堂导入的学习活动设计是课前预习的分享、交流与评价活动。课前让学生进行了复习导图的设计，通过展示交流和评价，小先生自主回顾本单元已学的内容，为后续学习做好充分准备。小先生的导图介绍和对导图的评价都是对学生自主表述能力的多角度培养，也让他们明确合作学习的步骤。他们必须共同讨论，主动表达，认真思考，对其他组进行规范的评价，在这样的过程中理清已学概念，使其结构化，以利于后续的迁移运用。这是第一个导入活动。第二个导入活动是让学生交流就医流程，在用英语表述的过程中，学生的疑惑随之产生。在分享交流过程中，他们可以获取各自所缺的经验或英语表达，完善就医所需的语言知识。这一过程中，教师成为学生学习的及时点拨者，在全班学生都有疑惑时及时为他们解惑。这一过程让学生在相互交流、答疑解惑中顺利学习了就医用语，并发现了中外不同的就医文化。这样的设计让小先生在整体结构上对就医表达质疑，并通过同伴研讨自主解决问题，全班整理就医流程，探讨中外就医之区别。这为后面文化部分的学习做好了铺垫。

3. Culture time

Nancy wants to be a doctor. Can her dream come true?

（1）Let's listen and learn.（个人学习，寻找问题或疑惑）

听第一遍，圈出新词。

（2）Teach and learn.（班级整体教学）

根据预习作业的反馈，请读得好的同学来教大家新词。

temperature　degree　1°　2°　102　102°

fahrenheit　centigrade　102℃　102℉

（3）Read and learn in groups.（小组互学）

小组轮流读，相互纠正读音，小组一起汇报读。

（4）Describe and say.（小组解决问题）

粗心的护士写病历时漏写了体温的单位，你能准确说一说他们的体温吗？

Can you try to be a little doctor?

【设计说明】根据学生预习朗读文化部分、动画部分和语音部分的数据分析，发现班级同学的朗读在文化部分是得分最低的，所以对于这一部分的朗读，学生需要帮助。在设计这一部分的学习活动时，教师通过就医情境的设置，采用小组协作学习的方式开展小先生课堂学习，这样做的好处是可以最大限度地调动每个学生的积极性，让每个人都能认真参与到朗读训练中，而不是集中在部分举手的小先生上。通过个人查疑、班级整体教学、小组互学，再到小组共同解决问题，多形式的学习互动过程可以让每个学生体验到教、学、评的过程，不会因为有困难而不肯表达。小组协作学习活动的有效展开需要给学生提出明确的学习单要求，因此小组协作学习活动的流程与注意点是教师必须认真思考、设计清晰的。

Step 3　Cartoon time

1. Watch and answer.

Who is ill?

Is Bobby a doctor?

2. Read and discuss in your groups, then finish the form.（小组内一起朗读动画，小组内或小组外寻求帮助，讨论不懂的词句，一起讨论、回答问题，然后完成表格，准备汇报。）

What's wrong with the animals?

How do they feel after wound dressing（伤口包扎后）？

Can Bobby help Giraffe？Why?

Who is ill?	What's wrong with them? （… hurts）	How do they feel after wound dressing? （伤口包扎后他们感觉怎样？）

小组汇报，回答问题过程中逐图学习并朗读动画。

其他组在倾听过程中需要给予评价，提出建议。

3. Dub and act.（准备—表演—互评）

4. Choose one patient to make a new play and act.

选择动画中的一个动物病人，编一段看病的对话，演一演。

useful phrases：

open your mouth，say "Ah"

look into the mouth（检查口腔）

take temperature（量体温）

use the stethoscope（使用听诊器）

take a blood test（验血）

take an X-ray（拍片）

do the super-B（做B超）…

评价：我喜欢他组的创作表演，他们的……值得我们学习。我觉得他们在……方面可以……因为……他们的表演声情并茂，英语表达……我很喜欢……

5. Summary.

From the cartoon, what's wrong with Monkey? What about others?

—arm ache, ear ache, nose ache, neck ache

—Can you say any other words with ch [k]?

【设计说明】在动画部分的学习中，教师组织了第二次小组协同学习，学习活动单这一工具的运用能很好地帮助学生有序而且有效地开展小组协同学习，在学与评的互动过程中发展学生的核心素养。教师也需要根据实际及时调整，及时管控。设计学习活动单时，教师需要根据学生的水平设计不同层次的活动，满足不同层次的学生，让每个学生都可以有发展，有收获，有平台展现。在协同学习活动中，学生有机会人人成为小先生，互学互补，达成互惠。

Step 4　Sound time

Can you find out the other pronunciation of "ch"?

1. Watch and read the words in groups. （小组轮流朗读语音部分的单词，都会读。）

2. Find out the pronunciation rules of "ch". （找出 ch 的共同发音。）

3. Watch and read the rhyme. （小组轮流朗读语音部分的小诗。）

4. Find out the new words and help each other. （找出小诗中的新单词，寻求帮助并会读小诗。）

5. Read, think and write more words with the sound [tʃ] (ch). （读读想想，在圆圈中写写其他有 ch 发音的词。）

6. Make a new sentence or a rhyme by using your words with ch [tʃ]. （用

中间圆圈中 3—4 个词说一句句子或诗句。）

【设计说明】根据预习情况，语音板块这一部分的朗读难度不大，学生基本都已掌握，所以这一个板块的活动设计更关注知识的迁移运用，这里进行了第三次协同学习的组织。在这次学习中，重点在 ch 的发音规律的迁移运用任务的完成过程和分享，学生不仅要会读语音部分，能理解并发现 ch 的发音规律，而且要能通过这一规律朗读不认识的词、句，并且能进一步尝试编语音小诗。小组讨论、多层次的分享互动活动是对小先生学习成果的肯定，也形成全员参与研讨、分享和互评互学的氛围。在互动分享的过程中，学生不仅学习能力得到了提升，表达、思维能力也得到了提升。

Step 5　Summary

Help each other, share your idea, grow up together.

Step 6　Homework

1. Read and act the cartoon, try to make a new play.

2. Read the sound time and culture time.

3. Surf the Internet and try to know more about seeing the doctor in different countries.

六、板书设计

Unit 4　Seeing the doctor

temperature：℃　℉

Who?	What's wrong? (… hurts)	How do they feel after wound dressing?
Monkey	arm	can't write
Rabbit	ear	can't hear well
Elephant	nose	can't eat or drink
Giraffe	neck	?

附：学生学习活动单

Unit 4　Seeing the doctor

Task 1　How do we see the doctor in the hospital?（我们在医院怎样看病?）（用流程图表示，英文不会可以用中文）

Task 2　Yang Ling wants to be a doctor. Can her dream come true?（杨玲长大后想成为医生，她的梦想能实现吗?）

1. Listen and learn.

2. Read the words and Culture time in your groups. (小组轮流读，相互纠正读音，小组一起汇报读。)

temperature   degree   Fahrenheit   Centigrade

102—one hundred and two

Task 3　Can you try to be a little doctor? (小组内读一读，看看谁能尝试着做小医生。)

Task 4　Is Bobby a doctor? (小组按步骤学习 Cartoon time)

1. Watch and answer.

Who is ill?

Is Bobby a doctor?

2. Read in your groups and answer question, then finish the form. (小组内一起朗读动画，小组内或小组外寻求帮助，讨论不懂的词句，一起讨论回答问题，然后完成表格，准备汇报。)

What's wrong with the animals?

How do they feel after wound dressing (伤口包扎后)?

Can Bobby help Giraffe? Why?

Who is ill?	What's wrong with them? (… hurts)	How do they feel after wound dressing? (伤口包扎后他们感觉怎样?)

3. Read and dub.

4. Act a short play.

如果你是医院的医生，你会怎样为这四个病人看病？请选择一个病人，创作短剧演一演！

- …
- A：What's wrong with you?
- B：…
- A：Let me check …
- Open your mouth and say "Ah" …
- B：Ah …

- A：Oh. You have a … You should …
- B：Thank you.
- …

（由无锡市育红小学袁莉娅老师提供）

体育

前滚翻

（苏教版小学体育二年级下册）

无锡市育红小学　秦　敏

班级	二（11）班	执教教师	秦敏	执教日期	2019年3月14日
教学内容	\multicolumn{5}{l}{1. 技巧：前滚翻。 2. 素质练习。}
教学目标	\multicolumn{5}{l}{1. 让学生知道前滚翻的动作要领。 2. 大部分学生可以在小先生的互帮互助下完成前滚翻动作，其中20%的学生能做到滚翻圆滑，动作连贯。 3. 培养学生成为小先生，发挥小先生的作用，提高学生的人际交往能力。}
重点	\multicolumn{2}{l}{滚翻圆滑}	难点	\multicolumn{2}{l}{动作连贯}

结构	学习内容	教师活动	学生活动	运动强度
开始部分 (2分钟)	课堂常规	1. 师生问好，安排见习生，检查学生服装等。 2. 语言激励更多的学生能够争当课堂上的小先生。	1. 体委整队。 2. 认真聆听老师讲解。	小
准备部分 (8分钟)	准备活动	1. 由小先生带队慢跑，慢跑中小先生可以通过口令激励同学。（轮流担任小先生） 2. 由同学轮流担任小先生领操。（轮流担任小先生）	1. 小先生带领慢跑。 2. 每组轮流担任小先生喊口令。	中

续表

基本部分 (27分钟)	前滚翻	1. 由小先生设计两个关于前滚翻的辅助性游戏。 游戏1：知否知否。 游戏2：比比谁的反应快。 2. 预约技能小先生带领同学一起复习前滚翻动作要领：一蹲二撑三低头，低头含胸腿蹬地，团身滚动像皮球，抱腿起立站得快。并示范动作。 3. 学生2人一组进行练习。请学生展示动作并顺势引入保护与帮助，由预约小先生指导同学。 4. 引导学生互帮互助，两人互为小先生进行练习。（两人互为小先生） 5. 老师引导学生利用纸片纠正错误动作，学生四人一组构建共同体，引出更多学生在小组内互为小先生。（小先生随机产生）	1. 在预约小先生的组织下完成游戏，并知道游戏的目的。 2. 在技能小先生的组织下复习前滚翻动作，并能进一步完善和规范动作标准。 3. 小先生讲解保护与帮助，其他同学仔细聆听。 4. 两人一组相互练习，在练习中运用保护与帮助互为小先生。 5. 学生尝试利用纸片解决错误动作，学生在练习中互为小先生。	大
	素质练习	6. 素质练习：俯卧一头翘。 素质练习：坐位体前屈。	1. 两位小先生讲解素质练习要求。 2. 小先生组织带领全班同学进行素质练习。	中
结束部分 (3分钟)	放松活动	1. 鼓励学生勇于表达想法。 2. 提示力量大的学生做器材管理小先生，协助收归器材。	1. 鼓励学生大胆畅谈感受。 2. 收归器材。	小
安全措施		场地器材检查到位，加强学生思想教育	练习密度	50%左右
场地器材		场地：篮球场 器材：折叠垫21张	平均心率	115次/分钟

参考文献

[1] 陶行知. 陶行知全集（三）[M]. 成都：四川教育出版社，1991.

[2] 霍力岩. 多元智力理论及其对我们的启示 [J]. 教育研究，2000（9）.

[3] 联合国教科文组织国际教育发展委员会. 学会生存 [M]. 华东师范大学比较教育研究所，译. 北京：教育科学出版社，1996.

[4] 石中英. 教育哲学 [M]. 北京：北京师范大学出版社，2007.

[5] 叶圣陶. 叶圣陶语文教育论集 [M]. 北京：教育科学出版社，2015.

[6] 霍华德·加德纳. 多元智能 [M]. 2版. 沈致隆，译. 北京：新华出版社，2004.

[7] 左璜，黄甫全. 国外同伴互助学习的研究进展与前瞻 [J]. 外国教育研究，2010（4）.

[8] 靳玉乐. 合作学习 [M]. 成都：四川教育出版社，2005.

[9] R. E. 斯莱文. 合作学习的研究：国际展望 [J]. 王坦，译. 山东教育科研，1994（1）.

[10] 夸美纽斯. 大教学论 [M]. 傅任敢，译. 北京：教育科学出版社，1990.

[11] 方明. 陶行知教育名篇 [M]. 北京：教育科学出版社，2013.

[12] 麻彦坤. 维果茨基社会建构论思想在教学实践中的应用 [J]. 外国教育研究，2004（12）.

[13] 丁邦平. 从"形成性评价"到"学习性评价"：课堂评价理论与实践的新发展 [J]. 课程·教材·教法，2008（9）.

[14] 刘云生. 刘云生讲语文［M］. 北京：语文出版社，2009.

[15] 叶澜. 新基础教育论［M］. 北京：教育科学出版社，2006.

[16] 罗伯特·R. 拉斯克，詹姆斯·斯科特兰：伟大教育家的学说［M］. 朱镜人，单中惠译，济南：山东教育出版社，2013.

[17] 王富英，朱远平. "导学讲评式教学"的理论与实践：王富英团队DJP教学研究［M］. 北京：北京师范大学出版社，2019.

[18] 安德森，等. 学习、教学和评估的分类学——布卢姆教育目标分类学（修订版）［M］. 皮连生，主译. 上海：华东师范大学出版社，2008.

[19] 卜中海. 怎样进行合作学习［M］. 银川：宁夏人民出版社，2017.

[20] 崔允漷. 促进学习：学业评价的新范式［J］. 教育科学研究，2010（3）.

[21] 李建中. 纠正反馈的认知心理基础及其对外语教学的启示［J］. 外语教学，2014（4）.

[22] 廖淑娜. 关于二语学习者对口头纠正反馈的接纳和注意的研究［J］. 黑龙江教育学院学报，2012（8）.

[23] 列夫·维果茨基. 社会中的心智：高级心理过程的发展［M］. 迈克尔. 科尔，等编. 麻彦坤，译. 北京：北京师范大学出版社，2018.

[24] 刘浩. 初中英语课堂互动中教师反馈语的作用研究［D］. 西安：西安外国语大学，2019.

[25] 吕秀艳. 初中"生生合作"作文评改教学策略的探究与实践［D］. 大连：辽宁师范大学，2005.

[26] 马蕾迪. "学生参与"的内蕴与特征［J］. 教学与管理，2018（25）.

[27] 麻彦坤. 社会建构论心理学对维果茨基思想的继承和发展［J］. 心理科学进展，2006（1）.

[28] 蒲绪凤，李友银. 化学课堂教学中的追问艺术［J］. 中学化学教学参考，2009（7）.

[29] 史晓燕. 教师教学评价：主体·标准·模式·方法［M］. 北京：北京师范大学出版社，2018.

[30] 陶行知. 中国教育改革［M］. 武汉：长江文艺出版社，2018.

［31］魏红梅. 对学生口语的纠正反馈在交际法英语教学中的实证研究［J］. 哈尔滨学院学报，2010（12）.

［32］韦静. 第二语言课堂教学中的教师纠正反馈语［J］. 淄博师专学报，2006（2）.

［33］王北生. 教师的教学情感及心理状态的把握艺术［J］. 普教研究，1994（1）.

［34］王悦. 学校教师教学方法与艺术全书［M］. 北京：中央民族大学出版社，1998.

［35］徐洁. 把课堂还给学生：如何构建理想课堂［M］. 上海：华东师范大学出版社，2017.

［36］叶圣陶. 叶圣陶教育名篇［M］. 张圣华，编. 北京：教育科学出版社. 2013.

［37］伊恩·史密斯. 学习性评价行动建议200条［M］. 剑桥教育（中国），译. 北京：教育科学出版社，2016.

［38］杜威教育名篇［M］. 赵祥麟，王承绪，编译. 北京：教育科学出版社. 2014.

［39］钟启泉. 最近发展区：课堂转型的理论基础［J］. 全球教育展望，2018（1）.

［40］佐藤学. 学校的挑战：创建学习共同体［M］. 钟启泉，译. 上海：华东师范大学出版社，2010.

［41］李晓雅. 深度学习研究：国内学术史的回顾与反思［J］. 宜宾学院学报，2020（3）.

［42］赵耀华，韩之俊. 构建以学习为中心的教育［J］. 教学与管理，2007（12）.

［43］冉亚辉. 以学习为中心：中国基础教育课堂的基本教学逻辑［J］. 课程·教材·教法，2018（6）.

［44］卢臻. "双对话"主动学习系统开发与实施：指向真正学习的"教学评"策略与实践［J］. 基础教育课程，2020（Z1）.

［45］郭华. 基于深度学习的教学改进［J］. 教育科学论坛，2015（4）.

［46］张昔文. 小学数学课堂互动学习的策略研究［J］. 基础教育研

究，2019（22）．

［47］张典兵．试论课堂举例的艺术［J］．菏泽师专学报，1995（3）．

［48］刘彩云．"举例子"方法不简单［J］．中学语文教学参考，2018（9）．

［49］王龙龙．课堂教学公共生活重构的理性思考［J］．教育观察，2019（8）．

［50］杨锐．通过"说题"培养学生思维品质的实践与思考［J］．中学化学教学参考，2019（8）．

［51］戚洪祥．数学教学中培养学生思辨能力的研究述评［J］．江苏教育研究，2019（25）．

［52］赵雅习．翻转课堂模式下学生思辨能力的培养探究［J］．科技资讯，2019（32）．

［53］费琦．例谈学生求异思辨思维能力的培养［J］．中学数学，2019（24）．

［54］李艺伟，李文举．"以学习为中心"的心理学解读与启示［J］．辽宁工业大学学报（社会科学版），2011（2）．

［55］朱智贤．儿童心理学［M］．北京：人民教育出版社，1962．

［56］陈静静．跟随佐藤学做教育：学习共同体的愿景与行动［M］．上海：华东师范大学出版社，2015．

［57］教育部．英语课程标准（2011年版）［M］．北京：北京师范大学出版社，2012．

［58］刘月霞，郭华．深度学习：走向核心素养［M］．北京：教育科学出版社，2018．

［59］玛丽亚·哈迪曼．脑科学与课堂：以脑为导向的和教学模式［M］．杨志，王培培，等译．上海：华东师范大学出版社，2018．

［60］傅元根．让学习看得见［M］．上海：华东师范大学出版社，2017．

［61］佐藤学．教师的挑战：宁静的课堂革命［M］．钟启泉，陈静静，译．上海：华东师范大学出版社，2012．

［62］佐藤学．学校见闻录：学习共同体的实践［M］．钟启泉，译．上海：华东师范大学出版社，2014．

[63] 郑杰. 为了学习的合作 [M]. 武汉：长江文艺出版社. 2018.

[64] 钟启泉. 课堂革命 [M]. 南京：江苏人民出版社，江苏凤凰美术出版社，2017.

[65] 凯洛夫. 教育学 [M]. 陈侠，等译. 北京：人民教育出版社，1957.

[66] 梅休，等. 杜威学校 [M]. 王承绪，等译. 北京：教育科学出版社，2007.

[67] 班杜拉. 思想和行动的社会基础：社会认知论 [M]. 林颖，等译. 上海：华东师范大学出版社，2001.

[68] 窦桂梅. 成志教育：清华大学附属小学立德树人实践研究 [M]. 北京：教育科学出版社，2018.

后 记

立德树人，教书育人，这是新时代赋予我们教育人的历史使命。更新教育理念，变革育人方式，是新课程引领我们育红人的创新期望。本书是无锡市育红小学江苏省基础教学前瞻性教学改革实验项目"现代'小先生制'·课堂学习实践新样态"的重要研究成果。书稿体现了育红人对小先生制坚持不懈的探索与追求，具体记述了育红人对陶行知先生小先生制教育思想的践行与发展，初步形成了育红小学现代小先生制的教育理念与操作样态。

文脉传承，以文化人。百年前，陶行知先生亲临学校，以亲身感受写下了《无锡教育之新生命》的动人篇章。百年间，学校传承、发展、创新了陶行知先生的小先生制教育思想，开展现代小先生制的课堂学习实践，使"人人都是小先生"的学习理念在校园处处扎根生长。育红人不断探寻现代小先生制的实践样态与路径，不断提升现代小先生制的理论高度，并以现代小先生制的教育思想引领育红小学的学习文化和校园文化建设。

一路行走，心怀感恩。在育红小学现代小先生制课堂学习研究的逐步推进之中，我们得到了省、市、区各级领导和许多教育界专业人士的关心帮助。著名教育家顾明远先生关注育红小学的教育发展，三次亲临学校，敦促着育红人在教育教学中不断追求。原国家督学成尚荣先生数次莅临现场指导，自项目申报就给予了极大的关注。省教科院王彦明博士的悉心引导，市教科院陆启威主任、吕红日博士的严谨指导，为育红人推进此项研究提供了很大的帮助。在书稿的撰写中，著名特级教师吴伟昌教授在理念凝练、框架搭建、编写范式上付出了许多的心血。可以说，没有以上专家的悉心指导，就没有此书的最终成稿。

本书记录了全体育红人在课堂学习变革中的点点滴滴，写下了每位育红人为江苏省基础教育前瞻性教学改革实验类项目所做出的种种努力。这里要感谢全体育红人在教育教学中始终目标坚定，以日常教育教学的实践提供了丰富翔实的教学案例。王一娴书记、林燕副校长等校级领导积极参与，出谋划策。老师们以课堂为阵地，以学习为中心，不断革新教学理念与实践，始终与学校项目研究同心同向。要感谢张天舒、邹莹参与了第一章相关内容的撰写，陈筱华、秦敏参与了第二章相关内容的撰写，冯晓、袁莉娅参与了第三章相关内容的撰写，王龙龙、赵岷、何轶君、张晓晴参与了第四章相关内容的撰写，袁莉娅、陈依方参与了第五章相关内容的撰写，冯晓、裴艳华参与了第六章相关内容的撰写。这些老师在繁忙的教育教学工作之余，利用休息时间一点点地积累，一次次地修改，为完成本书付出了辛劳。

　　此时，我们特别要感谢育红小学的老校长、滨湖区教育局潘望洁局长和无锡经济开发区教育局李燕副局长，一直对育红小学教学改革实验的关心。我们尤其要感谢国家督学、省教育学会副会长彭钢先生，热忱为本书撰写了序言，给我们育红人以极大的鼓励。

　　桂子飘香，书稿既成。整本书三十余万字，把育红人教育教学的改革历程记录了下来，把育红人对现代小先生制的探索实践成果记录了下来。让现代小先生制的成效从育红校园走向更多的校园、惠及更多的师生，是我们编写出版此书的出发点和初衷。限于我们的理论素养和实践能力，对怎样构建现代小先生制，对如何培育"爱学、会教、能评"的小主人，还有一段很长的路要走。恳切希望各位读者在阅读本书时提出有益的批评与建议。

　　肩负使命，砥砺前行。"智爱化新"，"春风化雨"，我们育红人将一直奋进在教育教学改革实验的大道上。我们将和美丽的春天相伴，与伟大的时代同行！

尤　吉
2020 年桂月于育红小学